WOLFRAM W. HAHN

Die Entwicklung der Laiengerichtsbarkeit im Großherzogtum Baden während des 19. Jahrhunderts

Schriften zur Rechtsgeschichte

Heft 8

Die Entwicklung der Laiengerichtsbarkeit im Großherzogtum Baden während des 19. Jahrhunderts

Unter Berücksichtigung des Laienrichtertums in Württemberg

Von

Dr. Wolfram W. Hahn

DUNCKER & HUMBLOT / BERLIN

Gedruckt 1974 bei Buchdruckerei A. Sayffaerth - E. L. Krohn, Berlin 61
Printed in Germany

ISBN 3 428 03233 0

Meiner Frau

Inhaltsübersicht

Abkürzungsverzeichnis

ADB	=	Allgemeine Deutsche Biographie
Annalen	=	Annalen badischer Gerichte
AöR	=	Archiv für öffentliches Recht
Beil.	=	Beilage
Diss.	=	Dissertation
DÖV	=	Die öffentliche Verwaltung
DRiZ	=	Deutsche Richterzeitung
RWB	=	Deutsches Rechtswörterbuch
Fasc.	=	Fascikel
GA	=	Goldtammers Archiv — Archiv für Strafrecht und Strafprozeß
Ges.Bl.	=	Gesetzesblatt
GLA	=	Generallandesarchiv
GS	=	Gerichtssaal
GVG	=	Gerichtsverfassungsgesetz
HRG	=	Handwörterbuch zur deutschen Rechtsgeschichte
JuS	=	Juristische Schulung
NDB	=	Neue deutsche Biographie
NF	=	Neue Folge
PGO	=	Peinliche Gerichtsordnung
Prot.	=	Protokolle
Reg.Bl.	=	Regierungsblatt
Reichsges.Bl.	=	Reichsgesetzblatt
StPO	=	Strafprozeßordnung
ZPO	=	Zivilprozeßordnung
ZGO	=	Zeitschrift für die Geschichte des Oberrheins

I. Einleitung

Ziel dieser Untersuchung soll sein, die Einführung der Laiengerichtsbarkeit im Großherzogtum Baden als Teil jenes Wandels darzustellen, den die Rechtspflege in ihrer Entwicklung von der Justiz des absoluten Staates zu der des Rechtsstaates durchlaufen hat.

Baden nahm auch im Kampf um die Laienjustiz jene „eigentümliche Sonderstellung“[1] ein, die ihm unter den übrigen deutschen Staaten bis zur Reichsgründung zukam. Infolge seiner geographischen Lage war es den Einflüssen Frankreichs, wo eine neue Gerichtsverfassung, wie sie der Liberalismus forderte, im Gefolge der Revolution eingeführt worden war, und der Schweiz, in der sich die Laiengerichtsbarkeit auf breiter Basis erhalten hatte[2], besonders ausgesetzt. In der „Hochburg des deutschen Liberalismus“[3], als welche die badische Kammer gegolten hat, wurde die Forderung nach Beteiligung des Volkes an der Rechtspflege unmittelbar nach Eröffnung der Ständeversammlung im Jahre 1819 erhoben. Über die Grenzen des Landes hinaus bekannte Politiker und Wissenschaftler wie v. Liebenstein, Welcker, v. Rotteck, v. Itzstein und Mittermaier sorgten dafür, daß in keiner deutschen Ständeversammlung diese Frage so oft und eingehend behandelt wurde wie im Badischen Landtag[4]. Die Auseinandersetzung in Baden von 1819 bis zur Einführung des Gerichtsverfassungsgesetzes im Jahre 1864 soll aufgezeichnet werden. Mittels gedruckter Verhandlungsprotokolle der Ständeversammlung, anhand zeitgenössischer Stimmen und von Akten des badischen Generallandesarchivs soll versucht werden, den Ablauf des Ringens um eine volkstümliche Justiz, sowie Ideen und Kräfte, die es beeinflußten, darzustellen.

Die Forderung nach der Laiengerichtsbarkeit wurde auch im Großherzogtum nahezu ein halbes Jahrhundert lang gleichgesetzt mit dem

---

[1] *L. Gall:* Der Liberalismus als regierende Partei. Das Großherzogtum zwischen Restauration und Reichsgründung 1968, S. XI.

[2] Vgl. hierzu: *J. J. Blumer*, in: Schweizerisches Privatrecht, hrsg. von Max Gutzwiller, Bd. I, Geschichte und Geltungsbereich, 1969, S. 179 f., und die zeitgenössische Schrift von *H. Escher:* Versuch über die Zweckmäßigkeit und Möglichkeit der Wiederherstellung der Volksgerichte in der Schweiz, 1838.

[3] *Gall:* S. XI.

[4] *E. Schwinge:* Der Kampf um die Schwurgerichte bis zur Frankfurter Nationalversammlung, 1926, Neudruck 1970, S. 53. Neben Baden verdienen Bayern und Württemberg besondere Erwähnung.

Wunsch nach Einführung von Geschworenengerichten[5]. Der Laiengerichtsbarkeit bei anderen Gerichten, vor allem in den unteren Instanzen in der Form der Schöffengerichte, schenkte man daher bis in die Mitte des 19. Jahrhunderts, als die Schöffengerichte in zunehmendem Maße Beachtung fanden, kaum Beachtung. Dennoch enthält die badische Diskussion von 1850 zahlreiche Pläne dafür, Laien auch in anderen Gremien als in Schwurgerichten zu beteiligen. Ihnen soll daher im Rahmen dieser Arbeit besonderer Raum gewidmet werden. Eine Schilderung des Niedergangs alter Volksgerichte und der Rechtspflege zu Beginn des Verfassungslebens soll dem Schwerpunkt der Untersuchung, der in der Behandlung des parlamentarischen Kampfes um die Volksgerichtsbarkeit liegt, vorausgehen. Drei Abschnitte lassen sich dabei unterscheiden:

An die Zeit der Einführung neuer Ideen auf den ersten Landtagen schließt sich ab 1831 die eigentliche Auseinandersetzung um die Reformen und der Versuch ihrer Durchführung im vierten Jahrzehnt an; eine dritte Phase bildet die Zeit nach 1860, als eine ausgereifte Gesetzgebung die Ernte eines mehr als vier Jahrzehnte dauernden Bemühens brachte.

Die württembergische Gerichtsverfassung[6] nahm eine besondere Stellung unter den deutschen Staaten ein, da sich hier die Laienbeteiligung über die absolutistische Epoche hinaus bis in das 19. Jahrhundert erhalten hatte[7]. Das Königreich bewahrte diese Einrichtung, von einer kurzen Unterbrechung abgesehen, nachdem es das Institut ehrenamtlicher Richter wenige Jahre zuvor in breitem Umfang ausgebaut hatte. Die Darstellung der württembergischen Laiengerichtsbarkeit beschränkt sich auf drei Momente ihrer Entwicklung, nämlich auf ihre Geschichte bis 1806 und ihre Wiedereinführung im Jahre 1818, auf die Kritik an den Gerichtsbeisitzern und Schöffen in den 40er Jahren und auf den Ausbau der Volksbeteiligung im Jahre 1868. Der Bericht soll den Unterschied zu der teilweise anders verlaufenen badischen Entwicklung aufzeigen. In einem abschließenden Kapitel soll die in der zweiten Hälfte des 19. Jahrhunderts veränderte Diskussion um das Laienrichtertum in ihren Grundzügen aufgezeichnet werden, als die zunächst kaum beachteten Schöffengerichte dem nach jahrzehntelangem Kampf eingeführten Schwurgericht Konkurrenz zu machen begannen.

---

[5] Die Entwicklung der Schwurgerichte in Baden im Zusammenhang mit der Reform des Strafverfahrens ist ausführlich dargestellt in der Arbeit von *J. A. Mackert:* Von der peinlichen Prozedur zum Anklageprozeß, in: Baden im 19. und 20. Jahrhundert, hrsg. von K. S. Bader, Bd. II, 1950, S. 89 - 211.

[6] Vgl. hierzu ausführlich *J. Knapp:* Geschichte und Quellen der württembergischen Gerichtsverfassung 1800 - 1879, Jur. Diss. (masch.), 1941.

[7] Auf diese Tatsache weist *Eduard Kern* mehrfach hin. Geschichte des Gerichtsverfassungsrechts, 1954, S. 40, S. 48, S. 65 und S. 76.

Seit der Wiedereinführung der Laiengerichtsbarkeit nach 1945[8] und dem Ausbau des ehrenamtlichen Richterdienstes bei den öffentlich-rechtlichen Gerichtsbarkeiten[9] wird die Stellung der Laienbeisitzer und ihre Funktion in den Spruchkörpern neu überdacht[10]. Das gilt besonders für die Verwaltungsgerichte[11]. Es mag dahingestellt bleiben, ob die historischen Motive heute noch das Laienrichtertum zu tragen vermögen[12]; eine Bedeutung kommt ihnen bei der „Neubesinnung"[13] jedenfalls zu.

[8] Vgl. hierzu *E. Kern:* Die Beteiligung des Volkes an der Strafrechtspflege, in: Der Konstanzer Juristentag, 1947, S. 135 - 154; *A. Zinn:* Schöffen und Geschworene in Hessen, ebd., S. 129 - 134; *E. Kern:* Geschichte, S. 288 f., S. 304.

[9] *H. Müller:* Die ehrenamtlichen Richter, DRiZ, 1964, S. 337 - 339, S. 337.

[10] Vgl. etwa *J. Rüggeberg:* Zur Funktion der ehrenamtlichen Richter in den öffentlich-rechtlichen Gerichtsbarkeiten, Verw. Archiv, 1970, S. 189 - 218; *F. Baur:* Laienrichter heute, in: Tübinger Festschrift für Eduard Kern, Tübingen 1968, S. 49 - 64; *H. Müller:* ebd.; *E. Knittel:* Mitbestimmung in der Strafjustiz, 1970; sowie *E. Schwinge:* Zum Schwurgerichtsproblem heute, Kampf um die Schwurgerichte, Einleitung zum Neudruck 1970, S. IX - XVIII.

[11] *G. Schiffmann:* Die Bedeutung der ehrenamtlichen Richter bei Gerichten der allgemeinen Verwaltungsgerichtsbarkeit, Schriftenreihe der Hochschule Speyer, Berlin 1974. *I. Frassine, K. Piska, H. Zeisel:* Die Rolle der Schöffen in der österreichischen Strafgerichtsbarkeit, Forschungsbericht Nr. 47, Institut für Höhere Studien und wissenschaftliche Forschung, Wien 1970. Vgl. auch *A. Görlitz:* Verwaltungsgerichtsbarkeit in Deutschland, 1970, Demokratie und Rechtsstaat, hrsg. von F. Beseler, Bd. 19; *E. Klausa:* Ehrenamtliche Richter. Ihre Auswahl und ihr Einfluß empirisch untersucht, in: Sozialwissenschaften und Recht, Bd. 1, Frankfurt/M. 1972.

[12] *J. Rüggeberg:* Verwaltungsarchiv, S. 217, verneint diese Frage.

[13] Ebd.

II. Die Entwicklung der Laiengerichtsbarkeit bis zum Beginn der konstitutionellen Epoche

1. Vom Laienrichter der Carolina zur Kabinettsjustiz[1]

Zu Beginn des 19. Jahrhunderts, als sich unter dem Einfluß der Aufklärung die liberalen Forderungen nach Umgestaltung der Justiz erhoben, lag die Gerichtsbarkeit ausschließlich bei den rechtsgelehrten Beamten der Landesherren. Bis dahin hatte ein Prozeß von mehreren Jahrhunderten geführt, an dessen Beginn die Rechtspflege der germanischen Zeit mit ihren Volksgerichten[2] stand. Die Richter, Urteiler oder Schöffen jener bis in das Mittelalter bestehenden Gerichtsverfassung waren keine rechtsgelehrten Juristen. Eine Rechtswissenschaft gab es ebensowenig wie ein Gesetz oder ein geschriebenes Recht. Man richtete nach alter Gewohnheit und nach dem mündlich überlieferten Recht. Die Rechtsbücher des ausgehenden Mittelalters machen deutlich, daß es den Schöffen nun nicht mehr möglich war, allein mit dem überlieferten, nicht aufgezeichneten Rechtswissen die Probleme eines immer vielfältiger werdenden Rechtslebens zu bewältigen. Mit dem Prozeß der Verwissenschaftlichung des Rechts beginnt auch die Verdrängung der Laien aus den Gerichten. Die bedeutendste Rezeptionssatzung, die „Constitutio Criminalis Carolina" des Jahres 1532, geht zwar noch davon aus, daß, wie es in der Vorrede heißt, „die meynsten peinlich gericht mit personen, die vnsere Keyserliche recht nit gelert, erfarn, oder übung haben, besetzt werden". Dennoch ist diese Satzung eine Antwort auf den Verfall, in welchen die alte deutsche Gerichtsverfassung mit den rechtskundigen, aber ungelehrten Richtern und Schöffen gegen Ende des Mittelalters geraten war und auf die verbreiteten Mißstände. Ganz auf dem Boden des Althergebrachten forderte die Carolina von den Richtern und Schöffen, daß sie fromm, ehrbar und verständig sein sollten. Aber im gleichen Artikel 1 ist bereits ausgeführt, daß „darzu auch Edeln vnnd gelerten gebraucht werden mögen". Dadurch wurde

---

[1] *Eberhard Schmidt:* Einführung in die Geschichte der deutschen Strafrechtspflege, 3. Aufl., 1965, S. 106 - 115, S. 122 - 137; *E. Kern:* Geschichte, S. 8 bis 48; *E. Kern:* Der gesetzliche Richter, in: Öffentlich-rechtliche Abhandlungen, hrsg. von H. Triepel, E. Kaufmann und R. Smend, Heft 8, 1927, § 5; S. 53 - 56. *W. Ebel:* Geschichte der Gesetzgebung in Deutschland, 2. Aufl., 1958, S. 55 - 77; *H. Coing:* Epochen der Rechtsgeschichte, Neuzeit bis 1806, Bd. II, 1966, S. 158 bis 170; S. 283 - 290; S. 456 - 465.

[2] Vgl. *H. Conrad:* Deutsche Rechtsgeschichte, Bd. 1, S. 27 - 30, 140 - 146 m. w. N.

der Einzug der gelehrten doctores juris utriusque in die Strafgerichte, wo sich die alte Gerichtsverfassung länger als in den Zivilgerichten hielt, gefördert.

Mit der Verbreitung des neuen Rechts wuchs die Bedeutung der gelehrten Juristen. Nach und nach besetzten sie alle Stellen des Reichskammergerichts[3]. Dies wiederum hatte zur Folge, daß sich die unteren Instanzen zur Anwendung des römischen Rechts gehalten sahen, was auch dort zur Einsetzung von Juristen führte. Aber auch in den aufstrebenden Territorien der Landesfürsten sowie in den Reichsstädten wuchsen der Einfluß und die Bedeutung der Juristen. Das neue Verfahrensrecht, der schriftliche und mittelbare gemeine Prozeß förderten diese Entwicklung. In den landesherrlichen Höfen und städtischen Verwaltungskörpern fanden sich neue Beschäftigungsmöglichkeiten für immer zahlreichere Juristen als syndici. Die „gemieteten Doktoren"[4] wirkten als Kanzler und Räte auf Gesetzgebung, Verwaltung und Rechtspflege ein und sorgten für den Machtzuwachs der Landesfürsten.

Mit der zunehmenden Unabhängigkeit der sich ausbildenden Territorialstaaten vom Reich kam auch die Änderung der Gerichtsverfassung. Der absolutistische Staat vereinigte alle Staatsgewalt in der Person des Monarchen. Die Gerichte gerieten in die Abhängigkeit des Regenten, die Rechtspflege wurde zum Attribut der Polizei. Die Richter dienten in erster Linie als Diener und Beamte des Souveräns. Der Landesherr selbst griff durch Machtsprüche[5] in den Gang der Zivilprozesse ein, im Badischen waren sie zu Beginn des 18. Jahrhunderts an der Tagesordnung[6]. In Strafsachen mußten die Akten vor Abschluß des Verfahrens „ad serenissimum" vorgelegt werden; der Landesherr konnte die Urteile seiner Räte sanktionieren, mildern oder schärfen. So ist die Kabinettsjustiz im 18. Jahrhundert zu „einem der bedeutendsten Hebel"[7] zur Anpassung der Strafrechtspflege an die politischen und kulturellen Anforderungen der Zeit geworden. Obwohl zu dieser Zeit und später oft noch Laien zu Gericht saßen, waren sie bedeutungslos geworden: sie nahmen nur noch wegen einer gewissen Feierlichkeit teil, wohnten als stumme Horcher oder Gerichtszeugen[8] den Verhören oder Verhandlungen bei.

---

[3] Vgl. *H. Conrad:* Bd. 2, S. 162 f.

[4] *Eberhard Schmidt:* S. 136.

[5] Vgl. *E. Schmidt:* S. 273; *H. Conrad:* Bd. II, S. 284.

[6] *P. Lenel:* Badens Rechtsverwaltung und Rechtsverfassung unter Markgraf Karl Friedrich, 1913, S. 165.

[7] *E. Schmidt:* S. 180.

[8] Vgl. *E. Kern:* Die Gerichtsbeisitzer oder Gerichtszeugen (stumme Schöffen) in den partikularen Gerichtsverfassungen des 18. und 19. Jahrhunderts, in: Festschrift für Wilhelm Sauer, 1949, S. 71 - 84. Auch *C. C. Stübel:* Das Criminal-

Der Juristenstand hatte sich zu einer Kaste entwickelt, die sich dem Volke entfremdet hatte. Er fand seine Urteile in geheimen Sitzungen; der Strafprozeß jener Zeit, der Inquisitionsprozeß, vollzog sich in verschlossenen Amtsstuben und in den Folterkammern. Sie waren von Anfang an sehr unbeliebt gewesen, die neuen Juristen, wozu wohl auch der rüde Ton der Richter gegenüber Rechtsuchenden aus den einfacheren Volksschichten beigetragen haben mag[9]. Luther hatte sie als „böse Christen" bezeichnet, man sprach ihnen sogar die Fähigkeit, Recht zu erkennen, ab: „Den Doctoren ist das Recht härter als den Laien verschlossen und kann jr keiner ein Schlüssel darzu finden ... Aber der Ley behelt doch den Schlüssel zum Rechten bey ime, das man zu zimlicher Zeit das Recht herfürbringen mag. Auss disen ursachen kan mann die Gelerten in keinem Rechten mer leiden[10]." Wie tief sich das Unbehagen und das Mißtrauen gegenüber dem Juristenstand in das Bewußtsein des Volkes eingegraben hatte, kommt bei der gesamten Diskussion der Rechtsreform im 19. Jahrhundert immer wieder zum Ausdruck. Die beißende Ironie, mit der Gustav v. Struve[11] 1846 den Juristenstand verspottete, läßt das Mißtrauen, welches man der Justiz entgegenbrachte, wenn auch in einer dem politischen Standort des Verfassers entsprechenden Übertreibung, deutlich werden.

Der aufgeklärte Absolutismus[12] verstärkte das Bemühen zahlreicher Herrscher um eine gerechte Justiz, die Unabhängigkeit der Rechtspflege bahnte sich an; die Gerichte erhielten eine gewisse Selbständigkeit. Mit der Einführung des Instanzenzuges wurde der Grundsatz der Unabhängigkeit, insbesondere der höheren Gerichte, von der Verwaltung zunehmend anerkannt.

2. Überreste der alten Volksgerichte im Bereich des späteren Großherzogtums

Der Prozeß der allmählichen Verdrängung der Laienrichter vollzog sich auch im südwestdeutschen Raum[13]. Hier und da konnten sich die

verfahren in den deutschen Gerichten mit besonderer Rücksicht auf das Königreich Sachsen, 1811, S. 205, S. 207, berichtet von solchen stummen Zeugen oder Horchern.

[9] Vgl. *E. Döhring:* Geschichte der deutschen Rechtspflege seit 1500, 1953, S. 228 f.

[10] Zitiert bei *E. Schmidt:* S. 137.

[11] *Gustav v. Struve:* Mannheimer Advokat, führender badischer Radikaler. Die Bemerkung über die juristische Fakultät: vgl. *v. Struve:* Politisches Taschenbuch für das deutsche Volk, 1846, S. 306 - 322.

[12] Über die Justizreform Friedrich des Großen vgl. *E. Kern:* Geschichte, S. 45 - 47.

[13] Vgl. hierzu *W. Leiser:* Strafgerichtsbarkeit in Süddeutschland, 1971, S. 30 bis 80; ders., Der gemeine Prozeß in den badischen Markgrafschaften, 1961; *P. Lenel:* Badens Rechtsverwaltung und Rechtsverfassung 1783 - 1803; *R. Carlebach:* Badische Rechtsgeschichte, Bd. II, 1909, S. 81 - 128.

alten Gerichte, vor allem, wenn sie mit Strafsachen befaßt waren, im Schatten absolutistischer Justiz erhalten.

Das juristische Schrifttum, insbesondere das der 30er Jahre des 19. Jahrhunderts, beschäftigte sich vielfach mit solchen späten Beispielen mittelalterlicher Rechtspflege. Die Veröffentlichung alter Urkunden und Gerichtsprotokolle diente einem politischen Zweck: Sie gab eine geschichtliche Grundlage für die Forderungen nach Einführung der Laiengerichtsbarkeit sowie nach Öffentlichkeit und Mündlichkeit des Verfahrens. Zu erwähnen ist hier besonders die Schrift des badischen Juristen Dr. Zentner[14]. Darin berichtet der Verfasser auch von dem kaiserlichen Landgericht des Klettgaus[15]. Hier blieb die altdeutsche Gerichtsverfassung bis zum Jahre 1809 bestehen, als die badischen Rechtspflegeedikte der Tätigkeit dieses Gerichts ein Ende setzten. Ein Landrichter oder dessen Stellvertreter und zwölf Richter bildeten das Gericht. Der Landrichter mußte ein „freyer Erbarer, und für Andern ein tugendlich Qualificirter Mann" sein, der „das Gericht halten und offentlich Pflicht thuen" sollte[16]. Wie der Landrichter wurden auch die zwölf Richter oder Urteilssprecher aus den Einwohnern der Landgrafschaft vom Grafen oder dessen Beamten ausgewählt. Zur Entscheidung in Strafsachen mußten 24 dieser Laienrichter herangezogen werden. In rechtlich schwierigen Fällen sollte Rat bei „jederweulen bestellten Rhäten und Advokaten" eingeholt werden. Eine wirkliche Bedeutung kam dem Landgericht in den letzten Jahrzehnten seines Bestehens nicht mehr zu, nachdem die Kanzleien die eigentliche Rechtsprechung an sich gezogen hatten. Allein das überlieferte Zeremoniell blieb bis zum Schluß erhalten. Die Abhaltung solcher Gerichtstage stellte sich schließlich nur noch als Pflege einer alten Tradition und eines hergebrachten Brauches dar, worauf nicht zuletzt das Festhalten und die Bewahrung der überlieferten äußeren Formen, wie die des Gerichtsmahls am Ende des Verfahrens, hindeuten. Deutlich ergibt sich der Eindruck einer solchen Traditionspflege aus dem Beispiel des Überlinger Maiengerichts[17], welches bereits am ersten Tage des jährlichen Gerichts mit einem feierlichen Essen am Mittag abschloß.

---

[14] Das Geschworenengericht mit Öffentlichkeit und Mündlichkeit im Gerichtsverfahren, 1830. Das Werk stellt ein ausführlich begründetes Votum für die Einführung des Geschworenengerichts dar. In einem Kapitel seines Buches vermittelt Zentner einen geschichtlichen Überblick über die Gründe und den Ablauf des Untergangs des alten Verfahrens und zeigt, gestützt auf entsprechende Urkunden, alte Gerichtsgebräuche auf. Diese Schrift wurde 1831 der zweiten Kammer übergeben; der Verfasser selbst zog im Jahre 1837 als Abgeordneter in dieses Gremium ein und war dort einer der Verfechter der neuen Ideen.

[15] *J. Zentner:* S. 163 - 167.

[16] Ebd., S. 166.

[17] Ebd., S. 150.

In der Gerichtsverfassung und im Strafprozeß der badischen Markgrafschaften finden sich Überreste der alten Volksgerichte in Form der Malefiz- oder Blutgerichte. Diese Strafgerichte waren, so schrieben es beide Landrechte vor[18], als „ländliche Laiengerichte“[19] mit zwölf Schöffen besetzt. Den Vorsitz führten die landesherrlichen Amtleute[20]. Bereits 1655 hatten sie an Einfluß und Wirksamkeit verloren, als nämlich ein landesherrlicher Erlaß anordnete, sämtliche Urteile dem Landesherrn zur Bestätigung vorzulegen[21]. Im 18. Jahrhundert besaß die Markgrafschaft nur noch ein einziges wirkliches Kriminalgericht, den Hofrat. Zwar wurde nach wie vor ein endlicher Rechtstag, wie ihn die Carolina vorschrieb, abgehalten, allein es lag die gesamte Durchführung und Entscheidung der Sache bei den Ämtern bzw. dem Hofrat. Die Sitzungen[22] der Blutgerichte nach dem alten Verfahren waren zur bloßen Fassade geworden; selbst das zu fällende Urteil lag den zwölf Schöffen bereits fertig vor[23]. Auch diente die Abhaltung solcher öffentlicher Gerichtstage der Abschreckung der Bevölkerung[24]. Markgraf Karl Friedrich verbot im Jahre 1653 die Blutgerichte, welche er für ein „unwürdiges Komödienspiel“ hielt. In Baden-Baden hielten sie sich bis 1786.

Die Laienjustiz bei den Unter- und Niedergerichten[25] war bereits zu einem früheren Zeitpunkt bedeutungslos geworden. Im 17. Jahrhundert wirkten jene Gerichte lediglich noch als Organ der freiwilligen Gerichtsbarkeit. Mit bürgerlichen Rechtsstreitigkeiten waren sie nicht mehr befaßt, seit deren Entscheidung auf Ämter und Oberämter als erstinstanzliche Gerichte übertragen worden war. Denn nicht nur die Amtleute hatten die Mitwirkung der Beisitzer als Störung empfunden, es kamen auch Klagen aus dem Volk über die ausgedehnten Zech- und

[18] *W. Leiser:* Strafgerichtsbarkeit, S. 64.

[19] Vgl. *Carlebach:* Bd. 2, S. 82.

[20] *Leiser:* Strafgerichtsbarkeit, S. 64.

[21] *Carlebach:* Bd. 2, S. 88.

[22] Auf Veröffentlichungen badischer Blutgerichtsprotokolle sei hier hingewiesen; das Protokoll einer Sitzung des Blutgerichts in Karlsruhe aus dem Jahre 1726 ist abgedruckt bei: *Leiser:* Strafgerichtsbarkeit, S. 253 - 258. *J. G. Duttlinger* hatte dieses Protokoll 1830 bereits teilweise veröffentlicht, Zur Geschichte der Strafgerichtsverfassung und Strafrechtspflege in Baden, in: Archiv für Rechtspflege, Bd. I, 1830, S. 547 - 552. Auch diese Veröffentlichung trug politischen Charakter. Bei *Lenel:* Anm. 404 finden sich weitere Nachweise veröffentlichter Protokolle. Vgl. auch *K. T. Welcker:* Jury, Schwur- oder Geschworenengericht, 1840, S. 5 - 12, wo ebenfalls Strafgerichtsprotokolle aus dem 18. Jahrhundert abgedruckt sind.

[23] Vgl. *Lenel:* S. 215.

[24] *Leiser:* Strafgerichtsbarkeit, S. 73.

[25] Vgl. *Leiser:* Zivilprozeß, S. 128; *Carlebach:* Bd. II, S. 81. Diese Gerichte sollten besetzt sein mit zwölf, mindestens aber acht Personen, die verständig, unbescholten, von ehelicher Geburt sein mußten und miteinander nicht verwandt sein durften. Sie waren für Zivil- und für gewisse Strafsachen zugleich zuständig.

Trinkgelage, welche die Sitzungen der Laienrichter begleiteten[26]. Bereits im Jahre 1614 wurde daher ein Vergleichsversuch vor dem Amtmann zwingend angeordnet, was zur Folge hatte, daß diese Güteverhandlungen ohne Beisitzer die Regel wurden[27]. Nach und nach wurde das Amt damit ohne gesetzliche Regelung erstinstanzliches Zivilgericht, ein Zustand, welcher im Großherzogtum Baden bis zur Trennung von Justiz und Verwaltung im Jahre 1863 anhielt. Ein höheres Gericht für Zivilsachen, welches mit Laien besetzt war, wie das Kapfgericht zu Rötteln, war 1664 zum letzten Mal zusammengetreten[28]. Oberes Zivilgericht war das Hofgericht[29] des Hofrats, welches sich zum Teil aus rechtsgelehrten, zum Teil aus adligen Richtern zusammensetzte. Erst im Jahre 1790 erfolgte seine Trennung vom Hofrat und Einsetzung als selbständiges Kollegium[30]. Diese Beispiele zeigen, daß im Baden des 18. Jahrhunderts, wie im übrigen Deutschland, die Laiengerichtsbarkeit verschwunden war oder dort, wo sie noch bestand, an Bedeutung völlig verloren und nur noch Scheinfunktionen zu erfüllen hatte. Es mag besonders im süddeutschen Raum, dem „Paradies der Kleinstaaterei“[31], hier und da besondere Gerichte mit überkommener Ordnung gegeben haben, allein, für sie dürfte nichts anderes gegolten haben.

3. Die Gerichtsverfassung und Rechtspflege des neuen badischen Staates[32]

Die Gebietserwerbungen des neuen Staates bis zum Jahre 1806 (Rheinbundsakte vom 12. 7. 1806) hatten Baden von einem Kleinstaat mit 29 Quadratmeilen Fläche und 90 000 Einwohnern zu einem Mittelstaat mit etwa 1 Million Einwohnern und einer Fläche von 249 Quadratmeilen anwachsen lassen[33]. Neben der hieraus sich ergebenden Notwendigkeit, dem bunt zusammengewürfelten Gebilde einen einheitlichen Verwaltungsaufbau zu geben, galt es auch, eine neue Gerichtsorganisation zu schaffen und das Recht zu vereinheitlichen[34].

[26] *Carlebach:* Bd. II, S. 86.

[27] Ebd., S. 87.

[28] Ebd., S. 83.

[29] *Leiser:* Zivilprozeß, S. 128 f.

[30] *Lenel:* S. 128.

[31] *W. H. Riehl:* Die Naturgeschichte des Volkes, 8. Aufl., Bd. 1, 1883, S. 92.

[32] Die Organisation der badischen Strafjustiz seit 1803 ist ausführlich dargestellt bei *J. A. Mackert:* S. 100 ff.; vgl. hierüber auch *G. Christ:* Die Mannheimer Gerichte seit dem Lüneviller Frieden 1801 bis 1907, 1907, S. 7 ff.

[33] Vgl. *E. Arndt:* Vom markgräflichen Patrimonialstaat zum großherzoglichen Verfassungsstaat, ZGO, Bd. 101, 1953, S. 157 - 264, S. 436 - 531.

[34] Einen Überblick über das in den einzelnen Territorien geltende Zivilrecht gibt *A. Mayer,* in: Beiträge zur Geschichte des badischen Rechts, in: Blätter für Justiz und Verwaltung im Großherzogtum Baden, 1. Jahrg., 1841, S. 85 ff., S. 585 ff.

Die gesamte Neuorganisation des Verwaltungsaufbaus und der Gerichte erfolgte durch das Organisationsedikt von 1809[35], welches dem Land bis zum Jahre 1864 den grundlegenden Staatsaufbau gab (zusammen mit Edikten von 1803 und 1807). Grundsätzlich war festgelegt worden (Ziff. 2 des Generalreskripts): „Alle Rechtsbarkeit und polizeiliche Gewalt wird künftig blos in Unserem Namen und aus Unserem Auftrag ausgeübt.“ Die „Verwaltungsstellen in gerichtlicher Hinsicht“ waren gemäß Ziff. 3 des Generalreskripts die Ämter, die Hofgerichte (diesen gleichgestellt die damals noch bestehenden landesherrlichen Justizkanzleien), das Oberhofgericht und das Ministerium für Justiz. Auch die ebenfalls in der Organisation geregelte Gerichtsbarkeit der Ortsvorstände, ein letzter Überrest der Laienjustiz (Beilage B zum Reskript, Ziff. 7 d, c), stellte nur noch den Ausfluß der ihnen vom Staat übertragenen Gerichtsbarkeit dar[36]. Sie hatten über geringe Zivilstreitigkeiten, welche auf dem Lande nicht über fünf Taler und in den Städten nicht über 15 Taler betragen durften, zu entscheiden. Bei Übertretungen und Polizeivergehen stand ihnen eine beschränkte Strafgerichtsbarkeit zu; dabei konnten sie auf höchstens zwei Taler Buße oder 24stündige Eintürmung erkennen. In den Städten galt als Ortsvorstand der Stadtrat, in Flecken und Dörfern das Gericht[37].

Erstinstanzliche Gerichte in Zivil- und Strafsachen waren die Ämter, welche gleichzeitig als untere Verwaltungsbehörden fungierten. In bürgerlichen Rechtssachen stand ihnen die Gerichtsbarkeit erster Instanz zu über alle Bewohner und Korporationen ihrer Bezirke, soweit kein privilegierter Gerichtsstand begründet war (Beilage C Ziff. I 10). In Strafsachen oblag den Ämtern die Aburteilung derjenigen Vergehen, die mit keiner höheren als vierwöchigen Freiheitsstrafe bedroht waren, ferner die Führung der Voruntersuchungen in den schwereren Strafsachen, deren Aburteilung den Hofgerichten vorbehalten blieb (Beilage C Ziff. I 14). Der Amtmann, ein juristisch ausgebildeter Beamter, entschied als Einzelrichter.

Die den Ämtern übergeordneten Instanzen stellten drei Hofgerichte (Beilage E des Edikts) dar: Das Hofgericht Freibung für den See-, Donau-, Wiesen- und Dreisamkreis, das Hofgericht Rastatt für den

---

[35] Reg.Bl. Nr. XLIX vom 2. 12. 1809, S. 395 - 398, gedruckt als Organisation für das Großherzogtum Baden, enthaltend das Generalreskript vom 26. 11. 1809, 1810; vgl. hierüber *E. Arndt:* S. 224 - 227 mit weiteren Nachweisen; *W. Andreas:* Geschichte der badischen Verwaltungsorganisation und Verfassung in den Jahren 1802 - 1818, 1913, S. 258 - 268; *G. Christ:* S. 15 ff.

[36] *Christ:* S. 16.

[37] *L. Mainhard:* Die Gemeindegerichtsbarkeit im Großherzogtum Baden seit 1807, in: XXIX. Deutscher Juristentag, 1908, S. 27. Diese Gerichtsbarkeit war 1807 neu eingeführt worden; vgl. § 4 des Ediktes von 1807, abgedruckt ebd., S. 25; ihr Vorbild ist in ähnlichen Einrichtungen der alten Markgrafschaft zu finden; ebd.

Kinzig-, Murg-, Pfinz- und Enzkreis, das Hofgericht Mannheim für den Neckar-, Odenwälder-, Main- und Tauberkreis. Die Hofgerichte waren ausschließlich mit rechtsgelehrten Richtern, den Hofgerichtsräten oder -assessoren und dem Hofrichter als Vorsitzendem besetzt. In Zivilsachen urteilten sie in zweiter Instanz über die Entscheidungen der Ämter, als Gerichte erster Instanz stand ihnen die Gerichtsbarkeit in Konkurssachen der „Kanzleisässigen", d. h. solcher Personen zu, die beim Hofgericht ihren privilegierten Gerichtsstand hatten, wie Mitglieder des großherzoglichen Hauses und standesherrliche Familien, der oberen Hofdiener und der Minister. Außerdem entschieden sie in Ehesachen. In Strafsachen urteilten sie in erster Instanz über solche Vergehen, die mit einer Strafe von über vier Wochen Gefängnis geahndet wurden. Endlich judizierten sie als Untersuchungsgerichte für die vom Oberhofgericht in erster Instanz abzuurteilenden Verbrechen und als Berufungsgerichte gegen die Erkenntnisse der Ämter.

Das oberste Gericht des Landes bildete das 1803 als Folge des mit der Kurwürde erlangten Privilegium de non appellando errichtete Oberhofgericht, dessen Sitz zunächst Bruchsal, dann Mannheim war. Es war besetzt mit dem Oberhofrichter, dem höchsten Richter des Staates, dem Kanzler, dem Vizekanzler und sechs Oberhofgerichtsräten. Dieses Gericht bildete in Zivilstreitigkeiten die zweite Instanz gegen die Urteile der Hofgerichte und die dritte Instanz für Rechtsmittel gegen die Urteile, welche die Hofgerichte in zweiter Instanz erlassen hatten. In Strafsachen erstreckte sich seine Zuständigkeit auf die Aburteilung von Verbrechen, wenn auf Todesstrafe, lebenslängliche Zuchthausstrafe, Deportation oder Dienstunwürdigkeit öffentlicher Beamter zu erkennen war. Das Hofgericht hatte in solchen Fällen nach geschlossener Voruntersuchung sein Gutachten einzusenden, das Oberhofgericht entwarf sodann das Urteil und legte es dem Justizministerium vor, welches es prüfte und die Entschließung des Regenten einholte. Mit der landesherrlichen Bestätigung galt das Urteil dann als rechtskräftig und sofort vollstreckbar.

Mit Ausnahme der unbedeutenden Entscheidungsbefugnis der Ortsvorstände lag die Gerichtsbarkeit im Großherzogtum ausschließlich in den Händen rechtsgelehrter Beamter. Eine Laienbeteiligung war auch ausdrücklich ausgeschlossen worden. Das Strafedikt vom 4. April 1803[38] hatte einmal das bereits bestehende Verbot der Besiebnung[39] und der Blutgerichte beibehalten (Strafedikt § 17) und bestimmt, „die Gerichts-

[38] Vgl. Kurfürstlich Badische Landesorganisation, 1803, 8. Edikt, S. 199 - 284.

[39] Besiebnen = (mit sieben Eiden) überführen, Abschluß des Ermittlungsverfahrens; RWB, Bd. 2, S. 142. Nach dem Geständnis ließ der Amtmann die Verdächtigung durch sieben Männer aussprechen; *Carlebach:* Bd. II, S. 93; Ein Überbleibsel aus dem Eideshelferverfahren. Als „Siebener" wurden auch die zur Tortur beigezogenen Zeugen bezeichnet, der Schöffenbank waren sie nicht entnommen. Vgl. *W. Leiser:* Strafgerichtsbarkeit, S. 53.

barkeit wird (ad art. I - V der peinlichen Halsgerichtsordnung) nicht mehr durch Richter, Urteiler und Schöffen in Unseren Landen ausgeübt ...“[40]. Dennoch hatte sich ein letzter Rest von Laienbeteiligung insoweit erhalten, als nämlich die Untersuchung bei schweren Strafsachen mit einem Schlußverhör endete, welches in Anwesenheit zweier durch Handgelübde verpflichtete Bürger stattfand. Diese hatten die Geständnisse und Aussagen des Delinquenten und das bisherige Untersuchungsergebnis entgegenzunehmen und zu bezeugen. Wenn kein Schreiber zugezogen werden konnte, mußten zwei Urkundspersonen dem gesamten Verhör beiwohnen (Strafedikt § 3).

Während die staatliche Verwaltungsorganisation von 1809 insoweit erfolgreich war, als sie den neuen Staat zu einem einheitlichen Ganzen zusammenfügte, stellten sich an der neuen Gerichtsorganisation und im Prozeßgang sehr bald erhebliche Mängel ein. Vor allem blieb in der ersten Instanz die Unabhängigkeit der Rechtspflege gefährdet, da die unteren Bezirksverwaltungsstellen (Ämter) zugleich die Gerichtsbarkeit erster Instanz darstellten. Die meist jungen Beamten hingen von den höheren Verwaltungsstellen ab und standen oft vor dem Problem, wem sie es nun recht machen sollten, dem Kreisdirektorium oder dem Hofgericht; sie neigten eher dazu, den Monitorien des Kreisdirektors, welcher über ihre Zukunft verfügte, zu entgehen[41].

Das Strafverfahren vollzog sich nach den Regeln des Inquistionsprozesses. Es galt das schriftliche und geheime Untersuchungsverfahren; Untersuchung und Aburteilung erfolgten unter Ausschluß der Öffentlichkeit. Als Strafgesetz galt weiterhin die peinliche Gerichtsordnung Karls V., wobei deren grausame Strafen durch das Strafedikt gemildert worden waren. Dennoch offenbarte die Strafrechtspflege in besonderem Maße die Mißstände der Justiz[42]. Willkürliche Verhaftungen, schleppendes Untersuchungsverfahren sowie der unzureichende Schutz der Angeklagten ließen den Ruf nach Veränderung immer wieder laut werden.

Die Zivilrechtspflege wurde nach den Regeln des gemeinen schriftlichen Prozesses[43] durchgeführt. Die kurbadische Obergerichtsordnung von 1803[44], welche ebenfalls auf den Grundlagen des gemeinen deutschen Prozesses aufgebaut war, regelte das Verfahren vor den oberen Gerichten

---

[40] 8. Edikt, vor § 1, Ziff. II, Landesorganisation, S. 202.

[41] Über Weisungs- und Aufsichtsbefugnis der Direktorien vgl. *L. Seiterich:* Kreisdirektorium und Kreisregierungen im ehemaligen Großherzogtum Baden und die historische Entwicklung ihrer Zuständigkeiten, ZGO, NF 42, 1929, S. 513.

[42] Vgl. hierzu *J. A. Mackert:* S. 117 f.

[43] Vgl. *R. v. Freydorf:* Prozeßordnung in bürgerlichen Rechtsstreitigkeiten, 1867, S. 1; zum Begriff „gemeiner Prozeß“ vgl. *Conrad:* Bd. II, S. 456 - 465.

[44] Kur-Badensche Obergerichtsordnung, wonach an dem Oberhofgericht und an sämtlichen Hofgerichten die Prozesse zu führen und zu erledigen sind, 1804.

des Landes, wurde aber auch für das Verfahren von den Untergerichten angewandt[45]. Am 1. Januar 1810 wurde als materielles Zivilrecht der rezipierte Code Napoleon als badisches Landrecht eingeführt[46]; da man aber versäumte, gleichzeitig die entsprechende französische Gerichtsverfassung einzuführen, blieb auch dieser Schritt nur eine mangelhafte Lösung.

4. Die neuen Ideen zur Reform des Strafverfahrens und das Schwurgericht

Wo von der Entwicklung der Laienbeteiligung in der Gerichtsbarkeit eines deutschen Staates im 19. Jahrhundert die Rede ist, muß zunächst auf die Leitidee jeglicher Laienjustiz eingegangen werden. Ihr Inhalt war das Geschworenengericht in Strafsachen; mehr als ein Mittel zur Reform des Strafprozesses, verkörperte sie die politische Forderung des Liberalismus nach Beteiligung des Volkes an der Rechtspflege, sondern an den Tätigkeiten des Staates überhaupt. Die Aufklärung hatte die Blicke auf das Jahrhunderte alte englische Schwurgericht gerichtet. Für Montesquieu entsprach es dem von ihm geforderten Prinzip der Gewaltenteilung[47]. Die Jury galt als Garant für den Rechtsschutz des Bürgers und gegen den Mißbrauch der Macht der Berufsrichter. Die französische Revolution verwirklichte die Ziele der Aufklärung: das Schwurgericht wurde Bestandteil der neuen Gerichtsverfassung der französischen Republik[48]. Die französische Herrschaft über das linksrheinische Gebiet brachte die Geschworenengerichte nach Deutschland.

Der Liberalismus, welcher von den Ideen der Aufklärung in starkem Maße beeinflußt worden ist[49], hat die Forderung nach Einführung der Schwurgerichte zusammen mit dem Verlangen nach Öffentlichkeit und Mündlichkeit des Verfahrens übernommen. In seinem Kampf[50] gegen die Kabinettsjustiz und unkontrollierbare Richterwillkür sah er das Schwurgericht als eine Institution an, welche die Unabhängigkeit und Freiheit des Einzelnen vom Staat gewährleistete. In der Absonderung der Juristen und der Ausbildung einer Kaste in den vergangenen Jahrhunderten lag die Ursache für das Mißtrauen der Liberalen gegenüber den rechtsgelehrten Richtern. Gegen den geheimen Inquisitionsprozeß wurden

---

[45] Vgl. *v. Freydorf:* S. 6.

[46] Vgl. hierzu *J. Federer:* Beiträge zur Geschichte des badischen Landrechts, in: Baden im 19. und 20. Jahrhundert, 1948, Bd. I, S. 81 - 181.

[47] Vgl. *E. W. Böckenförde:* Gesetz und gesetzgebende Gewalt, 1958, S. 29 - 38.

[48] Vgl. hierzu *E. Kern:* Geschichte, S. 48 ff.; *Schwinge:* S. 1 - 5.

[49] Vgl. hierüber *F. Schnabel:* Deutsche Geschichte, Bd. II, 2. Aufl., 1949, S. 174.

[50] Ausführlich über die rechtspolitischen Forderungen des Liberalismus vgl. *E. Kern:* S. 55 ff.; *F. Schnabel:* S. 170 ff.

die Forderungen nach Öffentlichkeit und Mündlichkeit im Anklageprozeß gesetzt. Auch ein erzieherischer Gedanke[51] lag der Konzeption des Laienrichtertums zugrunde; Gerechtigkeitsgefühl und Gesetzeskunde sollten sich im Volke durch die Beteiligung einzelner Volksvertreter an der Rechtspflege verbreiten. Entsprang das Verlangen nach Schwurgerichten am Anfang hauptsächlich sachlichen Bestrebungen zur Verbesserung der Strafrechtspflege, so führten die Demagogenverfolgungen und die Frage der „Pressdelikte" sehr bald schon zu einer politischen Betrachtungsweise dieser Frage. Der politische Kampf ist in den folgenden Jahrzehnten der wissenschaftlichen Diskussion der Jury immer mehr vorausgeeilt. Die rasche Einführung des Geschworeneninstituts in vielen deutschen Staaten als Folge der Revolution des Jahres 1848 traf die Wissenschaft unvorbereitet[52].

Das klassische Werk über die Jury, Feuerbachs „Betrachtungen über das Geschworenengericht" aus dem Jahre 1812[53], hat die Unterscheidung zwischen dem Schwurgericht als rechtlicher und politischer Einrichtung eingeführt. Feuerbach ging davon aus, daß die Einführung des Geschworenengerichts in einem nicht konstitutionellen System keine Lösung der Mißstände im Prozeßwesen sein würde; am Beispiel der französischen Schwurgerichte unter der Revolution und in der Kaiserzeit konnte er nachweisen, daß von einer vom Staat beeinflußten Geschworenenbank keine anderen Urteile zu erwarten seien als von einem Spruchkörper bisherigen Stils, weil der obrigkeitliche Einfluß dort genauso möglich sei. Feuerbach bejahte das Schwurgericht als „Paladium der bürgerlichen Freiheit" in demokratischen und konstitutionellen Staaten, in welchen das Prinzip der Gewaltenteilung gelte. Die Geschworenengerichte waren seiner Auffassung nach nur dort möglich, wo politische Freiheit und sittliches Bewußtsein herrschten[54].

Plädierte Feuerbach von der politischen Seite her für das Geschworenengericht, so lehnte er das französische Modell aus prozessualen Gründen ab. Er bekämpfte besonders die Lehre von der „intime conviction"[55] und die der französischen Jury innewohnende strikte Tren-

---

[51] Der Gedanke der Bürgererziehung durch Heranziehung zu staatlichen Aufgaben findet sich immer wieder in den Anträgen und Begründungen zur Laiengerichtsbarkeit. So sprach Lamey 1848 im Zusammenhang mit dem Verwaltungsgesetz, welches eine umfangreiche Laienbeteiligung vorsah, von einer „Bildungsschule für den Bürger". Prot. II. Kammer 1847 - 49, Beil. 8, S. 46.

[52] Vgl. *E. Schwinge:* S. 158.

[53] Vgl. hierüber *E. Schwinge:* S. 6 ff. mit weiteren Nachweisen über das Werk Feuerbachs; über Feuerbach vgl. auch *E. Schmidt:* S. 232 - 246; *G. Radbruch:* Paul Johann Anselm Feuerbach, Ein Juristenleben, 1934, neu hrsg. von Erik Wolf, 2. Aufl., 1957.

[54] Vgl. *F. Schnabel:* Bd. II, S. 173.

[55] Danach stellte sich jede Überzeugung als das Ergebnis einer unverkennbaren und einer geheimnisvoll wirkenden Kraft dar. Zwei Wege führten dem-

nung von Richtern über das Recht, denen die strafrechtliche Beurteilung und die Verurteilung des Angeklagten oblag, und Richtern über die Tat, den Geschworenen. Indem er nachwies, daß eine Trennung von Tat- und Rechtsfragen niemals möglich sei, hat Feuerbach wesentliche neue Akzente für die weitere Diskussion des Schwurgerichtsgedankens gesetzt. Feuerbach führte aus, daß die Geschworenen die ihnen zugedachte Aufgabe nicht erfüllen könnten und nur eine „hohle Form" seien, wenn sich ihre Aufgabe auf die Findung der reinen Tatsache beschränke. Denn dann blieben die staatlichen Richter die „Herren und Meister über Schuld und Unschuld des Angeklagten"[56]. Wenn aber die Geschworenen zur Entscheidung über Rechtsfragen herangezogen werden, so stelle sich die Frage, ob Laien zur Entscheidung solcher Fragen, deren Erfassung und Beantwortung ein langjähriges Studium verlange, überhaupt in der Lage seien.

Mit dieser Abhandlung, der weitere grundlegende Veröffentlichungen folgten[57], leitete Feuerbach die wissenschaftliche Diskussion[58] über das Geschworenengericht ein, welche mit dem Votum für die Jury auf der Germanistenversammlung des Jahres 1847[59] ihren vorläufigen Abschluß fand. Aber das Schwurgericht und die Auseinandersetzung mit diesem Institut blieben nicht allein den Erörterungen der Wissenschaft überlassen. Als „Glaubensartikel"[60] der liberalen „Partei"[61] fand es starkes

---

nach zur strafprozessualen Gewißheit, das Gefühl und der Verstand: der Richter gäbe eine raisonnierte Wahrheit, der Geschworene eine gefühlte. *Schwinge:* S. 85.

[56] *Schwinge:* S. 13.

[57] Öffentlichkeit und Mündlichkeit der Gerechtigkeitspflege, 2 Bände, 1821 und 1825. Im I. Band ist die ablehnende Haltung gegenüber dem französischen Schwurgericht noch verstärkt. Vgl. dort S. 420 ff. Die Geschworeneneuphorie beschreibt Feuerbach mit den Worten: „Während seit einigen Jahren in Deutschland über das französische Geschworenengericht unversiegliche Ströme des Lobes sich breit ergießen, kein Schriftsteller auf Einsicht und liberale Gesinnung Anspruch gewinnt, welcher nicht gleich Bewunderung zur Schau trägt, und kein junger Professor von seiner Ferienreise in eine Rheinprovinz zurückkehrt, ohne das Evangelium der Geschworenengerichte da drüben von neuem, auf seine Weise, zu verkündigen, ist im eigentlichen Frankreich ... niemand, ... der nicht das französische Strafgerichtswesen, und sein Zugehör, das s. g. Geschworenengericht, gerade als die ‚partie honteuse' des Staates bezeichnete."

[58] Die nachfolgenden Beiträge anderer Autoren folgten dabei in der Mehrzahl Feuerbachs Meinung; vgl. die Zusammenfassung bei *Schwinge:* S. 12, Anm. 4.

[59] Vgl. unten S. 129.

[60] *Schwinge:* S. 43.

[61] Zur Parteientwicklung in Baden berichtet ausführlich *E. Dreher:* Anfänge der Bildung politischer Parteien in Baden, Jur. Diss., 1952; vgl. auch *H. Kramer:* Fraktionsbildungen in den deutschen Volksvertretungen 1819 - 1849, 1968, S. 40 - 70.

Eine liberale Partei im Sinne einer „vereinsmäßig gestalteten Kampfgenossenschaft" (H. Triepel zitiert bei *Dreher*, S. 113) hat es in den ersten Jahrzehnten des badischen Parlamentarismus nicht gegeben, der Liberalismus jener Zeit stellte mehr ein „moralisch-politisches Glaubensbekenntnis des Bürgertums"

Interesse in weiten Kreisen des gebildeten Bürgertums. Der Kampf der rheinischen Provinzen um die Beibehaltung der Schwurgerichte und des französischen Verfahrens gegen die Bestrebungen der preußischen Regierung, die altpreußische Gerichtsorganisation wieder einzuführen, bietet ein anschauliches Beispiel dafür[62]. Die Verbesserung der Rechtspflege, wie sie der spätabsolutistische Staat teilweise eingeführt hatte, beseitigte keineswegs Mißtrauen und Abneigung gegenüber der Beamtenjustiz. Hinzu kam, daß die politischen Prozesse, die Demagogenverfolgungen, seit dem zweiten Jahrzehnt erhebliche Unruhe stifteten und jene Abneigung verstärkten[63]. Die Schaffung gesetzgebender Versammlungen erfüllte eine der liberalen Grundforderungen. Da aber Verwaltungsorganisation und Justiz aus der „Zopfzeit" beibehalten wurden, erhielt das liberale Streben nach dem „Repräsentativsystem in der Rechtspflege"[64], der Jury, besonderen Auftrieb; nach der konstitutionellen Staatslehre bildete das Geschworenengericht einen unentbehrlichen Teil jeder Verfassung[65]. Damit waren die Wege für den weiteren Verlauf der Auseinandersetzung in dieses Institut vorgezeichnet, das Schwurgericht symbolisierte über den strafprozessualen Bereich hinausgehend die Beteiligung des Volkes am Staatsleben im weitesten Sinne. Die vorwiegend unter politischen Gesichtspunkten geführte Diskussion um die „Lieblingsidee des 19. Jahrhunderts" (v. Jagemann) sollte sich als nachteilig für das Schwurgericht erweisen. Da man sich jahrzehntelang im wesentlichen um das Für und Wider der Jury stritt und sich die Regierungen zur Vorlage eines Gesetzentwurfes als Diskussionsgrundlage nie bereit zeigten, unterblieb die Ausarbeitung einer Konzeption für ein deutsches Schwurgericht. Deshalb war man im Jahre 1848 wegen der mangelnden Vorarbeiten zur „Rezeption des französischen Rechts"[66] gezwungen.

---

dar (ebd., S. 11). Aber die Auseinandersetzungen während des 4. Jahrzehnts wurden bereits von politischen Parteien und nicht mehr von Gesinnungsgemeinschaften geführt (ebd., S. 24 - 38). Vgl. zur Situation der badischen Liberalen auch *L. Gall:* Liberalismus, S. 29 ff.

[62] Über die rheinische Bewegung für das Schwurgericht sowie über das Gutachten der preußischen Immediat-Justizcommission vgl. *Schwinge:* S. 19 ff.

[63] Über die politischen Prozesse im Kampf um das Schwurgericht vgl. *Schwinge:* S. 45 ff.; *E. Kern:* Geschichte, S. 56.

Eine eindrucksvolle Schilderung eines solchen politischen Verfahrens findet sich in der Verteidigungsschrift des Nationalökonomen *Friedrich List:* Denkschrift an S. M., den König von Württemberg, einen von den königlichen Gerichten an seiner Person begangenen Justizmord betreffend, 1823. Der Verfasser hatte als Abgeordneter der Stadt Reutlingen freiheitliche Forderungen erhoben und Kritik an der Staatsverwaltung und dem Beamtenregime geäußert. Er wurde dafür nach Ausschluß aus der Kammer zu zehnmonatiger Festungsstrafe verurteilt. Vgl. *W. Grube:* Der Stuttgarter Landtag 1457 - 1957, 1957, S. 513.

[64] *Schwinge:* S. 53.

[65] Vgl. *Schwinge:* S. 50 ff.

[66] *Karl Binding:* Grundriß des Deutschen Strafprozesses, 5. Aufl., 1904, S. 20.

III. Der parlamentarische Kampf um die Laienbeteiligung an der Rechtspflege in Baden

1. Die ersten Landtage 1819 bis 1822

Am 29. August des Jahres 1818 hatte das Großherzogtum seine Verfassung erhalten[1], eine der fortschrittlichsten im Deutschland jener Zeit[2]. Im Gegensatz zu den französischen Konstitutionen widmete die badische, wie die meisten deutschen Verfassungen, der Gerichtsverfassung keine besonderen Abschnitte[3], die Gewaltenteilung war in der badischen Verfassung abgelehnt worden[4]. Die einzigen Bestimmungen über die Rechtspflege finden sich innerhalb des zweiten Abschnittes der Verfassung, der von den staatsbürgerlichen und politischen Rechten der Badener handelt:

„§ 14: Die Gerichte sind unabhängig innerhalb der Grenzen ihrer Competenz. Alle Erkenntnisse in bürgerlichen Rechtssachen müssen von den ordentlichen Gerichten ausgehen.

§ 15: Niemand darf in Criminalsachen seinem ordentlichen Richter entzogen werden.

Niemand kann anders als in gesetzlicher Form verhaftet und länger als zweymal im Gefängnis festgehalten werden, ohne über den Grund seiner Verhaftung vernommen zu seyn.

Der Großherzog kann erkannte Strafen mildern oder erlassen aber nicht schärfen."

Zu Beginn der konstitutionellen Epoche jedoch, im Jahre 1819, standen diese Bestimmungen, vor allem soweit sie Strafrecht und -prozeß betrafen, zunächst nur auf dem Papier[5]. Noch immer vollzog sich die Praxis bei den badischen Gerichten nach den Regeln und Vorschriften der Konstitutionsedikte und teilweise sogar ohne besondere Bestimmungen[6], wie bei den Ämtern, wo die „Paschawirtschaft"[7] der Amtleute

---

[1] Reg.Bl. Nr. XVIII vom 29. August 1818, S. 101 - 116.

[2] *Gall:* S. IX.

[3] Vgl. *H. Wendt:* Die gerichtsverfassungsrechtlichen Bestimmungen in den Verfassungsurkunden des neunzehnten Jahrhunderts, Jur. Diss., 1934, S. 8.

[4] *H. Heinrich:* S. 4.

[5] *Mackert:* S. 122.

[6] Hinsichtlich der näheren Ausgestaltung des Verfahrens nahm man Zuflucht zu den Verordnungen der alten Landesteile, wo solche nicht bestanden, galt die

nicht gerade zum Besten für die Rechtsprechung wirkte. Die althergebrachte Handhabung der Justiz zeigte sich besonders im Strafverfahren, wo dem Justizministerium das Recht zustand, die Urteile des Hofgerichts „a) entweder zu mildern oder zu bestätigen, b) wenn es sie als viel zu milde erachtete, mit den Akten an das Oberhofgericht zur Aburteilung und Entscheidung jedoch ohne irgendwelche Bemerkungen abzugeben“[8]. Besonders unter der Regierung des Großherzogs Carl (1811 - 1818) war die Beamtenwillkür mit ihrem bürokratischen Bevormundungseifer zum Schrecken der Bevölkerung geworden[9].

Vor diesem Hintergrund[10] begannen die badischen Volksvertreter, die im Gegensatz zu ihren Kollegen in den meisten anderen Staaten diese Bezeichnung zu Recht führten[11], den Kampf um eine den liberalen Anschauungen entsprechende Gerichtsverfassung als Teilstück des angestrebten Rechtsstaates aufzunehmen. Die badischen Liberalen sahen in der Verfassung, dem „sorgfältig begrenzten Gnadenakt eines bis dahin unbeschränkt herrschenden Fürsten“[12], ein Mittel, mit welchem der in seinen Grundzügen noch auf den Säulen der spätabsolutistischen Epoche basierende Staat in ein modernes, westeuropäischen Vorbildern entsprechendes Staatswesen verwandelt werden konnte. Dieses Verfassungsverständnis, welches vier Jahrzehnte lang den Geist der Kammerverhandlungen prägte, dieses „Konzept grundsätzlicher Opposition“[13], charakterisiert den Verlauf des ersten Landtags der Jahre 1819/20, auf welchem die Regierung mit dem breiten Fächer liberaler Forderungen konfrontiert wurde, die auch für den weiteren Kampf um die Justizreform maßgebend sein sollten. Da die badischen Kammern ein Initiativrecht zur Einbringung von Gesetzen nach der Verfassung nicht besaßen[14], mußten sie den Weg der Motion beschreiten, also um Vorlage von Gesetzesvorschlägen ersuchen. Das Bündel solcher Motionen, welche die Rechtspflege zum Inhalt hatten, ist beachtlich.

---

gemeine deutsche Prozeßtheorie und Teile der Obergerichtsordnung. Vgl. *A. Keller:* Die badische Zivilprozeßordnung von 1831, Jur. Diss., 1913, S. 5.

[7] *L. Müller:* Badische Landtagsgeschichte, 4 Bände, Bd. I, S. 62, 1900 - 1902.

[8] Konstitutionsedikt vom 26. 11. 1809, Beil. E, § 15, zitiert bei *Mackert:* S. 106.

[9] *Mackert:* S. 120.

[10] Vgl. auch *Müller:* Bd. I, S. 61 f.

[11] Auch hierin nahm die badische Verfassung eine Sonderstellung ein, indem sie die II. Kammer zur reinen Volksvertretung machte, ganz im Gegensatz zu den anderen deutschen Verfassungen, die mehr oder weniger eine ständische Vertretung eingeführt hatten. *F. Schnabel:* Deutsche Geschichte im 19. Jahrhundert, Bd. II, S. 85; vgl. auch *H. Heinrich:* S. 63.

[12] *Gall:* S. 24.

[13] Über das Verfassungsverständnis des badischen Liberalismus vgl. *Gall:* S. 24 ff., S. 27.

[14] Vgl. § 67 der badischen Verfassung, wonach die Kammern den Großherzog um einen Gesetzesvorschlag bitten konnten. Ein Vorschlagsrecht besaß der Landtag nicht, dieses stand allein dem Großherzog bzw. der Regierung zu. Vgl. hierzu *Heinrich:* S. 65.

Es spricht für das Gewicht der Forderung nach Beteiligung des Volkes an der Rechtspflege, daß bereits acht Tage nach der feierlichen Landtagseröffnung am 22. April 1819[15] der Abgeordnete Deimling den ersten Antrag[16] auf Einführung von Geschworenengerichte stellte[17]. Nur kurz hatte der Redner die Gründe für seinen Antrag umrissen, aber das Wesentliche war gesagt: Es sei an der Zeit, der übertriebenen deutschen Schreibseligkeit, welche Akten auf Akten häufe, und nur dazu diene, die klarste Sache dunkel — und das Verwirrte noch verworrener zu machen — endlich einmal ein Ziel zu setzen; man solle sich endlich von dem Vorwurf zu reinigen suchen, daß in Deutschland mehr Akten und Gelehrsamkeit als gesunder Menschenverstand zu finden seien. Zahlreich seien die Gebrechen und Mängel in Verwaltung und Gesetzgebung. Die Vertreter des Volkes sollten nicht aus der Versammlung zurückkehren, ohne die „Wohltat" eines Instituts gegeben zu haben, welches „das Paladium der Volksfreiheit" sei. Deimling beantragte, „Seine Königliche Hoheit unterthänigst zu bitten, den Ständen einen Gesetzentwurf über die Einführung von geschwornen Gerichten zur Entscheidung in Criminal- und Injuriensachen sowohl als in Pressvergehen, unter Zurücknahme der bisher bestandenen Zensurverordnungen, zur Beratung gnädigst vorlegen zu lassen"[18]. Mochte auch der Antrag so kurz und bündig gewesen sein, daß man von Deimling wissen wollte, ob er damit für die Einführung von englischen oder französischen Geschworenengerichten plädiert habe oder für die altdeutsche Anstalt der Schöffengerichte[19], so stellte er doch die erste Äußerung in Sachen Rechtsreform und zugleich die erste parlamentarische Forderung nach der Jury überhaupt dar. Immerhin, eine Mehrheit von 33 gegenüber 28 Stimmen sprach sich für Schwurgerichte und für eine Verweisung dieser Frage an die Abteilungen aus[20].

In der gleichen Sitzung nahm Ludwig v. Liebenstein[21] das Rednerpult ein, um weitere Postulate liberaler Rechtsauffassung, nämlich Trennung der Justiz von der Verwaltung und Einführung von Öffentlichkeit und Mündlichkeit „in bürgerlichen und peinlichen Rechtssachen" zu begründen[22]. Damit war die große Trias Geschworenengerichte, öffentliches

---

[15] Prot. der II. Kammer, 1819/20, Heft 1, S. 10 f.

[16] Ebd., S. 106, S. 107.

[17] Dies war der zweite Sachantrag vor diesem Hause überhaupt! Zuvor wurden lediglich Anträge zur Geschäftsordnung eingebracht. Der erste Sachantrag galt dem „freien Handelsverkehr im Innern der Bundesstaaten".

[18] Ebd., S. 107.

[19] Ebd., S. 108.

[20] Ebd., S. 108.

[21] Einer der hervorragendsten und populärsten Parlamentarier der badischen Frühzeit (1781 - 1824); vgl. *F. Schnabel:* Ludwig v. Liebenstein, ein Geschichtsbild aus den Anfängen des süddeutschen Verfassungslebens, 1927; *v. Weech:* Badische Biographien, Teil 2, S. 23 - 29; *Mackert:* S. 125, Anm. 37.

[22] Prot. II. Kammer, S. 118 ff. abgedruckt bei *Müller:* Bd. I, S. 63 ff.

und mündliches Verfahren sowie Trennung der Gewalten in vollem Umfang in die Debatte eingeführt worden. Das öffentliche Verfahren allein sei geeignet, so führte der Antragsteller aus[23], den Parteien Vertrauen in die Rechtspflege einzuflößen; es werde die Rabulisten, die Gesetzesverdreher und Winkelschmierer aus den Gerichtssälen verdrängen und sei besser als jede Staatsaufsicht geeignet, für gute Richter zu sorgen. Das öffentliche Verfahren endlich solle den Stuhl des Richters aus den dumpfen, verschlossenen Stuben wieder hinausführen auf den offenen freien Markt, wo ihn die großen Völker des Altertums aufgerichtet hatten. Es bedurfte nur weniger Worte, um den Zustand der badischen Justiz zu schildern: „Man reiße unser ganzes Gebäude der Rechtspflege nieder, und nicht eine Stimme beklagender Teilnahme wird in den Reihen des Volkes laut werden. Nur einige Baumeister und Zimmerleute, welche bei dem täglichen Flicken und Ausbessern bisher Beschäftigung und Nahrung fanden, werden vielleicht nicht jeden Seufzer unterdrücken können[24]."

Aber mit dem Antrag Deimlings und dem Appell v. Liebensteins war das Thema Strafprozeß und Gerichtsverfassung für diesen Landtag noch nicht erschöpft. Weitere Anträge machten das „Rechtselend"[25] jener Zeit deutlich und zeigten notwendige Veränderungen an[26]. Doch bevor entsprechende Kommissionsberichte ins Plenum eingebracht werden konnten, erfolgte die Landtagsauflösung[27].

Der Stein liberaler Rechtsreform war ins Rollen gekommen, die Motionen jener Jahre stellten „das Präludium"[28] für kommende Landtage dar. Indem v. Liebenstein die Einführung von Öffentlichkeit, Mündlichkeit und des Geschworenengerichts als eine der „unentbehrlichsten Grundlagen der verfassungsmäßigen Freiheit"[29] bezeichnete,

---

[23] Ebd., S. 120.

[24] Ebd., S. 122.

[25] *L. Müller:* Bd. I, S. 61.

[26] Die wesentlichen seien genannt: Vor der I. Kammer begründete Freiherr v. Türkheim am 3. Juni 1819 eine Motion wegen Einleitung einer gemeinschaftlichen Bearbeitung der Grundlinien für die Gesetzgebung und Gerichtsverfassung in den deutschen Bundesstaaten. Prot. I. Kammer 1819/20, Heft 2, S. 202 ff.; vgl. auch *v. Freydorf:* S. 10 ff..

Vor der II. Kammer begründete der Abgeordnete Ruth am 23. Juni 1819 einen Antrag auf Trennung der peinlichen Rechtspflege von der bürgerlichen und Errichtung eigener Kriminalgerichte. Prot. II. Kammer, Heft 6, S. 107 - 113; Am 30. Juni schließlich wurde der Antrag auf Aufhebung der körperlichen Züchtigung als bürgerliche und polizeiliche Korrektion gestellt. Prot. II. Kammer 1819/20, Heft 6, S. 180 - 182.

[27] Über die Hintergründe und Ursachen vgl. *W. Fischer:* Staat und Gesellschaft Badens, in: Staat und Gesellschaft im deutschen Vormärz, 1962, S. 143 bis 171, S. 150.

[28] *W. Fischer:* S. 151.

[29] Prot. II. Kammer 1819/20, Bd. 1, S. 120.

hatte er die Frage der Justizreform gleichzeitig zur politischen Forderung erhoben. Durch die Öffentlichkeit der Ständeversammlungen und die Verbreitung der gedruckten Protokolle gelangten die neuen Ideen über den Kreis der Deputierten hinaus ins Land. Wie gefährlich der Regierung eine solche Verbreitung erschien, zeigen ihre Versuche, den Druck einzelner Motionen zu verhindern[30].

Auf dem zweiten Landtag der Jahre 1822/23 nahm die Justizreform erneut breiten Raum ein, zumal in der Zwischenzeit keine Verbesserung der Zustände eingetreten war. Die Reihe der Motionen, die jetzt ausführlich begründet wurden, eröffnete diesmal ein weiterer hervorragender Vertreter der badischen Liberalen, der Freiburger Universitätsprofessor Johann Georg Duttlinger[31], mit einem neuen Antrag auf Trennung der Justiz von der Administration und auf Einführung des öffentlichen und mündlichen Verfahrens in bürgerlichen und peinlichen Rechtssachen[32]. Wiederum war es der Zustand der Rechtspflege erster Instanz, der Duttlinger zur Forderung nach der Gewaltentrennung veranlaßte: Denn das Zusammenfallen der richterlichen Funktion mit den Verwaltungsaufgaben des Amtmannes widerspreche der von der Verfassung garantierten Unabhängigkeit des Richters. Duttlingers Antrag[33] fand Unterstützung bei der Mehrheit des Hauses, in welcher sich ein aufkommendes Gruppenbewußtsein bemerkbar machte[34].

Ein Stück Kabinettsjustiz bildete den Gegenstand einer Motion, die ein nicht minder berühmtes Mitglied der zweiten Kammer, der Abgeordnete v. Itzstein[35] der Versammlung vortrug. Nach zwei Verordnungen aus den Jahren 1809 und 1812[36] mußte ein hofgerichtliches Urteil zur landesherrlichen Bestätigung an das Justizministerium übersandt werden, sobald es eine Zuchthausstrafe von mehr als zwei Jahren aussprach. Gleiches galt für solche Urteile, die auf Dienstentsetzung eines Beamten lauteten und „so oft solche, die Strafe sey auch noch so gering, die Beleidigung an Offizieren, Kriegsbeamten oder im Dienste befindliche Soldaten richten“.

---

[30] *Müller:* Bd. 2. S. 152 f.

[31] Über Duttlinger vgl. *v. Weech:* Badische Biographien, Bd. 1, S. 204 - 207; seit 1819 Inhaber des Lehrstuhls für Privat- und Wechselrecht an der Universität Freiburg.

[32] Prot. II. Kammer, 1822/23, Bd. II, S. 332 - 346.

[33] Prot. II. Kammer, 1822/23, Bd. VI, S. 173.

[34] *H. Kramer:* Fraktionsbindungen in den deutschen Volksvertretungen 1819 bis 1849. Schriften zur Verfassungsgeschichte, Bd. 7, 1968, S. 42.

[35] Langjähriger Führer der Liberalen; vgl. *v. Weech:* Badische Biographien, Teil 1, S. 430 ff.

[36] Verordnung vom 26. 2. 1809, die Bestätigung hofgerichtlicher Urteile betreffend, und vom 23. 5. 1812, wegen Erweiterung des Rekurses in Strafsachen; Reg.Bl. Nr. VIII vom 24. 2. 1810, S. 57, Nr. XX vom 4. 7. 1812, S. 109.

Auch der Wunsch nach Einführung der Geschworenengerichte durfte nicht fehlen; er wurde in der zwölften Sitzung vom 23. April 1822[37] durch den Abgeordneten Ziegler in einer ausführlichen Motion begründet, deren Antrag darauf abzielte, „Seine Königliche Hoheit um die Vorlegung des Entwurfs einer neuen peinlichen Gerichts- und Prozeßordnung unterthänigst zu bitten". Folgende Grundbestimmungen sollten im Gesetz enthalten sein:

„1. Daß das Hauptverfahren mündlich und öffentlich von dem urtheilenden Gerichtshofe vorzunehmen sey.

2. Daß die Urtheilenden, ohne an Beweisregeln gebunden zu seyn, schuldig oder nicht schuldig auszusprechen haben.

3. Daß die Entscheidung durch Geschwornengerichte zu urtheilen sey."

Ziegler führte aus, daß statt fester Beweisregeln[38] allein die Überzeugung der Richter für den Schuldspruch maßgebend sein solle; daraus folge aber, daß nicht immer dieselben Richter urteilen könnten. Sei ein Richter nämlich längere Zeit mit Strafsachen befaßt, so neige er leichter zu einem Schuldspruch als zu Beginn seiner Tätigkeit. Dieser Nachteil könne durch die Beiziehung von nicht ständigen Laienrichtern verhindert werden, wobei ein einzelner Fehler nicht über den Einzelfall hinaus wirke[39]. Und im Hinblick auf die politische Bedeutung des Schwurgerichts fuhr der Redner[40] fort: „Wir aber, glaube ich, wünschen ein deutsches, wir wollen ein einfaches Gesetzbuch, wir halten unser Leben, unsere Freiheit für vollkommen gesichert, wenn der Ankläger öffentlich gegen uns auftreten muß, wenn die Beweise öffentlich erhoben werden, wir uns im Angesichte unserer Mitbürger verteidigen dürfen, wenn die, die wir für vernünftige, ehrliche Männer selbst erklären, nachdem sie alles gehört, über uns richten." Und fast ein wenig zu optimistisch angesichts der tatsächlichen politischen Verhältnisse beschloß Ziegler seinen Vortrag: „Wir gehen in schönster Eintracht mit einer von der Höhe der reinsten Ansichten die Verbesserung unseres gesellschaftlichen Zustandes leitenden Regierung, und so wie kein Volk auf der Erde zur schönsten Entwicklung mehr vorbereitet ist als Deutschland, so dürfen wir mit Stolz sagen, daß das badische Volk keinem anderen deutschen Stamme nachsteht[41]."

Die dem Zieglerschen Antrag nachfolgende Diskussion[42] stellt zweifellos den Höhepunkt der Einführung liberaler Ideen in der badischen

[37] Vgl. Prot. II. Kammer 1822/23, Bd. 1, S. 283 - 285; Begründung, S. 305 - 315.

[38] Geständnis, Aussage zweier Zeugen.

[39] Ebd., S. 312.

[40] Ebd., S. 314.

[41] Ebd., S. 315.

[42] Prot. II. Kammer 1822, 23, Bd. 7, S. 89 - 168.

Kammer dar. In dieser „Redeschlacht“[43] prallten die unterschiedlichen Auffassungen zur Frage der Rechtsreform aufeinander. Die Regierungsseite, welche lediglich Unterstützung von drei[44] der insgesamt 63 Abgeordneten fand, bot freilich kein gutes Bild, als der Regierungskommissär, Staatsrat Baumgärtner, zu Beginn der Aussprache erklärte, die Regierung sähe gar keinen Grund, sich in die Diskussion einzulassen. Im übrigen frage er, warum ausgerechnet unter allen deutschen Staaten zuerst in Baden das Geschworeneninstitut eingeführt werden solle[45]. Einer müsse schließlich den Anfang machen, Deutschland sei es schon gewöhnt, das Licht von Westen herkommen zu sehen und nicht von Osten, hielt man ihm von seiten der Abgeordneten hierauf entgegen[46]. Die Behandlung der ersten beiden Punkte der Zieglerschen Motion, nämlich Öffentlichkeit und freier Beweis, endeten mit einer vorzeitigen Abstimmung zugunsten dieser Vorschläge, wobei nur zwei bzw. vier Gegenstimmen laut wurden. Bei der Behandlung der Geschworenengerichte zeigte sich von neuem die brilliante Redekunst v. Liebensteins, der neben v. Itzstein und Duttlinger die Akzente in dieser Debatte setzte. Es war nicht nur die überwiegende Mehrheit der Deputierten, die zu v. Liebenstein als ihrem Führer aufsahen, ganz Baden sah in jenen Tagen auf ihn[47]. Geschickt vermochte er der einzigen wirklichen Gegenstimme des Abgeordneten Ruth[48] zu kontern, welcher Feuerbachs Bedenken gegen die Jury wegen der sich aus der Trennung der Tat- von der Rechtsfrage ergebenden Problematik aufgegriffen hatte und vor der Einführung der Geschworenengerichte als einen „großen Schritt rückwärts“ warnte[49]. Den Geschworenengerichten das Wort reden, so führte Ruth aus, hieße verlangen, daß bewährte Rechtsgelehrte ihre Einsichten und Erfahrungen ablegten, um brauchbare Richter zu werden. Noch niemand habe es unternommen, einen Schuh zu verfertigen, der nicht zuvor das Schusterhandwerk gelernt habe[50]. Und selbst die Geschichte der Antike führte er als Gegenargument heran: Dreißig Tyrannen seien dem Leben eines Sokrates unschädlich gewesen. Ein Geschworenengericht habe ihm den Giftbecher gereicht. Die Geschworenengerichte, welche in der neueren Zeit in England, den Vereinigten Staaten und Frankreich eingeführt worden seien, stellten nach seiner Meinung nichts anderes als Geburten oder Mißgeburten revolutio-

---

[43] *Müller:* Bd. II, S. 154.

[44] Fetzer, v. Städel und Ruth.

[45] Prot. II. Kammer 1822/23, Bd. 7, S. 89; über ähnliche Äußerungen des Staatsrats Baumgärtner vgl. *Müller:* Bd. II, S. 153.

[46] Ebd., S. 158.

[47] *Müller:* Bd. II, S. 154.

[48] Prot. II. Kammer 1822/23, Bd. 7, S. 105 f.

[49] Ebd., S. 108.

[50] Ebd., S. 109.

närer Bewegungen dar, aber seien nicht das Resultat unbefangener, prüfender Überlegung.

Ganz anders sah dagegen das Bild der Jury aus, wie es v. Liebenstein, v. Itzstein und Duttlinger ihren Kollegen aufzeichneten. Wie auch schon auf dem ersten Landtag forderten und verteidigten sie das Geschworenengericht als notwendigen Teil des Rechtsstaates. Jedoch kamen dieses Mal auch wesentliche Probleme des Strafverfahrens zur Sprache, die nach Auffassung der Befürworter der Jury nur durch deren Einführung gelöst werden konnten. Ausgehend von der Motion des Abgeordneten Ziegler befaßte sich die Kammer mit dem „tief gefühlten Gebrechen“[51] des Strafprozesses, der Bindung der Richter an feste Beweisregeln. Auf der Grundlage der Bestimmungen der PGO[52] galt allein das Geständnis des Angeklagten oder die Aussage zweier Zeugen als zwingende Grundlage einer Verurteilung. Dieses „Urtheilen nach geschriebenen Theorien“, ein „Verfahren nach der Copie, nicht nach dem Original“[53], sollte durch einen Prozeß ersetzt werden, bei dem die Richter ihre für die Urteilsfindung maßgebliche Überzeugung frei aus den gesamten Umständen des zu behandelnden Falles gewinnen. Nur Geschworenengerichte als „wahre Gewissensgerichte“[54], besetzt mit „ehrenwerthen und gebildeten Bürgern“[55], böten die Gewähr dafür, daß nicht eine neue Gefahr für eine wirklich unabhängige Justiz drohe. Denn bei der Neigung der auf Lebenszeit tätigen Richter, ihr Amt „handwerksmäßig“[56] zu betreiben, sei die Abschaffung der festen Beweisregeln unter gleichzeitiger Beibehaltung seiner Berufsrichterkollegien wenig sinnvoll[57]. Dennoch ließ v. Liebenstein Zweifel erkennen, ob das Geschworenengericht als Rechtsanstalt den Vorzug vor ständigen Gerichten verdiene[58]. Sein Hauptbedenken lag darin, daß es eine zweite Instanz gegen das Urteil eines solchen Schwurgerichts nicht gebe, da man kein zweites Geschworenengericht über das erste setzen könne[59]. Wie auch v. Itzstein gab er zu bedenken, daß die Zeit für die sofortige Einführung des Schwurgerichts noch nicht reif sei, da die Einrichtung dem Volke dem Namen nach kaum, dem Wesen nach aber überhaupt nicht bekannt sei. Deshalb solle zunächst die Trennung von Justiz und

---

[51] So *v. Itzstein:* S. 134.

[52] Vgl. über die Entwicklung der Beweisregeln *E. Holzhauer:* Geständnis im Strafprozeß: HRG Bd. 1, S. 163 ff.; *H. Henkel:* Strafverfahrensrecht, 1968, S. 42 f., 48 f. Zur badischen Regelung vgl. Strafedikt, §§ 11 - 16.

[53] Prot. II. Kammer 1822/23, Bd. 7, S. 131.

[54] Ebd., S. 134.

[55] Ebd., S. 135.

[56] Ebd., S. 139.

[57] Vgl. *Schwinge*, S. 57.

[58] Prot. II. Kammer 1822/23, Bd. 7, S. 121.

[59] Ebd., S. 126.

Verwaltung erfolgen und das öffentliche und mündliche Verfahren eingeführt werden[60]. Als politische Anstalt hingegen befürworte er die Jury uneingeschränkt. Für Geschworenengerichte, die über Pressvergehen zu urteilen hätten, sei ein Bedürfnis bereits wirklich vorhanden[61]. Die Abstimmung über die Frage, „ob Seine Königliche Hoheit gebeten werden solle, in das neu einzuführende Criminalgesetzbuch bzw. in die Prozeßordnung die Grundbestimmung aufzunehmen, daß die Entscheidung über die Tatsache durch Geschworene geschehe", wurde mit fünf Gegenstimmen von der Kammer bejaht, zwei Abgeordnete hatten sie mit dem Zusatz „jetzt noch nicht" abgelehnt[62].

Mit dem Ende dieses Landtags hatte zunächst auch diese erste große parlamentarische Diskussion um die Rechtspflege und um die Geschworenengerichte im besonderen ihren Abschluß gefunden. Ein Erfolg war den liberalen Bemühungen jedoch nicht beschieden. Die großherzogliche Regierung zeigte sich nicht gewillt, auf die Vorschläge einzugehen; mit Rücksicht auf die politische Situation konnte sie es auch gar nicht. (Karlsbader Beschlüsse vom 20. 9. 1819[63]). Der Enttäuschung der Abgeordneten entsprach die Meinung der Regierung und des Großherzogs, daß ein Zusammenwirken zwischen Regierung und Kammern kaum möglich sein werde[64]. Das bekam auch v. Liebenstein zu spüren, welcher 1822 als Anwärter für die Stelle des Direktors des Justizdepartements vorgesehen war, aber wegen seiner Auffassung zugunsten des „redlichen, aber stockkonservativen Geschäftsmannes"[65] Freiherr v. Zyllnhardt abgelehnt wurde.

Die großen Umrisse des neuen Gerichtsverfahrens waren aufgezeichnet worden; grundsätzlich hatte man das Schwurgericht zur Entscheidung schwerer Straffälle und besonders für „Pressdelikte" gefordert. Die Tatsache, daß man in der Frage der Laiengerichtsbarkeit keine anderen Organisationsformen erörtert hat, macht auch hier deutlich, daß es den Liberalen an Originalität und schöpferischer Kraft gefehlt hat[66], vermag aber andererseits nicht das Verdienst der Abgeordneten der ersten Stunde zu schmälern, mit der Einführung der großen Ideen die Grundlage für die nun folgende, jahrzehntelange Auseinandersetzung gelegt zu haben. Wenn auch die starke Hervorhebung des Geschworenengerichts eine gewisse Einseitigkeit in der Behandlung des Laienrichtertums zur Folge gehabt hat, so darf doch nicht verkannt werden, daß die

---

[60] Ebd., S. 127.
[61] Ebd., S. 129.
[62] Ebd., S .167.
[63] Vgl. *E. R. Huber:* Verfassungsgeschichte, Bd. I, S. 732 - 735.
[64] *Gall:* S. 25.
[65] *Mackert:* S. 129.
[66] *Schwinge:* S. 50.

fast ununterbrochene Diskussion dieser Frage auch der Laienbeteiligung in anderen Bereichen, sei es bei den unteren Gerichten oder in der Verwaltung, den Weg frei gemacht hat.

Die bei einigen Abgeordneten erkennbare Neigung, Öffentlichkeit und Mündlichkeit einzuführen, dagegen das Schwurgericht abzulehnen, war auch bei den badischen Richtern jener Zeit vorhanden. Dies ergibt sich aus den Gutachten, welche auf Anordnung des Justizministeriums vom 7. März 1821 von den Hofgerichten und dem Oberhofgericht des Landes zu diesem Fragenkreis erstellt wurden[67]. Das öffentliche und mündliche Verfahren fand im wesentlichen die Zustimmung der Richterschaft des Landes, im Gegensatz zum Schwurgericht[68]: Mit Ausnahme des Mannheimer Kollegiums unter dem Hofrichter von Stengel standen alle anderen Gerichte der Jury einstimmig ablehnend gegenüber. Sie folgten in ihren Auffassungen damit der Haltung des Freiherrn v. Drais, der in seinem Bericht angesichts der Vorgänge im Rheinland die Frage aufgeworfen hatte, ob sonst ein politischer Drang da sei, das „rechtlich üble Institut" dennoch einzuführen[69].

So ablehnend wie diese Stimmen verhielt sich auch die Regierung; die Berichte und damit auch die Frage der Schwurgerichte wurden einstweilen ad acta gelegt. Eine Diskussion im Lande um das neue Verfahren[70] und um die Jury setzte schon sehr bald ein. Die überwiegend vertretenen Meinungen bestätigten allerdings die Auffassung des Freiherrn v. Liebenstein, daß man kaum mit diesem Institut vertraut war. Der ranghöchste badische Richter und Präsident des Oberhofgerichts, Freiherr v. Drais[71], hielt dem „jenseitigen Verfahren" die „ehrwürdige Stellung unserer teutschen Gerichte" entgegen[72]. In ihnen seien die Hauptbedingungen einer guten Rechtspflege, nämlich Ehrlichkeit und Gründlichkeit, viel besser gewährleistet als im Gerichtsverfahren Frankreichs[73]. „Das biedere teutsche Volk sehnt sich keineswegs nach französischen Gesetzen und Formen, dasselbe verlangt ebensowenig die französische Gerichtsordnung als die spanische Constitution[74]." Und unter Hinweis auf den

[67] Vgl. hierüber ausführlich *Mackert:* S. 135 - 145. Dort finden sich die einschlägigen Akten und Berichte und Voten der badischen Praktiker sowie ihre Ergebnisse anschaulich zusammengefaßt.

[68] *Mackert:* S. 141.

[69] *Ebd.*, S. 145.

[70] Vgl. zur Diskussion um die Erneuerung des badischen Kriminalverfahrens, *Mackert:* S. 130 ff.

[71] Geschichte der badischen Gerichtshöfe in neuerer Zeit, mit Blicken auf die Vorschläge unserer Tage für mehr Öffentlichkeit der Zivil- und Criminaljustiz, für das Plädieren und die Geschworenengerichte, 1821.

[72] Ebd., S. 315.

[73] Ebd., S. 321.

[74] *v. Drais:* Zusätze zu meinen Betrachtungen über die Vorschläge unserer Tage für mehr Öffentlichkeit und Mündlichkeit, 1823, S. 120.

Mißbrauch des Geschworeneninstituts, wie er vor allem in Frankreich während der Revolution betrieben wurde, hielt er die Männer aus dem Volk für die gefährlicheren Richter[75]. Der viel gerühmte politische Vorzug der Jury werde hinfällig bei der Betrachtung der Einflußmöglichkeiten durch den Regenten bzw. die Regierung. Wie v. Drais, so zog auch der Freiburger Hofgerichtsadvokat v. Kettenacker[76] gegen den „Geist der Zeit"[77] unter Berufung auf die von Feuerbach erhobenen Bedenken zu Felde. Sein Werk wurde der Kommission der zweiten Kammer, die sich mit dem Ziegler'schen Antrag befaßte, zugestellt[78]. Seine Auffassung von dem neuen Verfahren faßte v. Kettenacker wie folgt zusammen: „Die Einführung der mündlichen, öffentlichen Rechtspflege und der Geschworenengerichte, in der Art, wie sie in Frankreich und England bestehen, widerstrebt unserem Nationalcharakter; sie ist als eine Neuerung, die zerstörend statt verbessernd auf unsere Nationaleinrichtungen, Rechtsanstalten und Gesetze einwirkt, verwerflich; sie entfernt uns von dem übrigen Teutschland und hindert die längst ersehnte Annäherung und Verbindung teutscher Volksstämme[79]."

Neben diesen, den liberalen Ideen völlig ablehnend gegenüberstehenden Stimmen, fanden sich Männer, die Öffentlichkeit, Mündlichkeit und Gewaltentrennung bejahten, dem Schwurgericht gegenüber aber eine ebenso ablehnende Position einnahmen wie v. Drais[80] und v. Kettenacker. Der berühmte Jurist Mittermaier[81] zählte damals noch dazu[82]. Auch jene Stimmen bezweifelten, ob die Urteile der Jury gerechter und besser seien als die der Berufsrichterkollegien, auch sie hoben die Unsicherheit der Rechtssprechung hervor, welche durch die Beiziehung von Männern aus dem Volke, die keine Rechtskenntnisse besäßen, eintreten würde. Und mit einer gewissen Berechtigung konnten sie gegen das

---

[75] Ebd., S. 309.

[76] Denkschrift für das teutsche Gerichtsverfahren mit besonderer Rücksicht auf das Großherzogtum Baden gegen die volkstümliche Gerichtsöffentlichkeit und die Geschworenengerichte, 1823.

[77] Ebd., S. III.

[78] Prot. II. Kammer 1822/23, Bd. III, S. 43.

[79] *v. Kettenacker:* Denkschrift, S. 20.

[80] Auch v. Drais hatte sich bereits 1810 für die Trennung von Justiz und Verwaltung in erster Instanz ausgesprochen. *F. Flad:* Einzelrichtertum und Kollegialprinzip in bürgerlichen Rechtsstreitigkeiten nach der badischen Gesetzgebung des 19. Jahrhunderts, in: XXIX. Deutscher Juristentag, 1908, S. 66.

[81] Vgl. *G. Landwehr:* Karl Joseph Anton Mittermaier (1787 - 1867), Ein Professorenleben in Heidelberg, in: Heidelberger Jahrbücher, Bd. XII, S. 29 - 55, S. 42.

[82] Mit seiner 1819 erschienenen Schrift: Die öffentliche, mündliche Strafrechtspflege und das Geschworenengericht in Vergleichung mit dem deutschen Strafverfahren, 1819. Vgl. auch die Schrift des badischen Oberamtmanns *Christian Donsbach:* Die Verfassung und das Prozeßverfahren der Untergerichte im Großherzogtum Baden, 1822, S. 120. Auch dieser Autor bekennt sich mit Ausnahme der Schwurgerichte zum neuen Verfahren.

„Volksgericht" anführen, daß eine solche Bezeichnung wohl nicht ganz zutreffe, da, wie alle Befürworter der Jury vorschlugen, nur die gebildete Klasse der Bürger Geschworene stellen könne. Andererseits könne die Volksmeinung genauso schädlich für ein Gerichtsverfahren sein wie der Einfluß des Regenten.

2. Laien in der Zivilgerichtsbarkeit

Auf dem ersten Landtag stellte der Mannheimer Abgeordnete Bassermann den Antrag, „daß es der zweyten Kammer gefällig sein möge, Se. Königliche Hoheit den Großherzog bitten zu wollen, derselben einen Gesetzesvorschlag wegen Handelsgerichten vorlegen zu lassen"[1]. Eine nähere Behandlung erfuhr diese Motion, die auch nicht begründet wurde, jedoch nicht. Im übrigen kam der parlamentarischen Erörterung der Zivilgerichtsbarkeit nicht die Beachtung zu, wie sie der Strafprozeß genoß[2]. Gewiß, die Forderung nach Öffentlichkeit und Mündlichkeit des Verfahrens galt auch für den bürgerlichen Prozeß[3]. Laienbeteiligung in Form der Schwurgerichte wurde nur im Zusammenhang mit dem Strafprozeß diskutiert. Das Vorbild der englischen Gerichtsverfassung, in welcher die Jury in Zivilsachen[4] seit Jahrhunderten eine ebenso feststehende Einrichtung wie das Geschworenengericht in Strafsachen darstellte, fand keine Erwähnung in den Verhandlungen der Landtage. Auch später beschäftigte man sich kaum mit der Civiljury, ihre Einführung in Deutschland wurde auch von den Befürwortern des Schwurgerichts, wie Mittermaier und Welcker, abgelehnt[5], da die Materie des Zivilrechts für Laien zu schwierig sei und eine übermäßige Belastung des Volkes als Folge der Einrichtung von Geschworenengerichten in Zivilsachen eintreten werde.

Dies zeigt erneut, wie sehr das Denken der Liberalen am Vorbild der französischen Gerichtsverfassung orientiert war. Hinzu kam, daß den Vorschlägen für eine Verbesserung der Zivilgerichtsbarkeit nicht jener besondere politische Charakter innewohnte, wie dies bei der Jury in Strafsachen der Fall war. So vollzog sich die Diskussion mehr im engeren juristischen Fachbereich, wie zwei Anträge aus dem Jahre 1819 zeigen[6].

---

[1] Prot. II. Kammer 1819/20, Bd. 6, S. 63.

[2] Dagegen wurde bis ins 3. Jahrzehnt nur das bürgerliche Recht wissenschaftlich behandelt, nicht aber Strafrecht und Strafprozeß; *v. Freydorf:* S. 50.

[3] Wie es bereits in der Liebensteinschen Motion von 1819, vgl. oben S. 29, enthalten ist.

[4] Über die Entwicklung der englischen Ziviljury vgl. *R. Gneist:* Geschichte und heutige Gestalt der englischen Kommunalverfassung, 1863, Bd. I, S. 74, 80, 161 ff., 534 ff. Gneist war im übrigen einer der Befürworter dieser Einrichtung, da Geschworene allein in bürgerlichen Rechtsstreitigkeiten Gehorsam und Unterordnung unter das Gesetz erlernen könnten.

[5] *Schwinge:* S. 139.

[6] So wurde die Einführung einer Zivilprozeß-, Exekutions- und Konkursordnung beantragt, Prot. II. Kammer 1819/20, Bd. 1, S. 142 - 143; ein weiterer

Man wußte zwischen dem Zivilprozeß, „wo bloß über Mein und Dein geurteilt werde", und dem „wichtigeren Teile der Justiz, wo über die edelsten Güter des Menschen, Leben und Freiheit, abgeurteilt werden soll" zu unterscheiden[7]. Angesichts der Tatsache, daß die Zivilgerichtsbarkeit in der Vergangenheit nicht mehr zu jenen Äußerungen des Unmuts und der Kritik Anlaß gegeben hatte, wie dies für den Strafprozeß galt, ist dies verständlich. Denn hier hatte die Schaffung eines Instanzenzuges und einer unabhängigen Justiz bereits die Entwicklung zum liberalen Rechtsstaat eingeleitet[8].

Statt der Beiziehung von Laien forderte man für die Zivilgerichte ein aus Berufsrichtern gebildetes Kollegialgericht. Erstmalig ist während der Kammerverhandlungen ein solcher Antrag von Duttlinger gestellt worden[9]. Was für die Reform des Strafverfahrens die Begriffe Öffentlichkeit, Mündlichkeit und Geschworenengericht darstellten, bildete für den Zivilprozeß „die große Trias Öffentlichkeit, Mündlichkeit und Kollegialität"[10]. Da die Hof- und Oberhofgerichte des Großherzogtums bereits eine Kollegialverfassung besaßen, richtete sich die Forderung gegen das Einzelrichteramt in erster Instanz[11]. Die dort herrschenden Mißstände sollten durch Einführung von Kollegialgerichten beseitigt werden. Die Bevölkerung werde den Entscheidungen solcher Spruchkörper ein größeres Vertrauen entgegenbringen, da Urteile eines Kollegiums überzeugender wirkten als die eines Einzelnen, wie der Hofgerichtsrat Ziegler in seinem Kommissionsbericht zur Duttlinger'schen Motion ausführte[12]. Auch sah man es als bedenklich an, „daß ein Einzelner aus unserer Mitte in unseren bürgerlichen Verhältnissen umher wandele, dem solche Gewalt über uns gegeben ist"[13]. Bemerkenswert ist Duttlingers Vorschlag für die Organisation der Zivilgerichte. Der vorgeschlagene vierstufige Gerichtsaufbau mit 60 Bezirksgerichten, 10 Kollegialgerichten erster Instanz, ein bis zwei Appellationshöfen und einem Oberhofgericht, weist nicht nur starke Ähnlichkeiten mit der späteren badischen Gerichtsverfassung von 1864 auf[14], sondern auch mit dem heutigen Gerichtsaufbau.

Antrag forderte, daß die Entscheidungsgründe den Parteien in Zivilprozessen in allen Instanzen von Amts wegen mitgeteilt werden sollten, ebd., S. 142.

[7] Prot. II. Kammer 1822/23, Bd. 7, S. 92.

[8] *E. Kern:* Geschichte, S. 47.

[9] Prot. II. Kammer 1822/23, Bd. 2, S. 332 ff.

[10] *v. Weiler:* in: Archiv für Rechtspflege und Gesetzgebung im Großherzogtum Baden, 1829, S. 12.

[11] Da bei Einzelrichtern die Parteien weniger vor Willkür und vor Unrecht gesichert seien als bei Richterkollegien, sollten die untersten Gerichte deshalb die vollkommensten sein, da sie dem Volke am nächsten standen. *Donsbach:* S. 21.

[12] Prot. II. Kammer 1822/23, Bd. 5, S. 74.

[13] Ebd., S. 73; vgl. auch *Flad:* S. 73.

[14] Ebd., S. 339; vgl. *v. Freydorf:* S. 23.

Den mit Einzelrichtern besetzten Bezirksgerichten sollten nur bürgerliche Streitsachen von unbedeutendem Wert zur Entscheidung zugewiesen werden. Als Vorbild diente der französische Friedensrichter, dessen Amt und Funktion auch spätere Pläne einer Gerichtsorganisation immer wieder zu übernehmen versuchten. Vereinzelte Stimmen sprachen sich im Zusammenhang mit Kollegialgerichten für eine Beteiligung von Laien aus, so schlug ein Abgeordneter[15] vor, den Richtern zur Entscheidung eines Prozesses eine gewisse Anzahl Beisitzer beizugeben.

Die Ausführungen des Heidelberger Professors K. S. Zachariae[16], welcher vor der ersten Kammer über die von der zweiten Kammer mit einer Gegenstimme angenommenen Duttlinger'schen Anträge Bericht[17] erstattete, enthielten eine für den damaligen Stand der Diskussion völlig neue Konzeption einer Laiengerichtsbarkeit, indem er diese in den unteren Instanzen einrichten wollte. Zachariae forderte im Interesse einer wohlgeordneten Gerechtigkeitspflege, die richtig und schnell sein müsse, eine Reform „im Wege einer bedächtigen Verbesserung"[18]. Damit die badische Gerichtsverfassung mit der Grundverfassung des Staates im Einklang stehe, was bis jetzt noch nicht der Fall sei, sprach er sich für die Einführung des öffentlichen und mündlichen Verfahrens, für die Trennung der Justiz von der Verwaltung sowie für Kollegialgerichte für Zivilsachen in erster Instanz aus. Fester Bestandteil einer solchen Verfassung sollte auch das Geschworenengericht sein, nach seiner Auffassung dem englischen Vorbild entsprechend auch in Zivilsachen. Ein besonderes Eingehen auf die Schwurgerichte erfolgte jedoch nicht, weil diese Frage gesondert behandelt werden sollte[19].

Der von Zachariae vorgeschlagene vierstufige Gerichtsaufbau sollte Gemeindegerichte, wie sie bereits bestanden, Amtsgerichte, besetzt mit Einzelrichtern mit beschränkter Zuständigkeit in Zivil- und Strafsachen, Land- und Sendgerichte und ein Oberlandesgericht umfassen. Die Landgerichte sollten über alle Zivilprozesse, soweit sie nicht in den Zuständigkeitsbereich der Gemeinde- bzw. Amtsgerichte fielen, in erster Instanz entscheiden; in Strafsachen sollten alle Fälle, die nicht der Gerichtsbarkeit der Gemeinde- und Amtsgerichte unterlagen sowie Rechtsmittel gegen die Urteile dieser Gerichte verhandelt werden. Jedem Landgericht sollte ein ständiges Mitglied, der Landrichter, und zwei nicht ständige Laienbeisitzer zugeordnet werden. Im Regelfall sollte der Landrichter

[15] Oberhofgerichtsrat Walz in seiner Motion auf „Verbesserung der Rechtsverwaltung". Im übrigen war der Mannheimer Richter ein Anhänger des alten Verfahrens. Prot. II. Kammer 1822/23, Heft 4, S. 141 ff., S. 146.

[16] Vgl. *v. Weech:* Badische Biographien, Bd. II, S. 524 - 532.

[17] Prot. I. Kammer 1822/23, 4. Bd., S. 616 - 640; ausführlich hierüber auch *v. Freydorf:* S. 38 ff.

[18] Ebd., S. 619, S. 624.

[19] Ebd., S. 631.

allein tätig werden, nur wenn über eine Tatsache zu erkennen sei, sollte das Urteil zusammen mit den Beisitzern gefällt werden, wobei Stimmenmehrheit den Ausschlag geben sollte. An jedem Landgerichtssitz sollten viermal im Jahr sogenannte Sendgerichte abgehalten werden, bestehend aus dem Landrichter, dessen Beisitzern sowie zwei Mitgliedern des Oberlandesgerichts. Die Kompetenz dieses Sendgerichtes sollte sich in bürgerlichen Rechtsstreitigkeiten auf solche Fälle erstrecken, welche das Landgericht an das Sendgericht überwiesen hatte; in Strafsachen sollte es über alle nicht in die Zuständigkeit der Landgerichte fallenden Gegenstände erkennen. Wie die Zuständigkeiten im einzelnen geregelt werden sollten, geht aus Zachariaes Bericht nicht hervor. Das Inquisitionsverfahren sollte zugunsten des Anklageverfahrens abgeschafft werden. Die Wahl der landgerichtlichen Beisitzer sollte ebenfalls durch das Sendgericht vorgenommen werden. Aus einer Liste der 24 höchstbesteuerten Personen des Gerichtssprengels sollten zwei Beisitzer und weitere zwei Ersatzmänner für ein halbes oder für ein Jahr bestimmt werden[20].

Die Vorschläge Zachariaes ähneln, was den Aufbau der Gerichte anbetrifft, den Plänen Duttlingers. Sie stellen jedoch hinsichtlich der Laienfrage insofern eine Besonderheit dar, als ehrenamtliche Richter in jedem erstinstanzlichen Spruchkörper vertreten sein sollten. Dagegen beschränkten sich die anderen Vorschläge auf Schwurgerichte zur Aburteilung schwerer Vergehen und Verbrechen. Leider kam dieser interessante Bericht nicht mehr zur Beratung, da am Tage seiner Vorlage die Amtszeit des Landtags endete.

Auch das Justizministerium hatte den Zivilprozeß und seine Verbesserung schon früh im Auge gehabt. Seit dem Jahre 1819 beschäftigte man sich dort sehr ausführlich mit diesem Problemkreis[21]. Insbesondere die Frage der Trennung von Justiz und Verwaltung wurde einer ausführlichen Untersuchung unterzogen. Dabei nahm die Berechnung des hierfür erforderlichen finanziellen Aufwandes breiten Raum ein[22]. Die zahlreichen Aufforderungen des Staatsministeriums an die Justizdirektion, mit denen um eine Beschleunigung der Vorträge zu den Fragen der Gewaltentrennung und der Kollegialgerichte ersucht wurde, weisen darauf hin, daß die Attacken der zweiten Kammer gegen die Rechtspflege in Karlsruhe zur Kenntnis genommen wurden. Der für die Justiz verantwortliche Staatsrat Baumgärtner hatte sich über die Zustände im Nachbarland Württemberg informieren lassen, wo die Trennung bereits eingeführt

[20] Ebd., S. 637.

[21] Nachdem bereits vorher das Ämterproblem Gegenstand zahlloser Reformpläne und Änderungsvorschläge war. Vgl. *Mackert:* S. 119; *Flad:* S. 66.

[22] Vgl. Akten GLA, Akten Staatsministerium Generalia Justizverwaltung 233/31340, Plan zur besseren Organisation der Gerichte; Trennung der Justiz von der Administration und der Polizei. Dort findet sich auch der erwähnte Bericht aus Württemberg.

worden war. In dem württembergischen Bericht wurde ausgeführt, daß das „Geschrei über schlechte Justizadministration und Schreibereiunfug" bei den Abgeordneten so „überhand genommen" habe, daß der König veranlaßt wurde, „die Justiz von der Administration zu trennen"; dennoch befürwortete der Berichterstatter die Trennung und führte aus, daß sie sich für das Gerichtsverfahren als vorteilhaft erwiesen habe. Die Schaffung der noch fehlenden Verfahrensordnung für die Untergerichte bildete gleichfalls einen Teil der Aktivitäten des Justizministeriums, die entsprechenden Anregungen aus der Reihe der Abgeordneten dürften auch hier nicht ohne Einfluß gewesen sein[23].

Zusammenfassend läßt sich zum Verlauf der ersten beiden Landtagssessionen sagen: Die badischen Abgeordneten hatten die Mängel der bestehenden Gerichtsverfassung, des Straf- wie auch des Zivilprozesses bei Beginn des Verfassungslebens in vollem Umfang erkannt und angeprangert. Die große Zahl der Motionen und Anträge zeigt, daß die Verbesserung der Rechtspflege ein Hauptanliegen der Freisinnigen darstellte. Einen Weg hierzu hatten sie mit dem öffentlichen und mündlichen Verfahren, der Trennung von Justiz und Verwaltung, der Kollegialität und der Laiengerichtsbarkeit aufgezeigt. Die Vielzahl der Anträge hatte jedoch auch zur Folge, daß keiner in den beiden Kammern voll durchberaten werden konnte oder angenommen wurde. Dies gilt für die Rechtspflege ebenso wie für andere Gegenstände[24]. Die Diskussion um eine Laiengerichtsbarkeit blieb im wesentlichen auf das Schwurgericht französischer Provenienz beschränkt. Die eigentliche ausführliche Auseinandersetzung um die Justizreform sollte kommenden Landtagen vorbehalten sein; die Bedeutung dieser ersten Landtage liegt darin, Probleme und Möglichkeiten ihrer Lösung aufgezeigt zu haben.

3. Der weitere Verlauf der Reformen

Nach den ruhigen Landtagen[1] der Jahre 1825 und 1828, auf denen die Frage der Gerichtsverfassung und der Rechtsreform nicht behandelt

[23] Für das Großherzogtum bestand seit dem Jahre 1803 lediglich eine Zivilprozeßordnung für die Hofgerichte und das Oberhofgericht. Vgl. Entwurf einer großherzoglich badischen Untergerichtsordnung, GLA, Generalia Justizverwaltung 234/376; Entwurf einer Prozeßordnung und Untergerichtsordnung 1821 - 23; Fasc. 57.

Nach § 1 dieses Entwurfs sollten wichtige Gegenstände kollegialisch behandelt werden; vgl. auch *B. Roth:* Entwurf einer Untergerichtsordnung, 2. Aufl., 1826, S. 8, § 2: „Wichtige Gegenstände werden collegialisch behandelt und hat jeder Beamte eine entscheidende Stimme."

[24] Vgl. *Fischer:* S. 150. Die Abgeordneten hatten, unerfahren in Geschäften, aber einig in der Sache, viele Gegenstände aufgegriffen, aber kaum einen zu Ende geführt.

[1] Bei den Neuwahlen 1825 erreichte die Regierung, daß mit Ausnahme von drei liberalen Politikern nur regierungstreue Abgeordnete in die zweite Kammer einzogen. Vgl. *H. Krämer:* S. 43.

worden war, brachte der erste Landtag des neuen Jahrzehnts die Fortsetzung des politischen Kampfes der Jahre 1819 und 1822. Der Kampf um das Rechtswesen kam wieder in Bewegung. Als der fünfte Landtag des Jahres 1831, welcher als „parlamentarisches Volksfest des Liberalismus“[2] bezeichnet wurde, schloß, vermochten die Liberalen einige Erfolge zu verbuchen, die dem Großherzogtum seinen Rang als fortschrittlichster Staat des rechtsrheinischen Deutschland sicherten. Das gilt besonders für das Gemeindegesetz vom 31. Dezember 1831, die freiheitlichste der süddeutschen Gemeindeordnungen[3]. Für die Frage der Laienbeteiligung bedeutete das Gesetz einen großen Schritt nach vorn, war doch nunmehr die Beteiligung gewählter Volksvertreter in einem Teilbereich des öffentlichen Lebens durchgesetzt worden, eine Tatsache, die auch für den weiteren Verlauf der Diskussion um die Laienbeteiligung auf dem Justizsektor von Bedeutung sein sollte. Denn die Vertreter dieser Idee konnten jetzt darauf hinweisen, daß die Bürger sehr wohl zur Mitwirkung an staatlichen Aufgaben fähig seien.

Im justizrechtlichen Bereich stellen die Zivilprozeßordnung vom 31. 12. 1831[4] und das Pressegesetz vom 24. 12. 1831[5] große Erfolge dar. Die Zivilprozeßordnung brachte für Baden die überfällige Verfahrensordnung für das Gerichtsverfahren in der ersten Instanz. Sie stellte ein modernes Gesetz von über 1200 Paragraphen dar. Die Öffentlichkeit des Verfahrens wurde für alle Instanzen eingeführt, ebenso eine teilweise Mündlichkeit für die Schlußverhandlungen. An der bestehenden Gerichtsverfassung waren jedoch keine Änderungen durchgeführt worden; auf Anfrage der Kommission, ob etwa Kollegialgerichte erster Instanz eingeführt werden sollten, antwortete die Regierung, daß die gegenwärtige bürgerliche Gerichtsverfassung nach Form und Wesen beizubehalten sei[6]. Auf dem Gebiet des Strafprozesses brachte das Pressgesetz Baden als erstem Staat den mündlichen „Anklageprozeß für eine begrenzte Anzahl von Vergehen“[7].

Diese Kette von Erfolgen beruhte auf einer günstigen politischen Konstellation. Die Sache des Fortschritts wurde jetzt nicht mehr ausschließ-

---

[2] *A. Krieger:* Badische Geschichte, 1921, S. 106.

[3] *H. Heffter:* Die deutsche Selbstverwaltung im 19. Jahrhundert, 2. Aufl. 1969, S. 183, mit weiteren Nachweisen.

[4] Reg.Bl. Nr. 5 vom 20. 1. 1832, S. 67: Officielle Ausgabe, 1832. Eine Würdigung des Gesetzes findet sich bei *J. C. Schwartz:* 400 Jahre deutscher Zivilprozeßordnung, 1898, S. 539. Vgl. auch *A. Keller:* Die badische Zivilprozeßordnung von 1831, Jur. Diss. 1931.

Die Prozeßordnung war im wesentlichen das Werk der 1824 neu ernannten Gesetzgebungskommission, deren Mitglieder von 1827 - 1830 Nebenius, Pfister, v. Weiler, Mittermaier und Duttlinger waren. Vgl. *v. Freydorf:* S. 59 ff., S. 61.

[5] Gesetz über die Polizei der Presse und über die Bestrafung der Pressevergehen vom 28. 12. 1831, Reg.Bl. Nr. 39 vom 12. 1. 1831, S. 441.

[6] *v. Freydorf:* S. 61.

[7] Vgl. *Mackert:* S. 135.

lich in der zweiten Kammer betrieben. Dort hatten die Landtagswahlen, auf welche die badische Regierung dieses Mal keinen Einfluß ausgeübt hatte, neben der „alten Garde“ von 1819 und 1822[8] neuen, nicht minder berühmten Persönlichkeiten, wie Mittermaier und Bekk[9], Sitze eingebracht[10]. Jetzt saßen auch auf der Regierungsbank Männer, die den „Segen eines geordneten, zeitgemäßen Rechtszustandes“ dem Lande nicht länger vorenthalten wollten[11]. Die Regierungsumbildung, welche im Gefolge des Kronwechsels und den damit verbundenen außenpolitischen Problemen[12] erfolgt war, hatte Vertreter des Geheimratsliberalismus[13] wie Winter, Nebenius und Jolly an die Spitze des Justiz- bzw. Innenministeriums gebracht.

Trotz der umfangreichen Arbeiten für die genannten Gesetze hatte man die Notwendigkeit der Umgestaltung des Strafverfahrens im Auge behalten. Gerichtsverfassung und Schwurgerichte, deren Einführung Welcker und v. Itzstein unter scharfen Angriffen auf das bestehende Gerichtsverfahren forderten[14], nahmen erneut die ersten Plätze der Tagesordnung ein[15]. In der Schwurgerichtsfrage erhielten dessen Befürworter unerwartete Unterstützung durch das neue Mitglied der zweiten Kammer, den Heidelberger Rechtsgelehrten Mittermaier, der in die Reihe der Anhänger dieses Instituts übergetreten war[16]. Eingehend wurde das Schwurgericht im Zusammenhang mit dem Pressegesetz beraten[17]. Pressefreiheit und Geschworenengerichte gehörten nach liberaler Auffassung untrennbar zusammen, allein ein Geschworenengericht als „Repräsentation der Stimme der Nation“[18] könne über Pressdelikte entscheiden,

---

[8] Ebd., S. 134.

[9] Johann Baptist Bekk (1797 - 1855) liberaler Politiker, seit 1841 Präsident der zweiten Kammer, 1846 - 1849 badischer Innenminister. Wegbereiter der Heranziehung des Laienelements zur Staatsverwaltung. Vgl. *M. Krebs:* in NDB, Bd. II, 1955, S. 24.

[10] Ein Verzeichnis mit den Namen der Abgeordnete der zweiten Kammer von 1831 ist abgedruckt bei *Müller:* Bd. 3, S. 157 - 160.

[11] *Müller:* Bd. 3, S. 78; auch in der ersten Kammer waren die Mängel in der Gerichtsverfassung und des gerichtlichen Verfahrens erkannt worden und Anträge zu deren Verbesserung kamen, wie schon auf den ersten Landtagen, auch von hier. Vgl. zur Rolle der ersten Kammer beim Zustandekommen der Prozeßordnung *G. W. v. Rheinbaben:* Die erste Kammer in Baden 1818 - 1918, Jur. Diss. 1949, S. 130 - 143.

[12] Nach der Thronbesteigung Großherzog Leopolds machte Bayern Pfälzer Erbansprüche geltend. Dies bewog den neuen Großherzog, durch Einhaltung einer populären Politik die Stimmung des ganzen Landes für sich und seine Dynastie zu gewinnen. Vgl. *v. Weech:* Badische Geschichte, S. 573 ff.

[13] *Wild:* S. 106; vgl. hierzu auch *Gall:* S. 22, S. 47.

[14] *Schwinge:* S. 58.

[15] Vgl. hierzu *Mackert:* S. 132 ff.

[16] Prot. II. Kammer, Bd. 26, S. 332; *Schwinge:* S. 58.

[17] Prot. II. Kammer Beil. 4, S. 124 ff.; Beil. 12, S. 45 ff

[18] Mittermaier, zitiert bei *Schwinge:* S. 58.

weil den Geschworenen allein geläufig sei, was Ehre und Beleidigung sei[19]. Die Schrift des Freiburger Hofgerichtsadvokaten Zentner[20] wurde als „Petition[21] um Verbesserung der Strafrechtspflege durch Einführung von Geschworenengerichten sowie durch Öffentlichkeit und Mündlichkeit des Verfahrens" vorgelegt[22]. Die Ausführung Zentners rückte „den Übelstand der peinlichen Prozedur an das Licht der breitesten Öffentlichkeit"[23], wie auch der über die Petition erstattete Bericht in aller Deutlichkeit zeigte[24]. Welcker[25] beantragte die Vorlage „eines die Gerichtsordnung ergänzenden Gesetzentwurfs, wodurch zur Vereinfachung der Justiz, zur Verhinderung der Prozesse, zur Verringerung der Justizkosten und zur sittlich rechtlichen Erziehung und Bildung des Volkes einestheils das Oberhofgericht mit bedeutender Verminderung seines Personals, neben den vorgeschlagenen zwei kollegialen Gerichtshöfen, auf einen bloßen Kassationshof beschränkt würde und wodurch anderntheils vermittelst der Bildung volksmäßiger Friedensgerichte der öffentlichen, mündlichen und kollegialen Justizeinrichtung, den später wahrscheinlich zu errichtenden Geschworenengerichten für Kriminalprozesse und unserer ganzen repräsentativen Verfassung und Verwaltung die unentbehrliche organische Grundlage gegeben werde". Leider wurde der Antrag, der nahezu das gesamte rechtspolitische Programm der Freisinnigen beinhaltete, nicht näher behandelt. Während das öffentliche und mündliche Verfahren, wie auch die neue Zivilprozeßordnung zeigt, von allen Seiten befürwortet wurde und in Baden „zum guten Ton gehörte"[26], begegnete man nach wie vor, vor allem seitens der Praktiker, dem „haltlosen Institut der Geschworenen"[27] mit Skepsis. Obwohl beide Kammern beantragt hatten[28], das Schwurgericht für das Verfahren in Pressachen aufzunehmen, lehnte die Regierung die Anträge mit der Begründung ab, eine isolierte Einführung sei mit Rücksicht auf den Gesamtaufbau des Strafprozesses nicht möglich[29]. Auch der „Plan über die künftige Gerichtsverfassung", welchen Staatsrat Nebenius[30] am 20. Juni 1831 der

---

[19] *Schwinge:* ebd.

[20] Das Geschworenengericht; vgl. oben S. 17, Anm. 14.

[21] Über das Petitionsrecht vgl. *Heinrich:* S. 71 ff.; *Fischer:* S. 155.

[22] Prot. II. Kammer 1831, Bd. 2, S. 147.

[23] *Mackert:* S. 135.

[24] Kommissionsbericht des Abgeordneten Aschbach, Prot. II. Kammer 1831, Bd. 5, S. 76 - 79.

[25] Prot. II. Kammer 1831, Bd. 2, S. 2 f.

[26] *Mackert:* S. 133.

[27] v. Jagemann zitiert bei *Mackert:* ebd.

[28] *Schwinge:* S. 59.

[29] *Schwinge:* ebd.

[30] Karl Friedrich Nebenius (1785 - 1857) in badischen Diensten seit 1807, Vater der badischen Verfassung, Innenminister 1838/39 und 1845/46; 1846 - 49 Präsident des Staatsrates; vgl. *v. Weech:* Badische Biographien, Bd. II, S. 99 bis 105.

zweiten Kammer in Grundzügen vorlegte, wie es die Regierung bei der Übergabe des Entwurfs der Zivilprozeßordnung zugesagt hatte, sah Berufsrichter in allen Instanzen vor[31]. Dieser Entwurf trug den Postulaten v. Liebensteins und seiner Freunde aus den Jahren 1819 - 22 mit Ausnahme des Schwurgerichts Rechnung. Nebenius stellte fest, daß die Trennung von Justiz und Verwaltung grundsätzlich durchgeführt werden solle[32] wie auch die „collegiale Verfassung[33] bei allen urtheilenden Behörden als unbedingte Regel"[34] einzuführen sei. Allerdings ließen sich Einzelrichter für „unbedeutende Rechtsstreitigkeiten und Strafsachen" sowie für „alle Fälle, die eine nahe Hilfe und schleunigstes Eingreifen des Richteramtes erforderten, nicht entbehren, zumal Kollegialgerichte nur für größere Bezirke eingerichtet werden könnten"[35]. Dementsprechend sahen die Grundzüge[36] der neuen Gerichtsverfassung von der Verwaltung getrennte Amtsgerichte, besetzt mit Einzelrichtern, vierzehn Kollegialgerichte für Zivil- und Strafverfahren erster Instanz sowie zwei bis drei Hofgerichte vor. Bei jedem Kollegialgericht sollte ein Staatsanwalt bestellt werden.

Der Vorschlag erfuhr auf diesem fünften Landtag keine weitere Behandlung. Nebenius versprach aber, eine vollständige Gerichtsverfassung zusammen mit einer neuen Strafprozeßordnung alsbald vorzulegen[37]. Die unter den günstigen politischen Vorzeichen von 1831 zustandegekommene Reihe neuer Gesetze setzte sich jedoch nicht fort. Nach dem Hambacher Fest, dem Sturm auf die Frankfurter Hauptwache und anderen Ereignissen[38] kennzeichneten die Frankfurter Bundesbeschlüsse die nun folgenden Jahre; auf die Einzelstaaten hatten sie erhebliche Auswirkungen. Das neue badische Pressegesetz war im besonderen ein Dorn im Auge des Frankfurter Gremiums. Der von hier ausgeübte Druck auf Baden führte schließlich zur Aufhebung des Gesetzes[39] und zu Maßnahmen der badischen Regierung gegen die liberale Presse, insbesondere gegen

---

[31] Prot. II. Kammer, 1831, Beil. 4, S. 165 - 187; vgl. auch *L. Müller:* Bd. II, S. 81.

[32] Prot. II. Kammer, 1831, Beil. 4, S. 169.

[33] Die Vorzüge einer solchen Kollegialität hatten mehrere Abgeordnete auch bei der Beratung der Zivilprozeßordnung hervorgehoben. Mittermaier (Prot. II. Kammer 1831, Bd. 26, S. 20) wies darauf hin, daß die alte Einrichtung im Laufe der Zeit, als sich das Volk in den Gerichten immer mehr zurückgesetzt fühlte, untergegangen sei. Die Einführung der Kollegialgerichte bedeute, das alte, ehrwürdige Institut wieder zur Ehre zu bringen.

Über die Probleme der Zivilrechtspflege vgl. auch *L. v. Jagemann:* Die Anforderungen der Zeit an den Stand der Zivilrichter, 1831.

[34] Prot. II. Kammer 1831, Beil. 4, S. 170.

[35] Ebd.

[36] Ebd., S. 181 ff.

[37] Ebd., S. 179.

[38] Vgl. *E. R. Huber:* Verfassungsgeschichte, Bd. II, S. 133 - 149.

[39] Bundesbeschluß vom 5. Juli 1832; vgl. ebd., S. 43 f.

die von Rotteck und Welcker herausgegebene Zeitung „Der Freisinnige". Die Amtsenthebung Rottecks und Welckers und die Vorgänge an der Freiburger Universität zeigten, welcher Wind jetzt in Karlsruhe wehte. Welcker wurde am 22. 1. 1833 wegen angeblicher Ehrenkränkung des großherzoglichen Staatsministeriums zu zwei Monaten Gefängnis verurteilt[40].

Die Erneuerung des Rechtswesens wurde im Gefolge der neuen Politik wieder auf die lange Bank geschoben. Auf den folgenden Landtagen der Jahre 1833 und 1835 jedenfalls löste die Regierung ihr 1831 gegebenes Versprechen nicht ein, alsbald eine vollständige Gerichtsverfassung und Strafprozeßordnung vorzulegen[41]. Die Untätigkeit der Regierung führte immer wieder zu Anfragen aus dem Kreise der Abgeordneten[42] und insbesondere Welcker sorgte dafür, daß die Schwurgerichtsfrage nicht in Vergessenheit geriet[43]. Das intensive Beharren auf den Forderungen nach den zugesagten Gesetzen führte schließlich dazu, daß die 1819 berufene Rechtsgesetzgebungskommission[44] im Jahre 1835 der Regierung die Entwürfe einer Strafprozeßordnung und einer neuen Gerichtsverfassung vorlegen konnte[45]. Wie im Jahre 1831 basierte dieser Entwurf ebenfalls auf dem Grundsatz, daß nur rechtsgelehrte Staatsrichter das Urteil fällen sollten[46]. Die Schwurgerichte, so hatte Minister v. Reitzenstein die Kommission angewiesen[47], sollten aus den Beratungen ausgeschlossen bleiben. Im übrigen entsprach der Aufbau im wesentlichen den bereits im Jahre 1831 aufgestellten Grundzügen. Teilweise war vorgesehen, die erstinstanzliche Zivilgerichtsbarkeit ohne Rücksicht auf die Höhe des Streitwertes bei den Amtsrichtern zu belassen und zehn Kollegialgerichte ein-

---

[40] Allerdings wurde dieses Urteil vom Mannheimer Oberhofgericht wieder aufgehoben. Vgl. *H. Müller-Dietz:* S. 37 f.

[41] *L. Müller:* Bd. III, S. 82.

[42] Anfragen mehrerer Abgeordneter an die Regierungskommission. Prot. II. Kammer 1833, Bd. 3, S. 210 - 233. Auf dem Landtag von 1835: Bemerkungen über die Notwendigkeit der neuen Gesetze über die Gerichtsverfassung und die Kriminalprozeßordnung, Prot. II. Kammer 1835, Bd. 5, S. 190 - 202.

[43] Anläßlich der Beratung über einen Antrag der Budgetkommission, demzufolge die neuen Justizgesetze einem einzuberufenden außerordentlichen Landtag vorgelegt werden sollten. Ebd., Bd. 15, S. 282 - 290, S. 284 f.

[44] Vgl. *Mackert:* S. 146, Anm. S. 172. Unter dem Vorsitz von Staatsrat Nebenius gehörten ihr die Richter v. Weiler und Stösser sowie die Abgeordneten Bekk, Mittermaier und Duttlinger an.

[45] Gedruckt: Entwurf einer Strafprozeßordnung für das Großherzogtum Baden, 1835. Beigegeben sind der Bericht der Gesetzgebungskommission und der Entwurf einer Gerichtsverfassung. Über die Strafprozeßordnung ausführlich *Mackert:* S. 145 ff.

[46] Vgl. § 1 des Entwurfs: Die Verwaltung des Richteramtes sowohl in bürgerlichen Rechtssachen als in Strafsachen wird nur Beamten übertragen, welche daneben kein öffentliches Amt bekleiden. Ebd., S. 63.

[47] Entsprechend der Direktive, welche die Wiener Konferenz 1834 erteilt hatte; *L. Müller:* Bd. 4, S. 83.

zuführen[48]. Dagegen sollten für schwere Fälle am Sitz des Bezirksgerichts „vierteljährliche Assisen“ als Strafgerichte gebildet werden, bestehend aus dem Präsidenten, sechs Berufsrichtern und weiteren fünf Ergänzungsrichtern[49]. Zu Ergänzungsrichtern sollten Rechtsgelehrte des Bezirks durch den Großherzog ernannt werden, in Universitätsstädten dachte man hierbei an die Professoren der juristischen Fakultäten[50]. Offensichtlich hatte hierfür auch das Geschworenengericht Anregungen gegeben. Da diese Entwürfe nie der Ständeversammlung zur Beratung vorgelegt wurden, blieb den Abgeordneten vorerst nichts anderes zu tun, als durch zahllose Anträge und Motionen[51] dafür zu sorgen, daß das „heilige Feuer der Grundsätze“[52] nicht zum Erlöschen kam und keinen Landtag vorübergehen zu lassen, ohne nicht das Geschworenengericht und die Reform der badischen Gerichtsbarkeit wenigstens erwähnt zu haben. Denn diese beruhte nach wie vor, mit Ausnahme der 1837[53] revidierten Zivilprozeßordnung, auf den Edikten und Erlassen aus den Jahren nach 1803; ein Zustand, der nicht nur den Deputierten Sorge bereitete, sondern auch draußen im Lande den Ruf nach rechtsstaatlichen Garantien immer lauter werden ließ[54]. Aber erst die Landtage des vierten Jahrzehnts, vor allem der Jahre 1843 - 1845, sollten die Dinge ein gehöriges Stück nach vorn bringen. Denn mit Beginn der 40er Jahre war ein anderer Stil der politischen Auseinandersetzung in die Ständeversammlung eingezogen. Zum ersten Mal zeichneten sich Fraktionsbildungen ab[55]. Auf der einen Seite der liberalen Mehrheit um Welcker, Duttlinger und Sander, die mit überwältigender Mehrheit in den Landtag von 1841/42 eingezogen waren, stand die kleine Zahl von Anhängern des Regierungskurses, auf der anderen Seite hatte sich ein radikaler Flügel um den Abgeordneten Hecker[56] gebildet, welcher mit entsprechenden Vorschlägen

---

[48] Bericht der Gesetzgebungskommission, S. 20 f., S. 36, S. 38.

[49] *C. J. A. Mittermaier:* Die Mündlichkeit in den verschiedenen Gesetzgebungen, 1845, S. 134.

[50] *Mittermaier:* ebd.; vgl. auch *Mackert:* S. 150.

[51] Genannt seien hier: Bemerkungen über Öffentlichkeit und Mündlichkeit im Prozeßverfahren, Prot. II. Kammer 1837, Bd. 1, S. 193 ff.; Bemerkungen wegen Einführung von Geschworenengerichten, ebd., S. 190 ff.; über das Gerichtsverfahren: Prot. II. Kammer 1839/40, Bd. 5, S. 29 ff.; S. 34 ff.; Welcker übergab 1839 der Kammer die von ihm verfaßte Denkschrift über die Schwurgerichte, ebd., Bd. 14, S. 160; vgl. unten S. 70.

[52] *L. Müller:* Bd. 4, S. 84.

[53] Vgl. *v. Freydorf:* S. 74 ff. Das öffentliche und mündliche Verfahren, wie es 1831 eingeführt worden war, hatte sich bewährt, Ehrgefühl und Streben nach wissenschaftlicher Bildung in Richtern und Anwälten waren gestärkt worden; auch der Umfang der Akten hatte infolge der Mündlichkeit abgenommen. Ebd., S. 77.

[54] *Mackert:* S. 152.

[55] Vgl. hierzu *Dreher:* S. 14 - 24.

[56] Friedrich Franz Karl Hecker (1811 - 1881); vgl. W. *Schieder:* in NDB, Bd. 8, S. 180 - 182.

in den Verhandlungen bisher nicht gekannte Akzente setzte. Er trug wesentlich dazu bei, daß in der Kammer immer mehr ein lärmender, verletzender Ton angeschlagen wurde[57]. Die Politik der Regierung v. Blittersdorf, der nach dem Tode des Ministers Winter im Jahre 1838 die führende Stellung eingenommen hatte, hatte dafür gesorgt, daß die politischen Leidenschaften im Volk aufgeweckt wurden[58] und der Boden für die späteren Ereignisse von 1848 vorbereitet wurde[59]. Blittersdorfs Maßnahmen zielten auf die Zerschlagung der starken liberalen Partei ab. Mit der Verweigerung des Urlaubs zweier liberaler Beamter zum Eintritt in die Kammer im Jahre 1841 und der Landtagsauflösung Anfang 1842 gedachte er, dieses Ziel zu erreichen[60]. Seine Maßnahmen führten jedoch zu einem Sieg der Opposition, die einen Wahlkampf von bisher in Deutschland beispielsloser Heftigkeit geführt hatte. Aus der bisherigen Honoratiorenpartei war eine organisierte Massenagitation geworden[61]. Aber auch die Ablösung v. Blittersdorfs im Jahre 1843 brachte keine Änderung des konservativen Kurses der Regierung[62], so daß das Frontdenken zunächst auch die folgenden Verhandlungen um das Rechtswesen überschattete.

4. Die Gerichtsverfassung des Jahres 1845

Mit der Vorlage von drei umfangreichen Gesetzesentwürfen trug die Regierung nun endlich den langjährigen Forderungen der Kammer Rechnung. Neben dem Entwurf eines Strafgesetzbuches und einer Strafprozeßordnung[1] kam am 29. November 1843 auch ein umfangreicher, 87 Paragraphen umfassender Entwurf eines Gerichtsverfassungsgesetzes[2] zur Vorlage.

Die grundsätzlichen Bestimmungen des Entwurfs seien genannt:

„§ 1 Die Rechtspflege in den unteren Instanzen wird von der Verwaltung getrennt, und ausschließlich dafür bestellten Gerichten übertragen.

[57] *v. Weech:* Badische Geschichte, S. 560.

[58] *Wild:* S. 194.

[59] *Krieger:* S. 109.

[60] Vgl. *E. R. Huber:* Verfassungsgeschichte, Bd. II, S. 440 f.

[61] *H. Heffter:* S. 249.

[62] Vgl. *Dreher:* S. 39 - 47.

[1] Über den Ablauf der parlamentarischen Behandlung der Strafprozeßordnung und Kriminalgesetzgebung berichtet ausführlich *Mackert:* S. 156 ff.

[2] Gesetzentwurf, die Gerichtsverfassung des Großherzogtums Baden betreffend mit Motiven; Prot. II. Kammer 1843/44, Beil. 9, S. 1 - 43; auch gedruckt erschienen: Gesetzentwurf, die Gerichtsverfassung des Großherzogtums Baden betreffend, 1843. An zeitgenössischen Stellungnahmen seien genannt: *F. Hecker:* Die Reform des Gerichtswesens, 1844; *C. F. Rosshirt:* Über die Entwürfe der Gerichtsverfassung und der Strafprozeßordnung für das Großherzogtum

§ 2 Mit der Rechtpflege sollen künftig beauftragt seyn:
Amtsgerichte
Handelsgerichte
Bezirksgerichte
Hofgerichte und
das Oberhofgericht
vorbehaltlich der durch besondere Gesetze geregelten Militärgerichte und der den Standesherren zukommende Austrägalinstanz.

§ 3 Bei den Amtsgerichten wird das Richteramt in bürgerlichen Rechtssachen von Einzelrichtern verwaltet.

§ 4 Die Bezirksstrafgerichte werden von je drei Einzelrichtern desselben Amtsgerichtes gebildet; ihr Bezirk umfaßt eine Mehrzahl von Amtsgerichtsbezirken ...

§ 5 Die Handelsgerichte bestehen in erster Instanz aus dem Amtsrichter und zweien mitbestimmenden Handelsleuten, in zweiter Instanz aus einem Senat des Hofgerichts von fünf Mitgliedern, welchen ebenfalls zwei mitbestimmende Handelsleute beigegeben werden."

Damit basierte diese Vorlage zwar auf dem Modell der Entwürfe von 1831 und 1835, enthielt jedoch neben den dort in Aussicht genommenen Gerichten weitere Organe der Rechtspflege[3]. Nicht zu Unrecht wurde daher von dem Eindruck gesprochen, „als hätte man der Rechtspflege im Lande eine sehr buntscheckige Jacke angezogen"[4].

Schöffengerichte in Strafsachen

Die Aufnahme besonderer Handelsgerichte bzw. Handelssenate in zweiter Instanz bedeutete, daß erstmalig ein Gericht mit Laienbeteiligung Teil eines amtlichen Entwurfs geworden war. Aber auch für die unteren Strafgerichte wurde jetzt eine Beteiligung ehrenamtlicher Richter in Erwägung gezogen. Zwar sah der Regierungsentwurf eine solche nicht vor, wie auch die Schwurgerichte ausgeklammert geblieben waren. Eine Minorität der zwölfköpfigen Kommission[5] hatte sich jedoch für die Einführung von Schöffengerichten ausgesprochen. Die Ursachen für diese Empfehlung der Kommissionsmitglieder, für die Welcker[6] Bericht er-

Baden, 1844; *A. Stabel:* Fragen der Zeit für die badische Rechtspflege, 1844; vgl. auch Annalen 1844, S. 105; *K. S. Zachariae:* Über den Gesetzentwurf, die Gerichtsverfassung des Großherzogtums Baden betreffend, 1844.

[3] Gerichtsbarkeit der Bürgermeister (§§ 11 - 14 des Entwurfs), Schiedsgerichte (§§ 44 - 47 des Entwurfs) und Vergleichsgerichte (§§ 48 - 66 des Entwurfs).

[4] So der Abgeordnete Sander in der Diskussion über den vorgelegten Entwurf; Prot. II. Kammer 1843/45, Bd. 6, S. 16.

[5] Die Kommission bestand ursprünglich aus sechs Mitgliedern, sie wurde später auf zwölf erweitert; u. a. waren Hecker, Welcker und Sander beteiligt; vgl. Prot. II. Kammer 1843/44, Bd. 1, S. 153, S. 158.

[6] Über Karl Theodor Welcker vgl. unten S. 70, Anm. 14.

stattete[7], lagen in der Besetzung und dem Verfahren der unteren Strafgerichte, wie sie der Regierungsentwurf vorsah. Im Rahmen der geplanten vierstufigen Gerichtsorganisation in Strafsachen sollten Amtsgerichte, verwaltet von Einzelrichtern, für die Aburteilung geringerer Strafsachen[8] zuständig sein. Das zu verhängende Strafmaß sollte vier Wochen Amtsgefängnis bzw. 300 Gulden Geldstrafe nicht überschreiten und entsprach so im wesentlichen der bisherigen Kompetenz der Ämter. Die Amtsgerichte sollten im Gegensatz zu den anderen Strafgerichten nach der hergebrachten Verfahrensweise prozedieren. Der öffentliche und mündliche Anklageprozeß sollte nur bei den Kollegialgerichten zur Anwendung gelangen. Soweit das zu erwartende Strafmaß den oben genannten Rahmen überschritt, sollten die Bezirksgerichte tätig werden, sofern nicht wegen der Schwere des Deliktes das Hofgericht in erster Instanz zuständig wurde.

Konnten die liberalen Politiker die Anerkennung des Grundsatzes, daß schwierigere Strafsachen nur vor Richtergremien verhandelt werden sollten, als Erfolg ihrer Bemühungen gutheißen, so mußte der nach den alten Verfahrensregeln urteilende Einzelrichter auf ihren entschiedenen Widerstand stoßen. Denn sein Amt und seine Funktion entsprachen ganz und gar nicht dem, was Welcker und seine Gesinnungsgenossen jahrelang gefordert hatten. Von jeher schon hatten sich die Liberalen für die Abschaffung dieser „kleinen Paschas vor den großen Paschida“[9] eingesetzt, da gerade sie die Gerichtsform des absoluten Staates verkörperten, der sie erst geschaffen hatte. Schließlich hatte man gerade auch deshalb nach Geschworenengerichten und Kollegialgerichten erster Instanz verlangt. Beiden Spruchkörpern war gemeinsam, daß nicht ein Einzelner, sondern mehrere die Entscheidung treffen mußten. Die Kollegialität sollte das Mißtrauen gegenüber der Rechtspflege vermeiden, sollte zu gerechten Urteilen führen. Die schon früh erhobene Forderung nach Kollegialgerichten erster Instanz stellte daher das Pendant zum Postulat des Schwurgerichts dar. So konnte man auch im badischen Landtag die Meinung hören, daß die Bezirksstrafgerichte eine Fortentwicklung des württembergischen Oberamtsgerichts[10] mit seinen drei Laienbeisitzern sei. Man habe dessen Kollegialität, so wurde ausgeführt, dadurch verbessert, indem ein ganzes Kollegium juristisch vorgebildeter Richter eingeführt worden sei[11].

Neben der Kritik am Institut des Einzelrichters veranlaßte auch die geplante Beibehaltung des, wie es Hecker nannte, „heimlichen Kriegsver-

---

[7] Kommissionsbericht Nr. 2, Prot. II. Kammer 1843/44, Beil. 11, S. 153 - 163.

[8] Die vor den Amtsgerichten zu verhandelnden Strafsachen wurden in § 75 des Entwurfes enumerativ festgelegt.

[9] *Welcker:* Prot. II. Kammer 1843/44, Bd. 6, S. 27.

[10] Über diese Gerichte vgl. unten S. 118 f.

[11] Prot. I. Kammer 1843/44, Bd. 3, S. 257.

fahrens der Inquisition“[12] die Minorität der Kommission, die neuartigen[13] Pläne der Schöffengerichte in die Diskussion zu bringen. Während sich die Mehrheit der Kommission für die Vorschläge der Regierung aus Zweckmäßigkeitserwägungen ausgesprochen hatte[14], fürchtete Welcker[15], daß auf diese Weise der größte Teil der Kriminalprozesse weiterhin „die beklagte, unnatürliche, gefährliche, unserem deutschen Inquisitionsprozeß entsprechende Gestalt“ behielte. Die Minorität schlug deshalb folgende Abänderungen vor[16]: Die Strafgewalt des Amtsrichters sollte ähnlich wie die der französischen und rheinbayerischen Friedensrichter beschränkt werden, etwa auf eine entsprechend geringe Summe bei Geldstrafen. Dies hätte zur Folge, daß die nach dem Regierungsentwurf dem Amtsgericht zugewiesenen Gegenstände zum größten Teil in die Zuständigkeit der Bezirksstrafgerichte fallen müßten. Die Einführung der „früheren deutschen und noch jetzigen württembergischen Einrichtung des Untergerichts, die Verbindung einiger bürgerlicher Beisitzer mit dem Richter“, stellte nach Ansicht des Berichterstatters die beste Lösung des Problems dar[17]. Eine solche Besetzung des Gerichts vermeide einerseits kostspielige Reformen der unteren Gerichte, gäbe andererseits aber die fehlenden Bürgschaften für die persönliche Sicherheit der Bürger und für die Gerechtigkeit der Untersuchung und der Strafurteile[18]. Darüber hinaus sei das Institut geeignet, die Gefahren und Nachteile des „undeutschen, unnatürlichen Einzelrichteramtes“ zu beseitigen und wirke „einer Hauptgefahr unserer Zeit, einer stets unvolksmäßiger werdenden, einseitig bürokratischen Beamtenherrschaft und einer allzu großen Trennung des Beamtentums von der Bürgerschaft entgegen“[19]. Die Schöffengerichte gewährten zudem die Garantien, wie man sie bei den übrigen kollegialisch besetzten Strafgerichten habe. „Praktischere und richtigere“

---

[12] Prot. II. Kammer 1843/44, Bd. 6, S. 313.

[13] In der gesamten Literatur, die den Strafprozeß und die Strafgerichtsverfassung behandelte, war bisher die Forderung nach Einführung von Schöffengerichten nicht erhoben worden. Soweit von Laienbeteiligung die Rede war, galt sie nur für die Geschworenengerichte. Inwieweit die Ideen Beselers, der in seiner 1843 erschienenen Schrift „Volksrecht und Juristenrecht“ das Schöffengericht im Vergleich mit dem Geschworenengericht ausführlich behandelt und sich im Ergebnis für Schöffengerichte sowohl in Zivil- als auch in Strafsachen ausgesprochen hatte, ist den Verhandlungen nicht zu entnehmen. Vgl. *G. Beseler:* Volksrecht und Juristenrecht, 1843, S. 246 ff. Viel eher dürfte der Grund für die Beschäftigung mit dem Schöffengericht darin liegen, daß jetzt die Auseinandersetzungen in Württemberg um das dort seit 1818 bestehende Laienrichtertum nach außen drangen; vgl. unten S. 122.

[14] Vgl. Kommissionsbericht Böhme, Prot. II. Kammer 1843/44, Bd. 2, S. 95 bis 152, S. 102 f.

[15] Kommissionsbericht Welcker, ebd., S. 155.

[16] Ebd., S. 156.

[17] Ebd., S. 156.

[18] Ebd.

[19] Ebd., S. 157.

Urteile bewirkten ein größeres Vertrauen unter der Bevölkerung zu amtsgerichtlichen Entscheidungen, plädierte Welcker zugunsten der Schöffengerichte. Und indem das Schöffengericht „die Bürger in geringeren Strafsachen zu Mitrichtern macht, gibt es dem Bürgerthum ein veredelndes Gefühl einer würdigeren Stellung und eine höhere rechtliche Bildung. Ohne freilich, wie das Schwurgericht, gerade in den schwersten peinlichen Fällen die höchste Garantie zu begründen, füllt es doch gerade da, wo uns die Garantien unserer höheren Strafgerichte fehlen, eine wichtige Lücke aus und bietet doch auch für die Regierung jene Bedenklichkeiten nicht dar, die man leider noch dieser letzteren Einrichtung entgegensetzt ... Es macht das Recht im Volk lebendiger, das Volk rechtlicher gebildet und zugleich das Recht und den Richterstand volksmäßiger. Es macht das Volk und die Richter gerechter"[20]. Welcker[21] ging davon aus, daß sich die württembergische Laiengerichtsbarkeit trotz ihrer Reformbedürftigkeit bewährt habe. Die Nachteile der dortigen Organisation ließen sich dadurch vermeiden, daß in Baden Schöffen nur in Strafsachen urteilen sollten. Darüber hinaus sei auch ein großer Teil der Kompetenz der württembergischen Oberamtsgerichte den badischen Amtsgerichten entzogen. Die zeitliche Beanspruchung der badischen Gerichtsbeisitzer werde deshalb wesentlich geringer sein als die ihrer württembergischen Kollegen. Damit könne vermieden werden, daß wohlhabende Grundbesitzer und Handelsleute versuchten, sich dem Amt zu entziehen[22], wie dies im Württembergischen oft der Fall sei.

Nach alldem vertraten die Vertreter der Minorität die Auffassung, „bei den so großen und vielfachen heilsamen Wirkungen, welche sie sich von dieser Einrichtung verspricht, bei der offenbaren Geringfügigkeit der Kosten und der Belästigungen dieses Institutes und bei seiner unvollständigen Unbedenklichkeit, dasselbe dringend empfehlen zu müssen"[23]. Zum Verfahren schlug man vor[24], daß in den einzelnen Gemeinden auf je 500 bis 800 Einwohner ein „unbescholtener, angesehener Bürger" für ein Jahr zum Gerichtsbeisitzer gewählt werden solle, zwei oder drei Gewählte sollten jeweils zu den Gerichtssitzungen eingeladen werden.

Bei den Deputierten fanden die Ausführungen und Vorschläge Welckers erheblichen Widerhall. Die Frage des Schöffengerichts nahm in der mehrere Tage dauernden Diskussion[25] um die neue Gerichtsverfassung breiten Raum ein. Wegen der geplanten Beibehaltung des Inquisitions-

[20] Ebd., S. 157.
[21] Ebd., S. 156.
[22] Ebd., S. 158.
[23] Ebd., S. 158.
[24] Ebd., S. 159.
[25] Prot. II. Kammer 1843/44, Bd. 6, S. 1 - 366.

verfahrens vor den Amtsgerichten wurde entsprechend Welckers Vorschlag beantragt, entweder dem Begehren der Minorität zuzustimmen oder an der Zuständigkeit der Amtsgerichte erhebliche Einschränkungen zugunsten der kollegialisch besetzten Bezirksstrafgerichte vorzunehmen[26]. Staatsrat Jolly[27] und Ministerialrat Brauer, die Vertreter des Justizministeriums, äußerten erhebliche Bedenken gegen die Einführung der „Gerichtstagelöhner" oder „gerichtlichen Statisten"[28], wie man sie von Württemberg her kenne. Auch einige Abgeordnete befürchteten, auf diesem einfachen Weg gelange das Geschworenengericht, um dessen Miniaturausgabe es sich bei dem Schöffengericht handele, doch zur Einführung. Andere wiederum wollten die Laienbeteiligung auf besonders wichtige Fälle beschränkt wissen[29]. Dennoch ergab die Abstimmung darüber, ob sich die Kammer für das Institut der Gerichtsbeisitzer erklären wolle, ein klares Votum von 33 gegenüber 18 ablehnenden Stimmen[30].

Nach erneuter Beratung über das Schöffengericht legte die Kommission der zweiten Kammer neue Anträge vor[31]. Wiederum beantragte die Mehrheit der Kommission, „von dem Institut der Schöffen ganz abzugehen". Geschehe dies nicht, so sollten die Bestimmungen über das Schöffengericht von der Kammer nicht unmittelbar in den beratenen Gerichtsverfassungsentwurf aufgenommen werden. Der Großherzog sollte dann um eine nachträgliche Vorlage ersucht werden. Für den Fall der Einführung des Schöffeninstituts hatte sich die Mehrheit der Kommission dafür ausgesprochen, daß die Laienrichter nur zur Urteilsfällung heranzuziehen seien[32]. Am 15. Juni 1844 befaßte sich die Kammer ausschließlich mit diesen Anträgen[33]. Auch diesmal äußerte eine Reihe von Abgeordneten Bedenken gegen den „offenbaren Rückschritt"[34], den das Schöffengericht bedeute, welches als „Rechtsanstalt nichts taugt"[35], sondern ausschließlich „auf politischen Rücksichten beruht"[36]. Aber diese Stimmen vermochten nicht zu verhindern, daß sich die Mehrheit für das Schöffeninstitut aussprach[37], nachdem Welcker[38], Hecker[39], Bekk[40] und

[26] Ebd., S. 243.
[27] Isaak Jolly (1785 - 1852), ein weiterer Vertreter des „Geheimratsliberalismus"; badischer Justizminister seit 1835; vgl. *v. Weech:* Badische Biographien, Bd. I, S. 425 f.; *Mackert:* S. 151.
[28] Prot. II. Kammer 1843/44, Bd. 6, S. 309.
[29] *Bekk*, ebd., S. 252.
[30] Ebd., S. 258.
[31] Prot. II. Kammer 1843/44, Beil. 11, S. 309 - 312.
[32] Ebd., S. 309.
[33] Prot. II. Kammer 1843/44, Bd. 6, S. 301 - 326.
[34] Ebd., S. 323.
[35] Ebd., S. 313.
[36] Ebd., S. 322.
[37] Ebd., S. 326.
[38] Ebd., S. 302 - 305.

Sander[41] die rechtliche, aber auch die politische Bedeutung einer Laienbeteiligung hervorgehoben hatten. Dem Antrag entsprechend wurde eine Adresse an den Großherzog gerichtet[42], in der um eine nachträgliche Vorlage zur Ergänzung der Gerichtsverfassung gebeten wurde.

Die erste Kammer verhinderte jedoch die Aufnahme der Schöffengerichte in das Gerichtsverfassungsgesetz, indem sie der Adresse der zweiten Kammer einstimmig den Beitritt versagte[43]. Sie folgte damit dem Antrag ihrer Kommission[44], die ähnlich wie die Majorität der Kommission der zweiten Kammer[45] die Befürchtung geäußert hatte, daß eine „möglichst getreue Verwirklichung des materiellen Rechts" und „die richtige Anwendung der Strafgesetze" bei der Mitwirkung nicht rechtsgelehrter Richter nicht gewährleistet sei[46]. Wie sollten Schöffen, die nicht wie Geschworene allein über „schuldig" oder „nicht schuldig" zu befinden hatten, sondern „wahre Spruchrichter" seien, über Versuch oder Vollendung, Rückfall oder Verjährung entscheiden[47]. Damit war dem Einzug des Schöffengerichts in die badische Gerichtsorganisation als erstes Laiengericht in Strafsachen vorläufig der Weg versperrt. Es bedurfte noch zweier Jahrzehnte, bevor es im Großherzogtum eingeführt wurde.

Die Handelsgerichtsbarkeit

Mit der Aufnahme besonderer Handelsgerichte in zwei Instanzen, die aus Laien- und Berufsrichtern zusammengesetzt waren, folgte die Regierung einer Entwicklung, welche nach französischem Vorbild in mehreren europäischen, aber auch deutschen Staaten zur Einrichtung besonderer Handelsgerichte geführt hatte[48]. Sie entsprach damit gleichzeitig

---

[39] Ebd., S. 313 - 315; Heckers Beiträge enthielten die schärfsten Angriffe gegen die bestehende Rechtspflege, seine Vorschläge waren radikal: „Ich habe schon früher gesagt und wiederhole es heute: streiche man den Stand der Anwälte, streiche man aber auch jede positive Civilgesetzgebung sowie jedes positive Prozeßrecht und lasse jede Frage durch ein großes Geschworenengericht entscheiden. Nur auf diesem Wege wird man es dahin bringen, daß der Bürger wieder gehen lernt, was er verlernt hat durch das heutige System des Gesetz- und Verordnungswesens und durch den außerordentlichen Wust in der Gesetzgebung." Ebd., S. 10.

[40] Ebd., S. 316 - 321.

[41] Ebd., S. 324 - 326.

[42] Ebd., S. 327 f.

[43] Prot. I. Kammer 1843/44, Bd. 3, S. 407.

[44] Vgl. Kommissionsbericht des Oberhofgerichtspräsidenten Obkircher über die Adresse der II. Kammer, die Ergänzung der Gerichtsverfassung durch eine nachträgliche Vorlage über die Amtsrichtern beizugebenden Schöffen betreffend; Prot. I. Kammer 1843/44, Beil. 4, S. 109 - 112.

[45] Vgl. Kommissionsbericht Böhme, Prot. II. Kammer 1843/44, Beil. 11, S. 103 f.

[46] Ebd., S. 110.

[47] Ebd., S. 110, S. 111.

[48] Vgl. den Beitrag *Mittermaiers* im Staatslexikon von Rotteck und Welcker, 2. Aufl. 1847, Bd. 5, S. 406. Hervorzuheben ist das Beispiel Portugals, wo das

den zahlreich geäußerten Wünschen des Handels im Lande nach ihrer Einführung. Im Anschluß an die bereits auf dem ersten Landtag 1819 geäußerte Bitte um Schaffung von Handelsgerichten waren insbesondere seit dem Jahre 1830 Kaufleute badischer Städte an die Kammer mit entsprechenden Petitionen herangetreten. Die Handelsgerichtsfrage wurde im Jahre 1837 ausführlich von Mittermaier erörtert, der vor der zweiten Kammer den Kommissionsbericht über eine zur Motion erhobenen Petition des Handelsstandes in Mannheim wegen Einführung von Handelsgerichten erstattete[49].

Das Vorbild für die Handelsgerichte, welche im 19. Jahrhundert verschiedentlich wieder eingeführt wurden, liegt in der französischen Gerichtsorganisation. In Frankreich wurden sie im Jahre 1808 durch den Code de Commerce neu eingerichtet. Bereits seit dem Mittelalter hatten Handelsgerichte an den wichtigsten europäischen Handelsplätzen bestanden[50]. So besaß die Hanse bereits 1447 ein Handelsgericht, gleiche Gerichte bestanden an großen Handelsplätzen wie Leipzig oder Nürnberg[51].

Zu Beginn des 19. Jahrhunderts wurden die französischen Handelsgerichte in den besetzten Rheinprovinzen eingerichtet[52], wo sie nach dem Ende der französischen Herrschaft Bestandteil der Gerichtsorganisation blieben. Ihre Einrichtung im übrigen Deutschland ist zwar auf das französische Vorbild zurückzuführen, bei der Besetzung der Gerichte und der Regelung des Instanzenzuges griff man aber nicht darauf zurück. Bei den „tribuneaux de commerce" bildeten nämlich nur Kaufleute, also juristische Laien, den Spruchkörper[53]. Diese Einrichtung rief in Frankreich erhebliche Kritik hervor, zumal die Juristen durch die Hintertür

---

Handelsgericht aus dem Präsidenten und der Jury von 4 - 12 Kaufleuten bestand.

[49] Vgl. den Bericht der Petitionskommission, erstattet von dem Abgeordneten Sander, Prot. II. Kammer 1837, Bd. 3, S. 234; Kommissionsbericht des Abgeordneten Mittermaier, ebd. Beil. 4, S. 205 - 212. Die Kommission konnte bei der Beratung dieses Gegenstandes auf Erfahrungen in anderen Ländern zurückgreifen.

[50] Vgl. W. *Silberschmidt:* Die Entstehung des deutschen Handelsgerichts, 1894, S. 3 - 12.

[51] Vgl. *Otto Lewald:* Das Handelsgericht als Staatsinstitut und als Schiedsgericht, 1845, S. 8; *Mittermaier* in: Staatslexikon, 2. Aufl., Bd. 6, S. 405; *Cohen* in: Staatslexikon, 3. Aufl., Bd. 7, S. 348.

[52] Vgl. über die Handelsgerichte in Rheinbayern: *P. J. Siebenpfeiffer:* Handbuch der Verfassung, Gerichtsordnung und gesamten Verwaltung Rheinbayerns, 1833, Bd. 3, S. 70 - 85; sowie *J. Creizenach:* Das Wesen und Wirken der Handelsgerichte und ihre Competenz nach den Ergebnissen der rheinischen Praxis, 1861.

[53] Code de commerce, Art. 618: "Les membres de tribuneaux de commerce seront élus dans une assemblée composée de commerçant notables, et principalement des chefs des maisons les plus anciennes par la probité, l'esprit d'ordre et d'économie." Zitiert bei *Lewald:* S. 14.

als Privatkonsulenten der offiziell bestellten Richter wieder in die Gerichte eingezogen waren[54].

In Deutschland ging man bei der Errichtung staatlicher Handelsgerichte[55] davon aus, daß die für handelsrechtliche Entscheidungen günstigste Zusammensetzung der Gerichte in der Verbindung von Sach- und Rechtswissen bestünde. Man hielt Kaufleute mit vollem Stimmrecht für ebenso notwendige Faktoren eines Handelsgerichts wie das Votum der Juristen. Dies sei das einzige Mittel der richtigen Prozeßleitung. Außerdem biete diese Zusammensetzung die Gewähr für ein wissenschaftliches Urteil[56]. Auf diesen Grundsätzen beruhte auch die Einrichtung der ersten staatlichen Handelsgerichte im rechtsrheinischen Deutschland, nämlich in Hamburg und in Württemberg. In Hamburg trat 1815 ein aus zwei Kammern bestehendes Handelsgericht an die Stelle des bisherigen Admiralitätsgerichts[57]. Jede Kammer war mit einem Berufsrichter als Präsidenten und zwei Beisitzern aus dem Handelsstand besetzt[58]. In Württemberg wurde durch Verordnung vom 27. 9. 1822[59] die Mitwirkung kaufmännischer Laienrichter in Oberamtsgerichtskollegien vorgeschrieben. Auch in der Frage der Beteiligung nicht rechtsgelehrter Beisitzer in den höheren Instanzen unterschied sich die deutsche von der französischen Regelung. Um eine juristisch und sachlich ausgewogene Kontinuität der Urteile zu erhalten, sprach man sich in Deutschland dafür aus, auch in zweiter Instanz Handelsleute beizuziehen, die dort allerdings gegenüber den Berufsrichtern eine Minderheit darstellen sollten. Man konnte auf das französische Beispiel verweisen, wo die Appellationen an Berufsrichterkollegien gingen und diese häufig zu „starr juristisch" entschieden[60].

---

[54] *Cohen* in: Staatslexikon, 3. Aufl., Bd. 7, S. 353.

[55] Nicht staatlichen Handelsgerichten gleichkommende Spruchkörper hatten sich an verschiedenen Orten bis in das 19. Jahrhundert erhalten, oder waren, wie in Preußen zu Beginn des 19. Jahrhunderts eingerichtet worden; sie hießen Kommerz- oder Admiralitätskollegien bzw. Meßgerichte oder Handels- und Schiffahrtsdeputationen und bestanden in den bedeutenden Handelsplätzen wie Danzig, Memel, Stettin, Elbing und Tilsit. Vgl. hierzu *Lewald:* S. 22 ff. Schon früh wurde in Preußen die Einrichtung von Handelsgerichten im ganzen Land gefordert. Vgl. *A. W. Ziehm:* Über die Errichtung von Handelsgerichten im preußischen Staat, 1843.

[56] *Lewald:* S. 17.

[57] *J. Hiemsch:* Die bremische Gerichtsverfassung von der ersten Gerichtsordnung bis zur Reichsjustizgesetzgebung 1751 - 1879, 1964, S. 77.

[58] Im Jahre 1845 gründete Bremen ein Handelsgericht nach dem Vorbild Hamburgs. Vgl. *Hiemsch:* S. 99 - 102.

[59] Reg.Bl. für Württemberg Nr. 61, 1822, S. 677, Novelle die Abänderung verschiedener gesetzlicher Bestimmungen in der Rechtsverwaltung betreffend; § 6 bestimmte, daß in allen Instanzen zu der Verhandlung und Entscheidung schwieriger Handelsstreitigkeiten ein Kaufmann mit vollem Stimmrecht beizuziehen sei.

[60] Kommissionsbericht Mittermaier, Prot. II. Kammer 1837, Bd. 3, S. 211.

Ausgehend von diesen Grundsätzen schlug Mittermaier für eine künftige badische Handelsgerichtsorganisation folgende Regelung vor: In erster Instanz sollte das Handelsgericht aus einem rechtsgelehrten Vorstand und vier Handelsrichtern gebildet werden, die von allen Kaufleuten des Gerichtssprengels gewählt werden sollten. Für die zweite Instanz befürwortete der Berichterstatter ebenfalls die Beiziehung von Laien[61]. Die Auffassungen der Kommission zu diesem Punkt waren jedoch geteilt: Während drei Stimmen gefordert hatten, ebenso viele Laien wie rechtsgelehrte Richter einzusetzen, wobei einer der Richter den Vorsitz führen sollte, waren Mittermaier und weitere Kommissionsmitglieder der Meinung, das juristische Element sei in den Handelsobergerichten das „vorwaltende". Sie hielten deshalb ein Verhältnis von fünf Berufsrichtern zu zwei Beisitzern für ausreichend. Nur dadurch sahen sie sichergestellt, daß die Urteile in Handelssachen mehr „auf das bestehende Recht gebaut"[62] seien und das Gesetz richtig zur Anwendung komme. Die Hinzuziehung von zwei Kaufleuten biete wiederum die Gewähr dafür, daß die „technischen Beziehungen den Richtern bekannt und mit den rechtlichen Gesichtspunkten passend durch wechselseitige Verständigung der Kaufleute und Juristen bei der Urteilsfällung abgewogen werden"[63]. Nachdem sich die Kammermehrheit für die von Mittermaier vorgeschlagenen Gerichte ausgesprochen hatte[64], gelangte der Gegenstand auf dem nächsten Landtag erneut zur parlamentarischen Behandlung. Weitere Petitionen um Einführung von Handelsgerichten waren inzwischen aus Heidelberg und Offenburg eingegangen. Nach erneuter Aussprache wurde der Antrag von 1837 wiederholt[65].

Es war allgemein anerkannt, daß handelsrechtliche Streitigkeiten infolge ihrer besonders gearteten Materie eines besonderen Gerichtes bedürften, da ein guter Zivilrichter über „Vorteilsrechte, Erbbestände oder Schupflehen" wohl Bescheid wisse, aber unter Umständen überfordert sei, wenn es um Kontokorrenten, Saldos und Wechsel[66] gehe, und daß der Handel ein schnelles Verfahren benötige. Hierin liegt der wesentliche Unterschied zwischen der Laienbeteiligung bei Handelsgerichten und derjenigen in Schöffen- bzw. Schwurgerichten. Als „Fachgerichte"[67] waren die Handelsgerichte von vornherein nicht Gegenstand jener überwiegend politisch geführten Auseinandersetzungen, wie dies bei „Volksgerichten"[68] der Fall war. Verglichen mit dem jahrzehntelangen Kampf um

[61] Ebd., S. 212.
[62] Ebd., S. 212.
[63] Ebd.
[64] Prot. II. Kammer 1837, Bd. 9, S. 87.
[65] Vgl. Prot. II. Kammer 1839, Bd. 2, S. 130 - 138.
[66] Ebd., S. 132.
[67] *G. Radbruch:* Einführung in die Rechtswissenschaft, 9. Aufl., 1958, S. 170.
[68] *Radbruch*, ebd.

die Laienbeteiligung in Strafsachen erscheint der Zeitraum, der zwischen der ersten Kammerdebatte um das Handelsgericht in Baden im Jahre 1837 und der Vorlage des Entwurfes der Gerichtsverfassung 1843 verstrich, sehr gering. Dies zeigt deutlich, daß nicht der „Laie“, sondern der „Sachverständige“[69] im Vordergrund stand. Dem sachverständigen Richter eines Handelsgerichts kam damit eine andere Stellung als dem strafgerichtlichen Schöffen oder Geschworenen zu[70], der als Volksvertreter eine Kontrolle der staatlichen Justiz sicherstellen sollte. Soweit Stimmen gegen die Handelsgerichte laut wurden, erfolgte die Ablehnung nicht wegen der Beteiligung von Nichtjuristen. Die Gegner besonderer Handelsgerichte glaubten, durch Heranziehung handelsrechtlich qualifizierter Richter[71] und durch verstärkte Beauftragung von Sachverständigen, mittels Einführung eines abgekürzten Verfahrens[72] oder bereits durch Einführung von Kollegialgerichten erster Instanz[73], eine dem Bedürfnis des Handels entsprechende Rechtspflege sicherstellen zu können.

Die im Entwurf von 1843 vorgesehene Handelsgerichtsbarkeit in zwei Instanzen hatte die Vorschläge von 1837 und 1839 übernommen, so daß die Regierungsvorlage im wesentlichen die Zustimmung der zweiten Kammer erhielt[74]. Auch der Berichterstatter der Kommission der ersten Kammer fand „bei der Konstituierung der Handelsgerichte nach dem Entwurf nichts zu erinnern“[75]. In der zweiten Kammer blieben die Stimmen, welche in den Handelssenaten eine Mehrheit der kaufmännischen Beisitzer sehen wollten[76], erfolglos. § 5 des Entwurfes passierte die Abstimmung ohne Änderung[77]. Im Gerichtsverfassungsgesetz von 1845[78] fand die neue Handelsgerichtsbarkeit ihre Regelung in den §§ 28 bis 38. Handelsgerichte sollten danach auf Antrag des Handelsstandes einer

---

[69] Vgl. auch § 35 des Gerichtsverfassungsgesetzes: „Sind die Beisitzer aus dem Handelsstande in Beziehung auf das Ergebnis vorgelegter Handelsbücher oder die Beschaffenheit von Waaren, oder das Dasein und die von Handelsgewohnheiten überhaupt in Beziehung auf die bei einem Rechtsstreite vorkommenden Handelsfragen unter sich einverstanden, so kann die Auferlegung oder Erhebung eines Beweises, insbesondere auch die Erhebung von Gutachten umgangen werden.“

[70] Auch die Handelsrichter der heutigen Kammern für Handelssachen nehmen eine andere Stellung als die Schöffen ein. Im Gegensatz zu den ehrenamtlichen Beisitzern, die das Richteramt während der Hauptverhandlung ausüben (§ 30 GVG) haben die Handelsrichter während der Dauer ihres Amtes alle Rechte und Pflichten eines Richters (§ 112 GVG). Im Gegensatz zu den Schöffen unterzeichnen sie die Urteile und tragen die Robe.

[71] Prot. II. Kammer 1839, Bd. 2, S. 132.

[72] Justizminister Jolly, ebd.. S. 134.

[73] Ebd., S. 137.

[74] Vgl. Kommissionsbericht Böhle, Prot. II. Kammer, Beil. 11, S. 125.

[75] Prot. I. Kammer 1843/44, Beil. 3, S. 229 ff., S. 248.

[76] Prot. II. Kammer 1843/44, Bd. 6, S. 99.

[77] Ebd., S. 106.

[78] Reg.Bl. Nr. XV von 1845, Beilage.

Stadt errichtet werden (§ 28). Die Beisitzer sollten mindestens 25 Jahre alt sein und fünf Jahre selbständig auf eigene Rechnung oder als Handelsverwalter Handelsgeschäfte betrieben haben (§ 29). Ein Gehalt sollte für das Ehrenamt der Beisitzer nicht ausgesetzt werden (§ 29). Die Wahl sollte durch die am Bezirk des Handelsgerichts wohnenden Handelsleute erfolgen, nähere Bestimmungen sollten von der Regierung „nach Vernehmung des Handelsstandes" erlassen werden (§ 29 Abs. II).

Der Entwurf einer auf dem Verordnungswege zu erlassenden Wahlordnung der Gerichtsbeisitzer aus dem Handelsstand wurde 1847 von einer Regierungskommission beraten[79]. Innerhalb der Kommission kam es über die Frage der Einführung eines Zensus zur Kontroverse. Man konnte sich nicht darüber einigen, ob nur solche Kaufleute, die ein bestimmtes Steuerkapital aufwiesen, zugelassen werden sollten, oder ob alle Kaufleute unter Einschluß des Kleinhandels das Amt eines Handelsrichters ausüben konnten. Gleich dem Handelsstand von Rastatt und Mannheim befürchteten Bekk und Regenauer[80], daß nach dem vorgelegten Entwurf, wonach alle am Sitz des Handelsgerichts wohnenden badischen Handelsleute wählbar sein sollten, die unbedeutenden Kleinhändler das Übergewicht bekämen. Man verwies auf die französische Regelung, wo nur angesehene Kaufleute (commerçants notables) Handelsrichter werden konnten. Daher dürften nur diejenigen Handelsleute passives Wahlrecht besitzen, die infolge der Bedeutsamkeit ihres Betriebes, wegen des größeren Interesses, das sie an den Handelsgerichten hätten, und aufgrund der mit ihren Unternehmen verbundenen größeren Geschäftskenntnis einige Garantie für gute Amtsführung böten. Für die Handelsrichter bei Amtsgerichten sollte ein Betriebskapital von 3 000 bis 5 000 Talern erforderlich sein, für die hofgerichtlichen Beisitzer ein solches von mindestens 10 000 Talern. Nach anderer Auffassung war dagegen die Einführung eines Zensus nicht zulässig, da sich aus dem Gerichtsverfassungsgesetz (§ 29 Abs. II) eindeutig die Wahlberechtigung aller Handelsleute eines Bezirks ergebe. Im übrigen richte sich die Intelligenz, so wurde bemerkt, auf die es bei den Handelsgerichtsbeisitzern ankomme, nicht nach dem vorhandenen Steuerkapital. Gegenstand dieser Beratung war auch die Frage, ob jüdische Kaufleute in das Amt eines Handelsrichters gewählt werden konnten. Man verwies auf einen Erlaß des Staatsministeriums aus dem Jahre 1822, wonach Juden ohne Verletzung der Verfassung zur Advokatur zugelassen werden konnten, da

[79] Der Entwurf und die einzelnen Vorträge finden sich bei den Akten GLA, Gewerbe und Handel, Die Entstehung von Handelsgerichten, Generalia — Staatsrat, 233/31259.

[80] Franz Anton Regenauer (1797 - 1864) badischer Finanzminister seit 1844; trat Ende 1847, als sich die liberale Kammer entschieden gegen seine Amtsführung aussprach, zurück und übernahm das Finanzressort wieder im August 1849; vgl. *v. Weech* in: ADB, Bd. 27, S. 545 - 547.

„diese nicht zu den Staatsdienern gehörten". Da das mit keiner Besoldung verbundene Amt eines kaufmännischen Beisitzers am Handelsgericht als Ehrenamt und nicht als Staatsdienst galt, bejahte man die Frage. Zum Erlaß der Wahlordnung kam es jedoch nicht mehr.

In die Zuständigkeit der Handelsgerichte sollten alle Streitigkeiten über Handelssachen[81] fallen, eine Beschränkung des Streitwertes war nicht vorgesehen (§ 34). Von besonderer Bedeutung erscheint die Regelung des § 35[82], wonach bei Einigkeit der Handelsrichter über besondere technische Fragen von der Beweiserhebung bzw. der Einholung eines Gutachtens abgesehen werden konnte. Die Vorschrift sollte der Beschleunigung des Verfahrens dienen[83]. Die Handelsgerichte konnten sich in der Praxis nicht bewähren, da das Gerichtsverfassungsgesetz nicht zur Ausführung kam.

Fabrik- und Gewerbegerichte, wie sie in anderen Staaten eingeführt wurden[84], standen im Großherzogtum damals, weil ein Bedürfnis hierfür fehlte, nicht auf der Tagesordnung. Erst nach Einführung der Gewerbeordnung vom 1. Juli 1883 wurde in Mannheim ein Gewerbeschiedsgericht errichtet[85], besondere Kaufmannsgerichte wurden 1904 gebildet[86].

Die Bürgermeisterjustiz

Auch die Gemeindegerichtsbarkeit, welche über den Regierungsentwurf (§§ 11 - 14) Aufnahme in das Gerichtsverfassungsgesetz von 1845 (§§ 15 - 19) fand, stellt ein Stück badischer Laienrechtspflege dar. Aus der Stellung der §§ 11 - 14 im Rahmen der bürgerlichen Gerichtsbarkeit[87] folgerte man[88], daß die Bürgermeisterjustiz Teil der ordentlichen Gerichtsbarkeit sei. Die Auffassung, daß die rechtssprechende Funktion der Ortsvorstände die Ausübung eines Richteramtes darstellte, hatte sich nach Inkrafttreten des badischen Gemeindegesetzes von 1831 entwickelt, dessen § 71 lautete: „Der Bürgermeister versieht richterliche Funktionen soweit sie ihm durch Gesetz übertragen sind." Die Obergerichte[89] vertra-

---

[81] Als solche galten „alle Streitigkeiten über Handelssachen der im Bezirk des Handelsgerichts wohnenden Handelsleute unter sich oder mit ihren Handlungsverwaltern (Factoren), Handlungsgehilfen, Handlungsdienern, Lehrlingen und Markthelfern, desgleichen die Ganten der Handelsleute" (§ 32 des Gerichtsverfassungsgesetzes).

[82] Vgl. oben, Anm. 69.

[83] Vgl. Motive, Prot. II. Kammer 1843/44, Beil. 9, S. 3.

[84] Vgl. *Cohen* in: Staatslexikon, 3. Aufl., Bd. 7, S. 354.

[85] *Christ:* S. 56 ff., S. 57.

[86] Ebd., S. 64 ff., S. 66.

[87] Geregelt in Titel II des Gesetzes: Von der bürgerlichen Gerichtsbarkeit, erster Untertitel A: Gerichtsbarkeit der Bürgermeister.

[88] Prot. II. Kammer 1843/44, Bd. 6, S. 61.

ten dagegen die Ansicht, daß die Gerichtsbarkeit der Bürgermeister, wie sie bereits im Rahmen der Edikte von 1807 und 1809[90] geregelt worden war, keinen Teil der ordentlichen Gerichtsbarkeit darstelle, sondern lediglich ein außerhalb der Gerichtsorganisation stehendes Vermittlungsorgan sei. Danach urteilten die Ämter über Erkenntnisse der Bürgermeister nicht in zweiter, sondern in erster Instanz. Obwohl die Zivilprozeßordnung von 1831 keinerlei Bestimmungen über das Verfahren bei den Ortsvorständen enthielt, ging man doch davon aus[91], daß die Tätigkeit der Bürgermeister richterlicher Natur sei und eine Bagatellinstanz innerhalb der ordentlichen Ziviljustiz darstelle[92].

Erst die neue Gerichtsverfassung beseitigte die rechtliche Unsicherheit in diesem Bereich. Streitgegenstände im Werte wie bisher, also 5 Gulden in Landgemeinden und 15 Gulden in Städten, sollten von den Bürgermeistern entschieden werden (§ 11 des Entwurfs)[93]. Diese Regelung stieß auf Kritik. Welcker[94] sah darin einen Widerspruch zu der in § 1 des Entwurfs ausgesprochenen Gewaltentrennung, da ein Bürgermeister in erster Linie verwaltende Tätigkeit ausübe. Um dem Grundsatz der Trennung von Justiz und Verwaltung auch in der unteren Instanz gerecht zu werden, forderte er[95] die Einsetzung eines unabhängigen, von der Gemeinde zu wählenden Dorf- oder Gemeinderichters als eine „Art von Friedensrichter"[96], dem darüber hinaus noch zwei Schöffen beigegeben werden sollten[97]. Ihre Aufgaben könnten jedoch auch vom Gemeinderat wahrgenommen werden. Wie im Falle des Amtsrichters, zog Welcker auch hier gegen den „inappellablen Einzelrichter"[98] zu Felde: „Wer mit einer einzelnen Stimme über das Mein und Dein entscheiden kann, ist nicht mein Richter, sondern mein Despot und ihm gehört mein Eigentum[99]." „Eine solche Despotenwillkür, eine solche kleine Dorftyrannei wird doch eine

[89] Vgl. *L. Mainhard:* S. 28.

[90] Vgl. oben S. 20.

[91] *Richard Schmidt:* Staatsverfassung und Gerichtsverfassung, Betrachtungen zum Problem der Gemeindegerichtsbarkeit in: Staatsrechtliche Abhandlungen, Festgabe für Laband, 1908, S. 337 ff., S. 342; *Mainhard:* S. 29.

[92] Vgl. *Mainhard:* S. 30; über die Probleme der badischen Bürgermeisterjustiz vgl. auch die Bemerkungen in: Annalen, 1833, Bd. I, S. 132, S. 156, S. 296, S. 307.

[93] § 11 Abs. II sah jedoch in Erweiterung der bisherigen Regelung eine Prorogation bis zu einem Streitwert von höchstens 24 fl. vor, da der Bürgermeister keine Eide abnehmen konnte, die aber bei höheren Streitwerten nach der Zivilprozeßordnung von 1831 möglich waren. Vgl. Motive Prot. II. Kammer 1843/44, Beil. 9, S. 29.

[94] Ebd., .S 65.

[95] Ebd., S. 111.

[96] Ebd., S. 112; über Welckers Ansichten zum friedensrichterlichen Amt vgl. unten S. 65.

[97] Ebd., S. 65.

[98] Ebd., S. 122.

[99] Ebd.

badische Kammer nicht sanktionieren wollen"[100], rief er seinen Kollegen zu. Welckers Vorschläge stießen jedoch auf den Widerspruch mehrerer Abgeordneter, welche die Einführung der „Prätur" neben dem „Konsulate des Bürgermeisters" in die Gemeindeverfassung für untragbar hielten[101]. Denn das Amt des Bürgermeisters diene doch vorzugsweise mehr der Vermittlung. In größeren Gemeinden könne auch der zweite Bürgermeister damit betraut werden, in kleineren Ortschaften bedürfe es eines besonderen Amtes schon deshalb nicht, weil dort die Bürgermeister auf höchst einfache Weise Streitigkeiten schlichteten, wie ein Deputierter recht bildhaft darstellte[102]. In der ersten Kammer verlangten einige Standesherren die Streichung aller die Bürgermeistergerichtsbarkeit betreffenden Paragraphen[103], weil man, wie es auch in der zweiten Kammer zu hören war, Zweifel an der Befähigung der Bürgermeister zu diesen Aufgaben und am Vorhandensein der notwendigen Unbefangenheit hegte[104]. Dennoch konnte der Regierungsentwurf auch in dieser Frage die parlamentarischen Hürden ohne große Abänderung nehmen. Im Gegensatz zum Entwurf (§ 12 Abs. II) wurde die Appellation an das Amtsgericht ohne Beschränkung auf eine Beschwerdesumme zugelassen. Die Amtsgerichte erhielten zudem die Möglichkeit, vom Bürgermeister verschleppte Prozesse nach Ablauf einer Zweiwochenfrist entweder an sich zu ziehen oder mittels Ordnungsstrafen zwecks Erledigung auf den Bürgermeister einzuwirken[105].

Infolge der nicht in Kraft getretenen Gerichtsverfassung entschieden die Bürgermeister zunächst weiterhin nach dem alten Verfahren. Im Jahre 1856 regelte ein besonderes Gesetz diesen Gegenstand unter wörtlicher Übernahme der Bestimmungen von 1845[106] und bildete bis zur Einführung der Reichsjustizgesetze im Jahre 1879 die Grundlage der badischen Gemeindegerichtsbarkeit in Zivilsachen, nachdem im Gerichtsverfassungsgesetz von 1864 geringe Strafsachen der Jurisdiktion des Bürgermeisters unterstellt worden waren[107]. Die neue Reichs-

---

[100] Ebd., S. 123.

[101] Ebd., S. 113.

[102] „Der Bürgermeister, von dem Felde heimkehrend, trifft manchmal die streitenden Partheien, etwa zwei zänkische Weiber, vor der Haustür oder im Hofe an; hier wird sofort auch verhandelt. Da kennt man schon lange, was Sie, meine Herren, nun wollen: Öffentlichkeit und Mündlichkeit, letzteres in vollem Maße; es wird summarisch verfahren und oft ist der Bürgermeister veranlaßt, den Streit zu schlichten, mit dem Instrument, das er gerade bei der Hand hat." Ebd., S. 118.

[103] Prot. I. Kammer 1843/44, Bd. 3, S. 265.

[104] Ebd., S. 245.

[105] Auf Antrag des Klägers, vgl. §§ 16 - 18 der Gerichtsverfassung.

[106] Gesetz betreffend die Gerichtsbarkeit und die Rechtspflege der Bürgermeister in bürgerlichen Rechtssachen vom 19. 4. 1856, Reg.Bl. Nr. 16, S. 140 ff.; vgl. *Mainhard:* S. 33.

[107] Vgl. unten S. 111.

gerichtsverfassung ließ Gemeindegerichte nur noch als „besondere Gerichte" zu (§ 14 GVG). Damit erfolgte die Umgestaltung der Gemeindegerichtsbarkeit[108], auf der die bis 1971 in Baden-Württemberg bestehenden Gemeindegerichte beruhten[109].

Vergleichs- und Schiedsgerichte

Das Gerichtsverfassungsgesetz wie auch die Prozeßgesetze sollten „dem Volk eine Bürgschaft dafür geben, daß ihm das Recht, welches die Gesetze sprechen, auch wirklich zu Theil werde"[110]. Diese Gesetze dürften „nicht einseitig in ihren Bestimmungen nur die möglichste Güte der Justizpflege erzwecken, und, dieses Ziel verfolgend, die Bedürfnisse des Volkes unberücksichtigt lassen"; andererseits ginge es nicht an, „um nach einer Richtung das Vollkommenste zu geben, die Verhältnisse des Lebens verkennen und den Rechtsschutz in der Art erschweren, daß sie zum großen Theile die Vortheile, die sie gewähren, dem Volke durch unverhältnismäßige Schwierigkeit oder Kostspieligkeit der Rechtsverfolgung wieder zu entziehen"[111]. Hier kommt eine andere Bedeutung volkstümlicher Justiz zum Ausdruck, nicht im Sinne einer Volksbeteiligung, sondern im Sinne einer möglichst einfachen und wenig kostspieligen Rechtspflege. Der Ausbau der Bürgermeisterjustiz wie auch die Beibehaltung der mit Einzelrichtern besetzten Amtsgerichte waren nicht zuletzt auch deshalb erfolgt. Trotz der von der Regierung anerkannten[112] Vorteile, die Kollegialgerichte für die Güte der Entscheidungen boten, verkannte man nicht, daß infolge des notwendigen Mehraufwands nur wenige dieser Gerichte eingerichtet werden konnten. Infolge der notwendigen Aufhebung vieler Amtssitze würden sich die Anreisewege für einen großen Teil der rechtsuchenden Bevölkerung verlängern und verteuern[113].

Als ein Teil solcher volkstümlicher Justiz ist die im Entwurf (§§ 44 ff.; 48 ff.) vorgesehene Einrichtung besonderer Schieds- und Vergleichs-

---

[108] *Mainhard:* S. 34 ff.; *Christ:* S. 53 f.

[109] Vgl. hierüber *Eduard Kern:* Gerichtsverfassungsrecht, 4. Aufl., 1965, S. 211 ff.; durch Gesetz zur Aufhebung der Gemeindegerichtsbarkeit vom 19. 10. 1971 (Ges.Bl. S. 397) mit Wirkung zum 1. 1. 1972 abgeschafft.

[110] Kommissionsbericht Böhme über die allgemeinen Bestimmungen der Gerichtsverfassung und die bürgerliche Gerichtsbarkeit; Prot. II. Kammer 1843/44, Beil. 11, S. 95.

[111] Ebd.

[112] Motive, Prot. II. Kammer 1843/44, Beil. 9, S. 27. Allerdings ging man davon aus, daß eine gleiche Dringlichkeit wie für Kollegialgerichte erster Instanz in Strafsachen nicht vorliege, „da die persönliche Freiheit ungleich höher anzuschlagen ist als das Vermögen"; ebd.

[113] Kommissionsbericht Böhme, Beil. 11, S. 99; die Kommission widersprach in der Frage der Kollegialgerichte in Zivilsachen der Regierung, sie hielt ihre Einrichtung für ebenso erforderlich wie in Strafsachen.

gerichte zu werten. Auch diese Gerichte zählten zum Repertoire rechtspolitischer Auffassungen und Wünsche des Liberalismus[114]. Welcker[115] hatte vorgeschlagen, daß unabhängig von der ordentlichen Gerichtsbarkeit vom Volke gewählte „Männer des Vertrauens", die fähig sein sollten, ein einfaches Rechtsgeschäft zu Papier zu bringen, von der Regierung bestätigt, „sich aus Bürgerpflicht der Mühe unterziehen, diejenigen Streitigkeiten, die an sie gebracht werden, billig zu vergleichen". Er betonte, daß die Aufgabe eines solchen Schiedsmannes mit der des staatlichen Richters nicht verwechselt werden solle. Jenes „ächt bürgerliche Institut[116]" sollte einfach, wenig kostspielig und wenig belastend sein, ein Institut der „öffentlichen Moral", und sollte durch „wahrhafte Versöhnung"[117] dazu beitragen, den „Krebsschaden der bürgerlichen Gesellschaft", die Zivilprozesse, zu verringern. Als Vorbild dienten die englischen Friedensrichter, die staatlichen französischen Friedensgerichte und ähnliche, in Deutschland bereits geschaffene Einrichtungen, wie das preußische Schiedsmannsinstitut von 1827[118]. Auf dem Landtag von 1837 stellte er im wesentlichen mit der oben dargestellten Begründung einen Antrag mit folgendem Inhalt[119]: „Seine Königliche Hoheit, den Großherzog, um den Vorschlag eines Gesetzes zu bitten, welches durch Begründung zweckmäßiger Vergleichs- und Schiedsgerichte die moralisch und ökonomisch gleich verderblichen Prozesse möglichst vermindert." Auf etwa 3 000 Einwohner sollte nach Welckers Vorschlägen ein Friedensrichter gewählt werden. Als Verwalter dieses Amtes sollten „achtbare Juristen", Gutsbesitzer, vielleicht „selbst ein geachteter Geistlicher" in Frage kommen[120]. Ein Zwang zur Anrufung der Vergleichsgerichte solle nicht bestehen. „Schaden kann es nicht, aber wohlthätig, sehr wohlthätig kann es wirken, wohlthätig für die Wohlfahrt und den Frieden unserer Mitbürger für ihre patriotische Ausbildung; wohlthätig vielleicht auch als Grundlage und Pflanzschule für noch andere heilsame Institute in einer weiter vorgerückten Zeit"[121], womit die Geschworenengerichte gemeint waren. Die Kommission[122], die über diesen Antrag zu befinden hatte, sprach sich für Welckers

[114] Vgl. den Aufsatz Welckers über Schieds- und Vergleichsgerichte im Staatslexikon, 2. Aufl., Bd. 11, S. 778 ff.; und über Friedensgerichte, ebd., Bd. 5, S. 235 - 246.

[115] Ebd., S. 241.

[116] Ebd., S. 246.

[117] Ebd., S. 445.

[118] Ebd., S. 240 f.

[119] Prot. II. Kammer, Beil. 4, S. 11 ff.

[120] Ebd., S. 15.

[121] Ebd., S. 18.

[122] Kommissionsbericht über die Motion des Abgeordneten Welcker, Einführung eines schiedsgerichtlichen Institutes, Prot. II. Kammer, 1837, Beil. 4, S. 193 ff.

Vorschlag aus. Im Jahre 1842[123] stand der Gegenstand erneut auf der Tagesordnung, dabei wurde die zwangsweise Einführung von Vergleichsgerichten im öffentlichen Interesse gefordert[124]. So hatte es Duttlinger[125] bereits im Jahre 1837 vorgeschlagen, nachdem von der Möglichkeit des „Schwurgerichts in Zivilstreitigkeiten“[126] kaum Gebrauch gemacht wurde.

Die Aufnahme von Vergleichs-[127] und Schiedsgerichten in den Regierungsentwurf eines Gerichtsverfassungsgesetzes geht auf die Vorschläge und Anregungen Welckers und seiner Freunde zurück. Im Ministerium hatte man davon Abstand genommen, selbständige Justizorgane für diesen Aufgabenbereich zu schaffen, sondern wollte ihn den Einzelrichtern bei den Amtsgerichten übertragen. Entsprechend Duttlingers Antrag aus dem Jahre 1837 sollten grundsätzlich alle Prozesse[128] zunächst bei einem Vergleichsgericht anhängig gemacht werden, wo der Amtsrichter einen Vergleichsversuch mit den Parteien vorzunehmen hatte. Gingen Klagen bei anderen erstinstanzlichen Gerichten, Hof- oder Handelsgerichten ein, so waren die Akten zunächst an das zuständige Vergleichsgericht zu übersenden, bevor das streitige Verfahren beginnen konnte (§ 53 des Entwurfs). Auch den Gemeinden sollte die Bildung von Vergleichsgerichten auf Gemeindeebene freigestellt werden[129]. Die Gemeindebürger oder Gemeinderat und Bürgerausschuß sollten eine Vertrauensperson wählen, die das Ehrenamt ausübte. Ein Gehalt sollte sie nicht beziehen, „nur die Schreibmaterialien werden ihnen von den Gemeinden bezahlt“[130].

---

[123] Motion Welcker auf Einführung volksmäßiger Friedens- und Vergleichsbehörden, Prot. II. Kammer 1842, Bd. I, S. 5, Beil. 2, S. 47 ff.; vgl. hierüber auch *v. Freydorf:* S. 86 f.

[124] Vgl. Prot. II. Kammer 1842, Bd. 4, S. 106 ff.

[125] Prot. II. Kammer 1837, Bd. 2, S. 226. Die Zivilprozeßordnung von 1831 gab den Parteien die Möglichkeit, zur Entscheidung der Tatfrage bei Beweiserhebungen Beisitzer neben dem staatlichen Richter zu ernennen, § 192: wo die Parteien Schiedsrichter bestellen dürfen, ist es ihnen erlaubt, Richter der Tatsachen zu ernennen, wenn auf Beweis oder auf eine Beweiserhebung erkannt wird. Da von diesem im Rahmen des schiedsrichterlichen Verfahrens (§§ 187 bis 215 der Prozeßordnung) geregelten Institut jedoch seit Inkrafttreten der Prozeßordnung kein Gebrauch gemacht wurde, hatte nach Duttlingers Ansicht Welckers Plan keine Aussicht auf Erfolg.

[126] Ebd.

[127] Vgl. § 48 des Entwurfs: In allen Rechtssachen, mögen sie in erster Instanz vor das Amtsgericht, das Handelsgericht oder das Hofgericht gehören, hat dem gerichtlichen Verfahren ein Vergleichsversuch vorauszugehen, wenn beide Theile im nämlichen Amtsgerichtsbezirke oder doch nicht weiter als vier Stunden vom Sitze des Amtsgerichts wohnen.

[128] Die Ausnahmen von dieser Regelung finden sich in § 49 des Entwurfs.

[129] Vgl. §§ 55, 56 des Entwurfs.

[130] Vgl. § 56, Abs. I des Entwurfs.

Ein Schiedsgericht[131] sollte entscheiden, wenn das materielle Recht oder eine Parteivereinbarung dies vorsahen. Auch in diesen Fällen war der Amtsrichter ausschließlich zuständig. Die Schiedsgerichtsbarkeit wurde in den §§ 42 - 45 des Gerichtsverfassungsgesetzes geregelt. Dagegen wurden die Vorschriften über die Vergleichsgerichte ersatzlos gestrichen. Sie scheiterten am Einspruch der ersten Kammer, welche die Streichung beschlossen hatte[132]. Hauptzweck ihrer Einführung sollte die Vermeidung von Prozessen sein[133]. Man erkannte aber, daß damit Gegenstände im Rahmen des Gerichtsverfassungsgesetzes geregelt würden, „die offenbar nicht in dieses Gesetz, sondern in den Civil- oder Strafprozeß, zum Teil sogar in das Civilrecht gehören“[134]. Eine Unübersichtlichkeit des Gerichtsaufbaus, eine „Dreifelderwirtschaft der Rechtspflege“, wie es Sander[135] nannte, wäre die Folge gewesen. Wie sollte zudem der Vergleichsrichter mit geeigneten Vorschlägen aufwarten können, solange der „Status causae et controversiae“[136] noch nicht durch ein ordentliches Verfahren offengelegt worden sei.

Am 6. März 1845 wurde das Gesetz über die Gerichtsverfassung[137] vom Großherzog zusammen mit der Strafprozeßordnung[138] und dem neuen Strafgesetzbuch[139] verkündet. Das Großherzogtum war damit der erste deutsche Staat, welcher eine auf Öffentlichkeit, Mündlichkeit, Anklageprinzip und Urteilsfällung durch rechtsgelehrte, an gewisse gesetzliche Beweisminima gebundene Richter beruhende Strafprozeßordnung und Gerichtsverfassung besaß[140]. In Zivilsachen waren Laien in den beiden Instanzen der Handelsgerichtsbarkeit und im Rahmen der

[131] § 44: Bei Streitigkeiten zwischen Handelsgesellschaften in Gesellschaftangelegenheiten oder wo sonst noch das Gesetz, wie namentlich im Landrecht-Satz 1983, die Entscheidung durch Schiedsrichter vorschreibt, oder wo die Entscheidung entstehender Streitigkeiten durch Schiedsrichter zum voraus verabredet ist, ist die Klage auf Niedersetzung des Schiedsgerichts bei dem Amtsgerichte anzubringen, wenngleich die Sache nach dem Werthe des Streitgegenstandes in erster Instanz vor das Hofgericht, oder nach § 30 vor das Handelsgericht gehören würde.

[132] Vgl. II. Kommissionsbericht des Abg. Böhme; Prot. II. Kammer 1843/44, Beil. 14, S. 143 ff., S. 150 sowie die diesbezüglichen Beschlüsse der I. Kammer; Prot. II. Kammer, Beil. 14, S. 157.

[133] Nach der Regierungsbegründung Prot. II. Kammer, Beil. 9, S. 38.

[134] Wie es in einer Eingabe des Vereins der Obergerichtsadvokaten des Mittelrheinkreises bezüglich der neuen Entwürfe einer StPO und einer Gerichtsverfassung hieß; in: Annalen 1844, S. 49 ff., S. 51.

[135] Prot. II. Kammer 1843/44, Bd. 6, S. 15.

[136] Stellungnahme der Schriftverfasser oder Untergerichtsanwälte von Heidelberg, in: Annalen 1844, S. 151.

[137] Reg.Bl. Nr. XV vom 21. 5. 1845, Beil. S. 135.

[138] Gesetz über die Strafprozeßordnung vom 6. 3. 1845, Reg.Bl. Nr. XV vom 21. 5. 1845, Beil. S. 135.

[139] Strafgesetzbuch vom 6. 3. 1845 nebst Einführungsedikt, Reg.Bl. Nr. XI vom 21. 4. 1845, Beil. S. 107.

[140] *Mittermaier:* Öffentlichkeit, S. 158.

Gemeindegerichtsbarkeit vertreten. Darüber hinaus gewährleistete die neue Gerichtsverfassung eine volkstümliche und volksnahe Rechtspflege, indem sie das System der erstinstanzlichen Institute ausbaute. Ohne die Schwurgerichte einzuführen, hatte das Gerichtsverfassungsgesetz zusammen mit anderen Gesetzen[141] doch einen großen Teil des liberalen Reformprogrammes zu verwirklichen versucht. Auch die ursprünglich nicht vorgesehenen Kollegialgerichte erster Instanz für Zivilsachen[142] wurden 1848 durch Gesetz eingeführt, dessen Entwurf[143] die Regierung im gleichen Jahr vorgelegt hatte. Die neuen Gesetze sollten spätestens am 1. Juli 1849 in Kraft treten[144]. Zunächst traten Verzögerungen dadurch ein, daß die infolge der Trennung von Justiz und Verwaltung notwendigen neuen Gerichtsgebäude nicht rechtzeitig fertigggestellt werden konnten und die Schaffung zusätzlicher Richterstellen auf finanzielle Schwierigkeiten stieß. Die Revolutionswirren und ihre Folgen verhinderten die Einführung der Reformgesetze mit Ausnahme des Strafgesetzbuches und einiger Teile der Strafprozeßordnung, die 1851 in Kraft traten, vollends[145].

5. Die Schwurgerichtsfrage

Auf dem 11. Landtag von 1843/44 und dem darauffolgenden von 1845/46 wurde die Reihe der in der zweiten Kammer so zahlreichen Vorstöße zugunsten der Einführung des Schwurgerichts in Strafsachen fortgesetzt. 1844 begründete v. Itzstein[1] eine weitere Motion auf Einführung von Geschworenengerichten[2]. Hierzu sah er sich um so mehr veranlaßt, als die Regierung die Notwendigkeit der Reform des Strafprozesses erkannt und das neuzeitliche Verfahren mit seinen Prinzipien Öffentlichkeit, Mündlichkeit und öffentliche Anklage in die Entwürfe zum Gerichtsverfassungsgesetz und zur Strafprozeßordnung eingeführt hatte. Der Abgeordnete trennte wiederum zwischen Rechtsanstalt und politischem Institut, wobei er letzterem entscheidendes Gewicht bei-

[141] Neben den oben genannten drei Gesetzen waren noch das Gesetz über die privatrechtlichen Folgen der Verbrechen und das Gesetz über den Strafvollzug im neuen Männerzuchthaus verabschiedet worden. Vgl. Reg.Bl. Nr. VI vom 13. 3. 1845, S. 64.

[142] Vgl. hierzu *Flad:* S. 83 f.

[143] Prot. II. Kammer 1847/49, Beil. 7, S. 235 ff.

[144] *Mackert:* S. 163.

[145] „Ohne jenen muthwillig und leichtsinnig in Szene gesetzten Aufruhr besäßen wir seit 15 Jahren im wesentlichen dieselbe Gerichtsverfassung, .. die seit dem 1. Oktober 1864 ins Leben getreten sind, und bis dahin stets voran, wären wir nicht inzwischen von den Gesetzgebungen anderer deutscher Staaten überholt worden"; *v. Freydorf:* S. 93.

[1] In den 40er Jahren Angehöriger des radikalen Flügels. In einem Volkslied heißt es: „Der Itzstein und der Welcker, die gehen kühn voran, schon tummeln sich die Völker, schon bricht der Morgen an", zitiert bei *Wild:* S. 200.

[2] Prot. II. Kammer 1843/44, Bd. 1, S. 169; Begründung Beil. 10, S. 279 - 290.

legte. Jeder neue Gerichtshof, so führte er aus[3], der zur Entscheidung der Tatfrage ohne Zuziehung von Geschworenengerichten gebildet werde, sei ein Schritt zur Aristokratie, der „drückendsten aller unumschränkten Regierungen". Noch immer fehlten in Baden auch die Garanten für das Geschworeneninstitut und die Verfassung, das freie Wort und die freie Presse. 36 von 50 Abgeordneten sprachen sich für seinen Antrag aus.

Auch auf dem folgenden Landtag, im Jahre 1846, befürworteten die Deputierten mit großer Mehrheit die Geschworenengerichte, die in einer neuen Motion gefordert wurden[4]. Ein Erfolg war auch ihr nicht beschieden. Das „politische Anathema"[5], welches seit den Bundesbeschlüssen der dreißiger Jahre dieses Institut getroffen hatte, hielt die Regierung, unterstützt von der ersten Kammer, von der Vorlage eines entsprechenden Gesetzes ab. Überdies vertrat man jetzt auch die Auffassung, mit der Einführung des öffentlichen und mündlichen Verfahrens seien alle Mängel des Strafprozesses beseitigt worden. Daher zeigte die badische Regierung keine Neigung, auf den Antrag überhaupt einzugehen[6]. Das änderte sich im Jahre 1848, als in Baden, wie auch im übrigen Deutschland, der „Sturmschritt der Revolution die langsam sich fortbewegende Frage der Reform überholte"[7].

Tatsächlich war bis zu den Revolutionsjahren die wissenschaftliche Auseinandersetzung um das Geschworenengericht noch nicht abgeschlossen. Einer „Hochflut von Schriften"[8] im Gefolge der Werke Feuerbachs folgten zahlreiche Neuerscheinungen[9] im vierten Jahrzehnt nach. Dabei hielten sich die Schwurgerichtsgegner die Waage mit den Befürwortern. Es ist nicht erstaunlich, daß aus den Reihen badischer Juristen[10] zu dieser Frage hervorragende und richtungsweisende Beiträge erschienen, denn das Schwurgericht wurde in der zweiten badischen Kammer fast auf jedem Landtag behandelt, von wo aus der Kampf immer neuen Antrieb erhielt[11]. Richtungsweisend war die Veröffentlichung des Hofgerichtsadvokaten Dr. Zentner[12], der, wie auch der Hofgerichtspräsident

---

[3] Ebd., S. 290.

[4] Motion des Abgeordneten Stösser auf Einführung von Schwurgerichten. Prot. II. Kammer 1845/46, Beil. 7, S. 245 ff.

[5] Kommissionsbericht Weller, Prot. II. Kammer 1843/44, Beil. 11. S. 199.

[6] So äußerte sich der Regierungsvertreter, Geheimer Referendär *Junghanns:* Prot. II. Kammer 1845/46, Bd. 12, S .225.

[7] *F. Schwarze:* Schwurgericht, in: Weiskes Rechtslexikon, Bd. 10, S. 11.

[8] *Schwinge:* S. 67.

[9] Über die spätere Juryliteratur vgl. *Schwinge:* S. 66 ff.

[10] Vgl. *Schwinge:* S. 68, Anm. 1.

[11] *Schwinge:* S. 67.

[12] Vgl. oben S. 5, Anm. 2.

und spätere Oberhofrichter Josef Freiherr von Stengel[13], die Einführung der Schwurgerichte befürwortete. Die bedeutendsten Beiträge kamen indessen von Welcker[14] und Mittermaier, die beide über die Grenzen des Großherzogtums hinaus bekannt waren. Für Karl Theodor Welcker stand die politische Seite des Geschworenengerichts im Vordergrund[15]. Die Begründung seiner Thesen legte er in einer ausführlichen Abhandlung in dem von ihm mitherausgegebenen Staatslexikon dar[16]. Friedrich Schwarze[17], der Begründer der sächsischen Schöffengerichte und Gegner des Geschworenengerichts, warf ihm später eine „blinde Verehrung der Jury“ sowie eine einseitige Schilderung der Mängel des Strafverfahrens von der politischen Parteistellung her vor.

Welckers Ausführungen beschränken sich auf die Jury für die Hauptverhandlung in Strafsachen, die Ziviljury sowie die Anklagejury lehnt er ab. Seine Abhandlung betrifft diejenige Gerichtseinrichtung, „in welcher die Verurteilung eines Bürgers zu peinlicher Strafe nur möglich ist bei Mitwirkung seiner Volksgenossen“, und in welcher „mit den juristischen Staatsbeamten, die teils als Richter, teils als Staatsanwälte und Verteidiger den Prozeß leiten und kontrollieren und über die richtige Auslegung und Handhabe der Gesetze wachen, eine Anzahl von Mitbürgern des Angeklagten, die aus einer Liste der zutrauenswürdigsten Staatsbürgerklassen unter Zusammenwirkung der Obrigkeit und des Angeklagten vermittels des Looses und des freien beiderseitigen Rekusationsrechtes als die möglichst vertrauenswürdigen und unparteiischen ausgewählt wurden, in der Art zusammenwirken, daß nach vollständiger öffentlicher und mündlicher akkusatorischer Verhandlung diese Geschworenen auf ihren Eid nach ihrer innigen moralischen Überzeugung entweder die Gewißheit oder die Zweifelhaftigkeit der Thatsache der Schuld aussagen und die Staatsrichter im ersten Fall die Größe der gesetzlichen Strafe, im zweiten Falle die Lossprechung

[13] Er veröffentlichte bereits 1830 in „Duttlingers Archiv“, Jahrgang 1830, Bd. 1, S. 234 ff. einen Beitrag „Ein Wort für die Schwurgerichte“, welchem er ihre Notwendigkeit aus der Beweisnot der zeitgenössischen Gerichte herzuleiten suchte. Vgl. *Mackert:* S. 132, Anm. 99.

[14] Karl Theodor Welcker (1790 - 1869), einer der führenden Vertreter des frühen Liberalismus. Vgl. über sein Leben und Werk *H. Müller-Dietz:* Das Leben des Rechtslehrers und Politikers Karl Theodor Welcker, 1968; *K. Wild:* Karl Theodor Welcker, ein Vorläufer des älteren Liberalismus, 1913.

[15] *Wild:* S. 205.

[16] Vgl. seinen Beitrag über die Jury in Staatslexikon, 1. Aufl., 1834, Bd. 9, S. 28 - 160; der Artikel erschien auch in einem besonderen Abdruck. Jury, Schwur- oder Geschworenengericht als Rechtsanstalt und als politisches Institut, mit dem Untertitel: Die großen Gebrechen unserer deutschen Strafrechtspflege und das Schwurgericht als das einzige Mittel, ihnen gründlich abzuhelfen, 1840.

[17] In seiner Abhandlung über das Schwurgericht in Weiskes Rechtslexikon, Bd. 10, S. 1 - 125, 7.

erkennen"[18]. Dem geltenden deutschen inquisitorischen Prozeß stellt er das „europäische Schwurgericht" mit dem öffentlich-mündlichen Verfahren gegenüber, geht allerdings von der „ächt" deutschen Grundlage des Schwurgerichts aus, welches sich aus dem altdeutschen Volks- und Schöffengericht durch die Umbildung der feudalständischen Verfassung in die freie staatsbürgerliche ständische Verfassung entwickelt habe[19]. Zur Begründung führt er an, daß „geschworene Gerichtsschöffen"[20] bis in das 18. Jahrhundert hinein überall Recht gesprochen hätten, bis der heutige „geheime schriftliche Inquisitions- und Relationsprozeß" vor „bloß juristischen Regierungsbeamten" sie verdrängte. Infolge der „hierarchischen Inquisition" und der „vaterländischen Jurisprudenz", durch Beamtenherrschaft und Absolutismus und ihre gemeinsame Zerstörung der vaterländischen Freiheit und Verfassung[21] sei die richterliche Unabhängigkeit, die wesentlichste Garantie für richterliche Unparteilichkeit, verloren gegangen[22]. Von der „absoluten Verderblichkeit" der Grundlage des „gegenwärtigen deutschen Criminalprozesses" ausgehend, hält Welcker das Geschworenengericht für das einzige Mittel zur Beseitigung dieser Mißstände. Es allein biete die Garantie für die „wahre, vollkommene, allseitige Gerechtigkeit". Welcker unterscheidet die politische Heilsamkeit des Schwurgerichts zum Schutze der Verfassung und der staatsbürgerlichen Freiheit, für „edlere Volksbildung" und „patriotische Gesinnung", sowie dessen „Ungefährlichkeit" und „doppelte Heilsamkeit und Nothwendigkeit" in „unseren monarchischen Verfassungen"[23]. Selbst in das Räderwerk eines Inquisitionsprozesses während der Demagogenverfolgungen gekommen[24], untermauerte er seine Forderung nach Einführung des neuen Strafverfahrens durch die Veröffentlichungen politischer Prozesse[25].

Im Gegensatz zu Welcker standen für Mittermaier, obwohl auch er eine hervorragende Rolle im politischen Leben[26] des Großherzogtums

---

[18] *Welcker:* Jury, S. 3.

[19] Ebd., S. 13.

[20] Ebd., S. 4.

[21] Ebd., S. 10.

[22] Ebd., S. 46.

[23] Ebd., S. 127.

[24] Vgl. oben S. 49.

[25] Insbesondere: Die geheimen Inquisitionsprozesse gegen Weidig und Jordan, zur neuen Unterstützung des Antrags auf öffentliches Anklageverfahren und Schwurgericht, 1843, welches der II. Kammer übergeben wurde; vgl. Prot. 1843/44, Heft 1, S. 101; über diese Prozesse vgl. auch *H. Müller-Dietz*, S. 41; ebenso: Geheime Inquisition, Zensur- und Kabinettsjustiz in verderblichem Bunde von *W. Schulz* und *C. Welcker*, 1845.

[26] Abgeordneter der II. Kammer 1831 - 1840; 1846 - 1849; Kammerpräsident 1833 - 1840; 1846 - 1849; vgl. im einzelnen *G. Landwehr:* Karl Josef Anton Mittermaier, ein Professorenleben in Heidelberg, Heidelberger Jahrbücher, Bd. 12, 1968, S. 29 - 55.

einnahm, die juristischen Probleme des Schwurgerichts im Vordergrund, was besonders für die Beweisfrage zutraf. Die Einführung der Jury in Baden ist mit seinem Namen auf das Engste verbunden. Ursprünglich ein Gegner der Geschworenengerichte, galt er seit 1831 als ihr Befürworter. Der größte Kriminalist seiner Zeit, als der er jahrzehntelang gefeiert wurde[27], hat in seinem endgültigen Votum für das Geschworenengericht im Jahre 1847, zu welchem er nach nochmaligem Sinneswandel zu Beginn der 40er Jahre[28] gelangt war, der Einführung der Geschworenengerichte weitgehend den Weg gebahnt. Sein Verdienst liegt darin, daß er, der die rechtsvergleichende Wissenschaft begründet und sie in den Dienst der Strafrechtsreform gestellt hatte, durch die Untersuchung und Darlegung des englischen und schottischen Geschworenengerichts neue Akzente in der einseitig auf das französischen Vorbild ausgerichteten Diskussion setzte[29]. Mit „unbeirrbarer Sachlichkeit" warnte er vor der „überstürzten, unvorbereiteten Einführung" der Geschworenengerichte[30].

Zu den Gegnern der Schwurgerichte in Baden zählte Ludwig Hugo v. Jagemann[31], der bereits 1835 ausgeführt hatte: „In Deutschland wird hoffentlich nie ein Kriminalkodex erscheinen, der das haltlose Institut der Geschworenen einführt[32]." 1844 sprach er sich erneut gegen die Geschworenen aus[33]. Jagemann bekämpfte den „Trugschluß", welcher in dem Satz liege, daß zu einem Urteil über eine Tatsache nichts weiter als gesunder Menschenverstand nötig sei und, da jeder diesen Verstand besitze, auch jeder Staatsbürger befähigt sein müsse, über die einer Kriminalanklage zugrundeliegende Tatsache zu entscheiden[34]. Er stellte „auf das Bestimmteste in Abrede", daß die Urteile der Geschworenen gerade in schwersten Kriminalfällen, die der Natur der Sache nach auch schwerer zu entscheiden seien, dann ebenso sicher und treffend wie bei Richterkollegien ausfallen könnten[35]. Von den vielen Gründen, die man für dieses Institut anführe, bleibe nur das eine übrig, daß nämlich das Volk dadurch mehr Macht und Einfluß erhalten solle. Dies sei aber kein Sachgrund, sondern ein mit dem Gerichtswesen nicht zusammenhängender, rein politischer Gesichtspunkt[36]. Fast ein Vorgriff auf die zwanzig

---

[27] *Schwinge:* S. 68.

[28] Ebd., S. 69.

[29] Vgl. etwa die Ausführungen in seinem Buch „Die Mündlichkeit ...", S. 362 ff.

[30] *Mackert:* S. 167.

[31] Vgl. *v. Weech:* Bad. Biographien, Bd. 1, S. 421 f.

[32] *v. Jagemann:* Über die Öffentlichkeit des Strafverfahrens, 1835, S. 60.

[33] In dem Beitrag „Volksrichter oder Staatsrichter, in der von ihm mitbegründeten „Zeitschrift für deutsches Strafverfahren", NF Bd. 2, 1845, S. 335 ff.

[34] Ebd., S. 335.

[35] Ebd., S. 343.

[36] Ebd., S. 378.

Jahre später einsetzende Diskussion scheint in den Ausführungen v. Jagemanns zu liegen, mit welchen er gegen den damals von der Wissenschaft unternommenen Versuch, die Jury als „nationales altgermanisches Gut" darzustellen, zu Felde zieht. „Ein deutsch-nationaler Kern" sei darin nicht zu entdecken, die Wurzel der Schwurgerichte weise vielmehr auf die Zeit „der blutigsten Anarchie" zurück[37]. Er konnte sich dabei auf keinen geringeren als Mittermaier[38] berufen, der, wie auch andere, deutlich gemacht hatte, daß dieses Institut der deutschen Nation gänzlich fremd war. So stand am Vorabend der Revolution der Kampf um das Geschworenengericht noch unentschieden. Gewiß, die „viel gelästerten und noch mehr bewunderten Lieblingskinder der großen Revolution"[39] erfreuten sich in der Zwischenzeit allgemeiner Bekanntheit; die Haltung der Regierung dagegen war unverändert geblieben.

Die Einführung der Assisen in Baden[40]

Die Schaffung der Geschworenengerichte im Großherzogtum Baden stellte sich wie in anderen deutschen Staaten als Produkt der Revolution des Jahres 1848 dar[41]. Ebenso wie diese Auseinandersetzungen um die Jury hauptsächlich unter politischen Gesichtspunkten geführt wurden und politische Erwägungen überall die letzten Ursachen der Begeisterung für dieses Institut bildeten[42], weil es die Fortschrittspartei auf ihre Fahnen geschrieben hatte und die andere Seite, Regierung und erste Kammer, vor allem deshalb seine Einführung zu verhindern suchten, so sagte im Jahre 1848 die neue Regierung seine Einrichtung zusammen mit der Erfüllung der rein politischen Forderungen nach Volksbewaffnung und Pressefreiheit[43] eilfertig zu, um die Wogen der „hochgehenden Volksbewegung" zu glätten. Der „momentane Nervenzusammenbruch der Herrschenden"[44] stellte die badische Justiz vor die Schwierigkeit, vor der Mittermaier gewarnt hatte, nämlich unvorbereitet ein Gesetz über die Einführung und Ausgestaltung der Geschworenengerichte vorlegen zu müssen. Infolge der bisher geübten Weigerung der Regierung, die Schwurgerichtsfrage ernsthaft zu behandeln, fehlte es jetzt, da ihre Errichtung zuge-

---

[37] Ebd., S. 379.

[38] Vgl. *Mittermaier:* Die Mündlichkeit, S. 360.

[39] *Mackert:* S. 166.

[40] Dargestellt bei *Mackert:* S. 166 - 182. Im folgenden kann daher auf diesen Beitrag verwiesen, der Verlauf der Einführung kurz umrissen werden.

[41] Vgl. hierzu *E. R. Huber:* Bd. 2, S. 509 - 513; *H. Schmitt:* Das vormärzliche Staatsdenken und die Revolution von 1848/49, S. 69 ff., mit weiteren Nachweisen.

[42] *Schwinge:* S. 142.

[43] *H. Schmitt:* S. 73.

[44] *Golo Mann:* Deutsche Geschichte des 19. und 20. Jahrhunderts, 1969, S. 199.

sichert worden war, an brauchbaren Konzeptionen[45]. In dieser Lage suchte Mittermaier „zu retten, was zu retten war“[46]. Er erstattete den Kommissionsbericht auf eine erneute Motion des Abgeordneten Stösser[47]. In diesem Bericht bot Mittermaier einen schlechthin „unübertrefflichen Anschauungsunterricht“ des Geschworeneninstituts[48]. Klar legte er die beiden Hauptformen der Jury, nämlich, die englisch-nordamerikanische und die französische dar und schilderte die Vor- und Nachteile der beiden Einrichtungen. Für Baden empfahl er die Einrichtung von Schwurgerichten nach englischem Vorbild, nahm allerdings Regelungen der französischen Gerichtsverfassung, wo sie ihm geeigneter erschienen, in seine Konzeption auf.

Der Entwurf eines Schwurgerichtsgesetzes wurde am 13. Mai 1848 vorgelegt[49]. Er enthielt im wesentlichen Mittermaiers Vorschläge. Nach neunmonatigen harten Verhandlungen einigten sich beide Häuser auf das endgültige Gesetz, welches am 17. Februar 1849 zusammen mit einigen strafprozessualen Bestimmungen verkündet wurde[50]. Vorgesehen waren vier Schwurgerichtshöfe, die sich vierteljährlich bei den Hofgerichten Freiburg, Konstanz, Bruchsal und Mannheim aus fünf Richtern und zwölf Geschworenen konstituieren sollten. Was das Verfahren anbelangte[51], so hatte der Präsident die Hauptverhandlung zu leiten und führte die Vernehmung des Beschuldigten und die Beweisaufnahme durch. Nach Beratung mit den beisitzenden Richtern richtete er die Fragen an die Jury, die nicht nur die Straftat zum Inhalt hatten, sondern sich auch auf Erschwerungs- und Milderungsgründe erstrecken konnten. Schuldsprüche durften nur mit zwei Dritteln der Stimmen erfolgen; falls sie nach einstimmiger Ansicht der fünf Berufsrichter zu Unrecht ergangen sein sollten, war die Sache zur erneuten Verhandlung mit einer anderen Jury zu vertagen. Die Aufstellung der Geschworenenliste erfolgte zunächst durch den Amtsrichter und vier Bürgermeister und endgültig durch das Los des Hofgerichtspräsidenten.

Das nach gegenseitigem Nachgeben[52] beider Kammern zustandegekommene Gesetz stellte nicht die seit langem notwendige und angestreb-

---

[45] Vgl. *Mackert:* S. 167.

[46] Ebd.

[47] Prot. II. Kammer 1847/49, Beil. 6, S. 137 ff.

[48] Der Bericht ist ausführlich wiedergegeben bei *Mackert:* S. 168 - 171.

[49] Prot. II. Kammer, Beil. 9, S. 245 ff.

[50] Gesetz, die Einführung des Strafgesetzbuches des neuen Strafverfahrens und die Schwurgerichte betreffend vom 5. 2. 1851, Reg.Bl. Nr. IX vom 15. 2. 1851, S. 73.

[51] Vgl. *Mackert:* S. 171.

[52] Die erste Kammer bestand auf einem Schlußvortrag (résumé), die zweite wünschte eine weitere Herabsetzung des Wahlzensus der Geschworenen. *Mackert:* S .173.

te Gesamtreform des badischen Rechtswesens dar. Denn kein einziges Gesetz des umfangreichen Werkes von 1845, weder die Gerichtsverfassung, noch das Strafgesetzbuch oder die Prozeßordnung waren in Vollzug gesetzt worden, obwohl die Deputierten es dringend verlangt hatten[53]. Nur einige strafprozessuale Bestimmungen, die seit 1845 gerade im Hinblick auf die Nichteinführung der Jury in die Prozeßordnung aufgenommen worden waren, wie die negative Beweistheorie und die Beweiseinschränkungen für die Berufsrichter, wurden aufgehoben[54]. So blieb das Schwurgericht zunächst nur ein Fragment einer noch einzuführenden modernen Gerichts- und Verfahrensordnung, ein neues Dach auf alten Säulen. Denn neben der „beklagenswerten Beibehaltung des bisherigen Verfahrens in der Voruntersuchung"[55] galt die peinliche Halsgerichtsordnung weiterhin im Lande, vollzogen sich die Strafprozesse bei den übrigen Gerichten nicht öffentlich und schriftlich nach den Vorschriften des Strafedikts aus dem Jahre 1803, nach wie vor verwaltete und richtete der Bezirksbeamte wie vor 200 Jahren. So mag es auch nicht erstaunen, daß die erste „Feuertaufe" des neuen Geschworenengerichts, nämlich der Freiburger Hochverratsprozeß gegen Gustav v. Struve und Karl Blind[56] zum „Schulbeispiel" dafür wurde, „wie man das neue Verfahren nicht einführen sollte"[57]. Die Unfähigkeit der Geschworenen zeigte sich besonders bei der Beantwortung der ihnen gestellten Fragen nach dem Gefecht zwischen Aufständischen und Regierungstruppen, welches tatsächlich stattgefunden hatte. Sie wurde mit einem schlichten „Nein" beantwortet[58]. Obwohl diese Vorgänge „Wasser auf die Mühlen" der Schwurgerichtsgegner sein mußten, beseitigte die neue Regierung die Jury nicht, wie es in anderen Staaten geschah[59].

---

[53] Ebd., S. 172.

[54] Vgl. ebd., S. 173.

[55] *Keller:* Einige Bemerkungen zu dem Gesetzesentwurf über Schwurgerichte, in: Annalen VX, 1848, S. 158 f. Keller kritisiert auch die Nachahmung des in französischen Strafgerichten üblichen inquisitorischen Verfahrens in der Schlußverhandlung. Demgegenüber sei die englische Einrichtung, für welche sich die öffentliche Meinung in Deutschland ausgesprochen habe, in vielen Punkten humaner als die französische.

[56] Die Aburteilung des Hecker-Aufstandes wurde durch Gesetz vom 16. 3. 1848 dem Freiburger Hofgericht übertragen, an der Schlußverhandlung sollten Geschworene teilnehmen. Der Prozeß erregte seinerzeit großes Aufsehen, nicht zuletzt wegen des schlecht funktionierenden neuen Verfahrens. Vgl. im einzelnen *Mackert:* S. 174 - 178, mit weiteren Nachweisen.

[57] Ebd., S. 178.

[58] Ebd.

[59] z. B. Österreich und Sachsen, *Mackert:* S. 179.

6. Der parlamentarische Kampf um die Beteiligung von Laien in Verwaltung und Verwaltungsrechtspflege

Auf dem ereignisreichen Landtag der Jahre 1847 - 1849 gelangten auch Gesetzentwürfe zur Vorlage und Verhandlung, welche eine Laienbeteiligung auf dem Gebiet der Verwaltung und Verwaltungsgerichtsbarkeit zum Inhalt hatten. Es sind dies:

1. Der Entwurf eines Gesetzes, die Aufstellung der Kataster- und die Errichtung von Steuerschwurgerichten vom 12. Mai 1848[1];
2. der Gesetzentwurf vom 20. Juli 1848, betreffend die Einrichtung und den Geschäftskreis der Verwaltungsbehörden[2];
3. der Entwurf vom 13. November 1848 über die Errichtung eines Verwaltungsgerichtshofes[3].

Die vorgelegten Entwürfe, die nach eingehenden Beratungen in den Kammern als Gesetze[4] verabschiedet und im Regierungsblatt verkündet wurden[5], stellten in ihrer Gesamtheit den Versuch dar, die Staatsverwaltung des Großherzogtums grundlegend zu verändern. Infolge der revolutionären Ereignisse sowie der ihnen folgenden Periode der Reaktion scheiterte die Reform; die Gesetze gelangten nicht zum Vollzug. Wesentliche Bedeutung kommt ihnen aber insoweit zu, daß sie dem Neuaufbau der Verwaltung im Jahre 1863 die Grundlage boten.

Der Entwurf eines Verwaltungsgesetzes enthielt einen ersten Ansatz zur Einführung der Selbstverwaltung auf höherer Ebene als der Gemeinde, verbunden mit einer weit ausgebauten Beteiligung des bürgerlichen Elements an der Verwaltung des Staates. Daneben wurde die Schaffung einer Verwaltungsrechtspflege[6], ebenfalls unter Mitwirkung von Laien, angestrebt. Unmittelbaren Anlaß zur Vorlage dieses Gesetzentwurfes gab Punkt 9 der Forderungen des 2. März 1848[7]. Die zweite Kammer verlangte ein Gesetz, welches die Einführung einer volkstümlichen Kreisverwaltung durch geeignete Beteiligung der Bürger gewährleisten sollte.

Der Gedanke der Selbstverwaltung auf übergemeindlicher Ebene hatte sich während der vergangenen Jahrzehnte stetig entwickelt. Bereits auf

---

[1] Prot. II. Kammer 1847 - 49, Beil. 7, S. 223 - 234.

[2] Ebd., S. 367 - 381.

[3] Ebd., Beil. 8, S. 209 f.

[4] Mit Ausnahme des Entwurfs über die Verwaltungsgerichtsbarkeit, der nicht weiter beraten wurde.

[5] Gesetz, die Aufstellung der Cataster und die Errichtung von Steuerschwurgerichten betreffend vom 8. Juli 1848, Reg.Bl. Nr. XLV vom 5. 7. 1848, S. 229 bis 238. Gesetz, die Errichtung und den Geschäftskreis der Verwaltungsbehörden betreffend vom 10. April 1849, Reg.Bl. Nr. XXIII vom 17. 4. 1849, S. 205 - 214.

[6] Über die Entwicklung der Verwaltungsgerichtsbarkeit vgl. unten S. 88.

[7] Prot. II. Kammer 1847/49, Beil. 9, S. 955.

einem der ersten Landtage, im Jahre 1822[8], hatte der Abgeordnete v. Itzstein eine Motion mit dem Ziel angekündigt, die Einführung des Institutes der Landräte nach rheinbayrischem Vorbild[9] durch Gesetz zu erreichen. Itzsteins Vorschlag lag allerdings weniger eine Forderung nach Einführung der Selbstverwaltung zugrunde als vielmehr das liberale Bestreben, die allmächtige Staatsgewalt zurückzudrängen, auf welchem auch der Ruf nach der Verfassung beruhte. Da der Liberalismus jener Zeit seine Hauptaufgabe in der verfassungsmäßigen Kontrolle der Verwaltung sah[10], galt sein Interesse zunächst weniger der Selbstverwaltung in den Kreisen. Das Interesse der Liberalen galt ursprünglich der Gemeindefreiheit[11]; hier war das Bewußtsein gemeinsamer Tradition im historischen Verband vorhanden. Erst im Jahre 1848[12] hörte man in der zweiten badischen Kammer, was der Freiherr Ludwig v. Vincke[13] bereits im Jahre 1808 geäußert hatte, daß nämlich die Freiheit ungleich mehr auf der Verwaltung als auf der Verfassung beruhe.

Die badische Verwaltungsorganisation und die bereits sehr früh an ihrem Aufbau geübte Kritik, die trotz zahlreicher Änderungen bis zur Neuorganisation der 60er Jahre[14] nie verstummte[15], förderten die Entwicklung des Selbstverwaltungsgedankens auf höherer Ebene. Insbesondere die Mittelinstanzen, die Kreisdirektorien und späteren Kreisregierungen erfreuten sich zu keiner Zeit ihres Bestehens einer wenigstens einigermaßen ungeteilten Beliebtheit[16]. Ihre Einrichtung beruhte auf den Organisationsedikten des ersten Jahrzehnts des 19. Jahrhunderts, vor allem auf dem Organisationsrescript vom 16. November 1809. Der badische Staat erhielt ein straffes System zentralistischer Administration, welches vom Innenministerium über die Kreisdirektorien und Bezirksämter bis zu den Ortsbehörden eine rationale Verwaltung nach

---

[8] Prot. II. Kammer 1822, Beil. 7, S. 258.

[9] Vgl. hierzu *H. Heffter:* Die deutsche Selbstverwaltung im 19. Jahrhundert, S. 127, S. 185. Die gesetzlichen Bestimmungen über die Bildung und Zuständigkeit dieser Gremien finden sich abgedruckt bei *Siebenpfeiffer:* Handbuch der Verfassung, Bd. 2, S. 1 - 83; die Landräte waren Lokalparlamente mit ehrenamtlichen, gewählten Mitgliedern. Vorbild waren die Generalräte der französischen Departements.

[10] *F. Schnabel:* Geschichte, Bd. II, S. 156.

[11] Vgl. *H. Heffter:* Selbstverwaltung, S. 180.

[12] Abgeordneter Bissing, Prot. II. Kammer 1847/49, Bd. 7, S. 8.

[13] *Ludwig v. Vincke* (1774 - 1844), hoher preußischer Staatsbeamter, der mit den Reformen um den Freiherrn v. Stein in enger Verbindung stand. Vgl. seine Schrift: Darstellung der inneren Verwaltung Großbritanniens, hrsg. v. B. G. Niebuhr, 1816, 2. Aufl., 1848, S. III. Vgl. *F. Schnabel:* Geschichte, Bd. II, S. 147, S. 156.

[14] Vgl. hierzu unten S. 98 ff.

[15] Vgl. hierzu *L. Seiterich:* S. 528 - 556. Die Arbeit bietet einen detaillierten Bericht über diese Behörden.

[16] Ebd., S. 528.

französischem Vorbild[17] gewährleisten sollte. Trotz der Vorteile für die Festigung und das Zusammenwachsen des neuen Staatswesens wies die badische Verwaltung von Anfang an Mängel auf[18]. Da die Unterbehörden nur mit einer äußerst eng bemessenen Kompetenz ausgestattet waren und fast ausschließlich Vollzugsorgane für die Entscheidungen der Kreisdirektorien bzw. des Ministeriums des Innern darstellten, war ein rasches Handeln der Behörden kaum gewährleistet. Sämtliche Angelegenheiten, einschließlich der rein lokalen, erforderten eine genaue aktenmäßige Erfassung. Noch im Jahre 1848 beschwerte man sich in den Kammern über „das Vielregieren und die Vielschreiberei", wobei der umfangreiche dienstliche Schriftwechsel der Behörden das Prädikat „Briefträgerei" erhielt[19]. Dementsprechend war das Vertrauen der Badener in ihre Verwaltungsbehörden recht gering. Auch aus den Kreisen der Beamtenschaft kamen kritische Äußerungen, vor allem gegen die Organisation der Mittelstufe[20]. Zum anderen mußte die auf den Prinzipien des Wohlfahrtsstaates und den Grundsätzen des aufgeklärten Absolutismus basierende, obrigkeitsstaatliche bürokratische Verwaltungsorganisation angesichts der Entwicklung im Norden Deutschlands bereits bei ihrer Einführung als nicht mehr zeitgemäß erscheinen. Mit den Stein'schen Reformen[21] war in Preußen Neueres und Freieres geschaffen worden. Dort konnte man im Gegensatz zu den süddeutschen Staaten, wo Zentralisation und Konzentration der Verwaltung im Vordergrund standen[22], angesichts der unterschiedlichen politischen Konstellation nach der Niederlage des Jahres 1806 an anderes denken als an das „blos künstliche Machen eines Staates"[23].

Die Verfassung von 1818 bedeutete einen wichtigen Schritt auf dem Wege zur Teilnahme des Volkes an der Regierung. Die politischen Strömungen, die, ausgehend von der Mündigkeit der Bürger, deren Beteiligung auf allen Gebieten des staatlichen Lebens forderten, konnten jetzt in den Kammern voll zur Wirksamkeit gelangen. Zunächst in den Budgetberatungen wegen des hohen finanziellen Aufwandes angegriffen[24], wurden die Kreisdirektorien in zunehmendem Maße Objekt einer weitergehenden Kritik. Die Gemeindeordnung von 1831[25] verwirklichte

---

[17] Vgl. *H. Heffter:* Selbstverwaltung, S. 56 f.

[18] Vgl. hierzu im einzelnen *G. Weizel:* S. 44 ff.

[19] Kommissionsbericht über das Verwaltungsgesetz der I. Kammer, Prot. I. Kammer 1848, Beil. 2, S. 309.

[20] *L. Seiterich:* S. 521.

[21] Vgl. *H. Heffter:* Selbstverwaltung, S. 84 - 103; *E. R. Huber:* Bd. I, 2. Aufl., 1967, S. 172 - 183.

[22] *F. L. Knemeyer:* Regierungs- und Verwaltungsreformen in Deutschland zu Beginn des 19. Jahrhunderts, 1970, S. 326.

[23] *Golo Mann:* Deutsche Geschichte, S. 76.

[24] *L. Seiterich:* S. 529.

[25] Reg.Bl. Nr. VIII vom 17. 2. 1832, S. 81 - 132; *H. Heffter:* Selbstverwaltung, S. 182 - 184, mit weiteren Nachweisen.

die Selbstverwaltung auf der unteren Ebene. Die Gemeinden stellten nicht länger nur Behörden für den leichteren Vollzug staatlicher Maßnahmen dar, an die Stelle der Bevormundung trat das gesetzlich geregelte Aufsichtsrecht des Staates[26]. Die freiheitlichste der süddeutschen Gemeindeordnungen[27], die den liberalen Grundsätzen am stärksten entsprach[28], schaffte im Großherzogtum nunmehr jene Lage, in welcher das Volk einerseits durch seine Repräsentanten in der Kammer das Geschick des Staates mitbestimmte und andererseits seine Belange in den Gemeinden selbst wahrnahm. Der Weg eines verstärkten Eintretens für entsprechende Beteiligung der Bürgerschaft auf höherer Ebene war damit frei.

Auch die zahlreichen Änderungsmaßnahmen der großherzoglichen Regierung, deren restaurierende Tätigkeit[29] schließlich 1832[30] zur Abschaffung der Kreisdirektorien und zur Einrichtung von vier Kreisregierungen führte, vermochten die Stimmen der Kritik nicht mehr zum Schweigen zu bringen. Denn trotz der Veränderungen bestimmten die Prinzipien der Organisation von 1809 weiterhin die Arbeit der Behörden. Auf dem Landtag von 1831 beantragte der Abgeordnete Welcker[31] die Vorlage eines Gesetzentwurfes, nach dessen Verabschiedung an die Stelle der bisherigen Mittelbehörden Landräte nach bayrischem Vorbild treten sollten. Auch v. Itzstein kam auf seinen früheren Antrag zurück[32]. Die Welckersche Demarche blieb ohne Erfolg. Zwar kam es auch weiterhin zu organisatorischen Änderungen[33]; eine Teilnahme des Volkes hat es jedoch nicht gegeben. Das Streben nach „volkstümlicher Verwaltung“ und der Selbstverwaltungsgedanke erhielten während des Polizeiregiements der Ära v. Blittersdorf besonderen Auftrieb und gewannen allmählich das gleiche Gewicht wie die Laienjustiz[34]. Im Jahre 1842 wiederholte Welcker mit ausführlicher Begründung seine Forderung nach Einführung der Selbstverwaltung, indem er einen Antrag auf die „Verbesserung der Zivilverwaltung“ in das Plenum einbrachte[35]. Er hielt es für unnatürlich und verderblich, wenn

---

[26] *F. Schnabel:* S. 147; *L. Müller:* Landtagsgeschichte, Bd. 4, S. 81.

[27] *H. Heffter:* S. 183.

[28] *F. Schnabel:* S. 149.

[29] Die Regierung ging sehr vorsichtig zu Werk, konnte sich aber zu einer völligen Neugestaltung nicht entschließen; vgl. *L. Seiterich:* S. 530.

[30] Verordnung, die Einteilung des Großherzogtums in vier Kreise und die Aufstellung von Regierungen betreffend, Reg.Bl. Nr. IX vom 18. 2. 1832, S. 133 f.; vgl. hierzu *L. Seiterich:* S. 537 - 541.

[31] Vgl. *H. Heffter:* Selbstverwaltung, S. 186.

[32] *L. Seiterich:* S. 530.

[33] Ebd., S. 541 - 549.

[34] *H. Heffter:* Selbstverwaltung, S. 251.

[35] *Seiterich:* S. 542.

die Verwaltung der wichtigsten Interessen und Rechte der Bürger lediglich von entfernt wohnenden, studierten Beamten beraten und betrieben würde, während die übrigen Bürger passiv blieben[36]. Die Kreisregierungen verursachten erhebliche Kosten[37], auch hierauf konnte sich Welcker in seinem Antrag berufen. In den Budgetberatungen der folgenden Landtage kam die Kritik nicht mehr zum Verstummen. Das Innenministerium ordnete daher im Jahre 1845 eine Stellungnahme der einzelnen Kreisregierungen an[38].

Die Ernennung eines hochangesehenen Kammermitgliedes, des schon im März 1845 in den neu gegründeten Staatsrat berufenen Juristen Johann Baptist Bekk[39], zum Präsidenten des Ministeriums des Innern am 15. Dezember 1846[40] machte den Weg für eine Neugestaltung der Verwaltung frei. Die Trennung von Justiz und Verwaltung, wie sie das Gerichtsverfassungsgesetz von 1845 bestimmt hatte, schuf eine Grundvoraussetzung dafür. So arbeitete die Regierung bereits vor den Märzereignissen an einem Verwaltungsreformgesetz. Als ein Abgeordneter während der Debatte den vorgelegten Entwurf eine Eroberung bzw. Errungenschaft nannte, konnte Innenminister Bekk darauf hinweisen, daß er bereits 1847 dem Referenten des Innenministeriums den Auftrag zur Bearbeitung entsprechender Entwürfe erteilt habe, „bevor noch von einem Märztag je die Rede gewesen ist“[41].

Die Märzverordnungen[42] gaben jedoch den auslösenden Impuls. Die Selbstverwaltungsidee, die man als Selbstregierung und Volksbeteiligung verstand[43], wurde neben den großen liberalen Anliegen wie Schwurgericht, Volksheer oder Pressefreiheit an die Fahnen geheftet. Sie war zum Gemeingut liberaler Rechtsstaatsdoktrin geworden; beide Flügel[44] des badischen Liberalismus verfochten sie in gleicher Weise[45]. In Karlsruhe handelte man rasch. Bereits fünf Tage später, am 7. März 1848, erging ein Rundschreiben an alle Ministerien. Darin wurden die

---

[36] *G. W. Götz:* Die Entwicklung der höheren Kommunalverbände in Baden, Jur. Diss., 1957, S. 22.

[37] Durch Einführung der Landräte sollte die Zahl der Kreisregierungen auf zwei herabgesetzt werden, wodurch eine Ersparnis von 115 600 Gulden jährlich erreicht werden könne; vgl. *L. Seiterich:* S. 542.

[38] Vgl. *L. Seiterich:* S. 542 f. Dort sind die betreffenden Verfügungen im einzelnen abgedruckt.

[39] Vgl. hierzu *Dreher:* S. 57 - 62; über Bekk vgl. oben S. 44.

[40] Vgl. *v. Weech:* Badische Geschichte, S. 565.

[41] Prot. II. Kammer 1848, Bd. 7, S. 5.

[42] Vgl. hierzu *E. R. Huber:* Bd. 2, S. 509 - 513.

[43] Vgl. *H. Heffter:* Selbstverwaltung, S. 264 - 267; *E. Forsthoff:* Lehrbuch des Verwaltungsrechts, 9. Aufl., 1966, S. 439.

[44] Über die Spaltung der badischen Liberalen in gemäßigte und radikale Richtungen, die besonders im Wahlkampf von 1847 offenbar wurden; vgl. *H. Kramer:* S. 58 f.

[45] *H. Heffter:* Selbstverwaltung, S. 251.

Ressortchefs zum Vollzug der Zusagen der Regierung und zur unverzüglichen Einleitung der erforderlichen Schritte aufgefordert[46]. Schon am 20. Juli 1848 konnte Bekk den Entwurf der zweiten Kammer vorlegen[47].

Das Gesetz über die Verwaltungsorganisation

Das Gesetz vom 10. 4. 1849[48], die Einrichtung und den Geschäftskreis der Verwaltungsbehörden betreffend (im folgenden Verwaltungsgesetz genannt), welches mit wenigen Abänderungen dem Regierungsentwurf entsprach, sah im Kern die Aufhebung der bisherigen Mittelbehörden vor, nämlich Kreisregierung und Bezirksamt. An ihre Stelle sollten Kreisverwaltungen treten (§ 1 Verwaltungsgesetz). Auf der Kreisebene sah das Gesetz das Zusammenwirken dreier Institutionen vor[49], nämlich der Kreisversammlung, des Kreisausschusses und des Kreisamtes. Der mit der Leitung des Kreisamtes betraute Kreishauptmann sollte auch den Vorsitz in den beiden Kollegialorganen, Kreisversammlung und -ausschuß führen. Die Mitglieder der Kreisversammlung sollten von den in den Gemeinden des Verbandes wohnhaften Bürgern für vier Jahre direkt gewählt werden (§ 5 Verwaltungsgesetz). Nach dem Gesetz besaßen alle Badener, die mindestens 25 Jahre alt waren, in einer der Gemeinden das Bürgerrecht innehatten oder ein öffentliches Amt bekleideten, aktives und passives Wahlrecht. Das galt nicht für Entmündigte oder unter Vormundschaft gestellte, vorbestrafte oder in Konkurs gefallene Personen (§§ 6 und 7 Verwaltungsgesetz). Die Zuständigkeit der Kreisversammlung sollte sich auf Angelegenheiten der kommunalen Selbstverwaltung sowie auf Interessen des Kreises beschränken, wie beispielsweise auf Fragen des Straßenbaus oder der Einrichtung gemeinsamer Anstalten[50]. Das Gesetz wies der in der Regel einmal jährlich tagenden Versammlung als wichtige Aufgabe die Wahl eines ständigen Kreisausschusses zu. „Aktive Staatsdiener" und Anwälte durften in das sechs- bis achtköpfige Gremium nicht gewählt werden (§ 11 Verwaltungsgesetz).

Umfang und Art der Zuständigkeiten sowie der Entscheidungsbefugnisse dieses Ausschusses machen die besondere Bedeutung des Verwaltungsgesetzes aus. Nach der amtlichen Begründung[51] des Entwurfs

[46] GLA, Generalia Ministerium des Innern, Staatsverfassung, 236/4228. Vgl. hierzu auch *J. B. Bekk:* Die Bewegung in Baden, 1850, S. 59.

[47] Prot. II. Kammer 1848, Bd. 6, S. 88; Beil. 7, S. 367 - 381.

[48] Reg.Bl. Nr. XXIII vom 17. 4. 1849, S. 205 - 214; vgl. im einzelnen *Götz:* S. 23 ff.; *H. Heffter:* Selbstverwaltung, S. 295 f.

[49] Vgl. § 4: „Jeder Kreisverband wird durch eine allgemeine Versammlung (Kreisversammlung) und durch einen Ausschuß derselben (Kreisausschuß) und das Kreisamt vertreten.

[50] §§ 19, 20 Verwaltungsgesetz. § 20 enthält eine Aufzählung der in die Zuständigkeit der Versammlung fallenden Gegenstände.

sollte das neue Gesetz einen doppelten Zweck erfüllen. Einmal galt es, die Neuformierung des Verwaltungsaufbaus und die Bildung korporativer Vereinigungen der bisher einzeln im Staatsverband stehenden Gemeinden zu erreichen. Wesentliche Bedeutung wurde jedoch einer aktiven Beteiligung und Mitwirkung des Volkes bei den neuen Mitgliedern zwischen Ministerium und Gemeinde zugemessen. Tatsächlich ging das, was man jetzt einzuführen gedachte, in hohem Maße über die Ziele hinaus, wie sie Welcker mit der Forderung nach Einführung der bayrischen Landräte im Auge gehabt hatte[52]. Denn die gesetzlich vorgesehenen Gremien blieben keinesfalls auf Aufgaben der kommunalen Selbstverwaltung beschränkt, sondern bildeten einen Teil der eigentlichen Staatsverwaltung[53].

Neben Tätigkeiten der ausführenden Verwaltung[54] wies das Gesetz den Kreisausschüssen Aufgaben rechtsprechender Natur zu. Die einzeln aufgeführten Zuständigkeiten (§§ 25, 26 Verwaltungsgesetz) lassen sich in drei Gruppen[55], nämlich in Fälle echter Verwaltungsrechtsprechung, wie etwa Entscheidungen in Streitigkeiten über die Bürgerannahme (§ 26 Nr. 2) oder in öffentlich-rechtlichen Streitigkeiten zwischen Gemeinden (§ 25 Nr. 7), in Fälle nichtstreitiger Rechtspflege sowie einer Art Disziplinargerichtsbarkeit einteilen. Die Kreisausschüsse können, soweit sie eine Verwaltungsrechtspflege ausüben sollten, als eine der Unabhängigkeit der ordentlichen Gerichte nahekommende Rechtsschutzeinrichtung angesehen werden[56]. Die Unabhängigkeit vom Staat ergab sich entscheidend aus der Mitwirkung der nicht weisungsgebundenen, frei gewählten Laienrichter[57], die den vorsitzenden Staatsbeamten überstimmen konnten. Entsprach die Regelung, den Ausschüssen Verwaltungs- und Rechtsprechungsfunktionen gleichzeitig zukommen zu lassen, dem System der herkömmlichen Administrativjustiz, d. h. die Entscheidung streitiger Angelegenheiten durch die Behörde selbst[58], so gab das Laienelement diesen Gremien den Charakter eines unabhängigen Verwaltungsgerichts.

---

[51] Prot. II. Kammer 1847/49, Beil. 7, S. 377 - 381.

[52] Eine Tatsache hob man in der Debatte besonders hervor, keine andere Organisation könne der neuen badischen „den Ruhm der volkstümlichen Einrichtungen" streitig machen; vgl. Kommissionsbericht Lamey, Prot. II. Kammer 1847/49, Beil. 8, S. 43.

[53] *H. Heffter:* Selbstverwaltung, S. 295.

[54] Vgl. *Götz:* S. 27.

[55] Vgl. im einzelnen *A. Schühly:* Ursprung und Weg der Verwaltungsrechtspflege in Baden, DÖV 1953, S. 613 - 618 (S. 614). Dort sind die einzelnen Zuständigkeiten ausführlich dargestellt.

[56] So *A. Schühly:* S. 615.

[57] Die persönliche Unabhängigkeit der Ausschußmitglieder beruhte auf zwei Gründen: Sie sollten von der frei gewählten Kreisversammlung gewählt werden, wobei der Regierung ein Ablehnungsrecht zustehen sollte. Eine Dienstenthebung bzw. Entlassung war nur in besonderen Fällen, wie Straffälligkeit, möglich. Vgl. *A. Schühly:* ebd.

[58] Vgl. unten S. 88.

Es überrascht nicht, daß die Regierungsvorlage eine günstige Aufnahme in der Kammer fand. Der „Fortbau der Gemeindeverfassung“[59], wie der junge Abgeordnete Lamey[60] in seinem Kommissionsbericht[61] die Regelungen des Entwurfs nannte, entsprach den Wünschen der badischen Liberalen, ihrem gemäßigten Flügel mußte die geplante Organisation geradezu radikal erscheinen[62]. Sie entsprach fast der „Selbstregierung des Volkes“ aus dem Offenburger Programm[63], welches die extreme Richtung der badischen Liberalen 1847 aufgestellt hatte. Die badischen Entwürfe gingen damit weit über das hinaus, was andere Staaten in Deutschland an Selbstverwaltung bereits eingeführt hatten[64], worauf der Berichterstatter auch besonders hinwies und erklärte, daß die Vorschläge des Entwurfs dem im Bewußtsein des Volkes gewachsenen Bedürfnis Rechnung trugen, „die staatliche Verwaltung dem ausschließlichen Besitz der Gelehrten zu entreißen“[65]. Auch die Regierung hatte dieses Anliegen ganz in den Vordergrund gestellt. Sie ging davon aus[66], daß es bei den neuen Gremien weniger um die Frage einer qualitativ besseren Verwaltung als vielmehr um die Erreichung eines größeren Vertrauens der Bürger in die Verwaltung überhaupt gehe. Dieses Ziel, welches eine „Einseitigkeit bürokratischer Entscheidungen“ vermeide, könne aber nur mit Hilfe des Zusammenwirkens von Laien und Beamten erreicht werden.

In der 157. Sitzung, am 6. März 1849, nahm die zweite Kammer das Verwaltungsgesetz bei sechs Gegenstimmen an[67], nachdem auch die erste Kammer im wesentlichen zugestimmt hatte[68]. Am 10. April 1849

---

[59] Prot. II. Kammer 1847/49, Beil. 8, S. 44.

[60] Badischer Innenminister der Jahre 1861 - 63; Mitglied der II. Kammer seit 1846, unterstützte er mit den gemäßigten Liberalen die Regierung Bekk; vgl. *Lily Blum:* Staatsminister August Lamey, 1934, sowie *F. Lewald* in: Badische Biographien, Bd. V 2, S. 453 f.

[61] Prot. II. Kammer 1847/49, Beil. 8, S. 43 - 64.

[62] *H. Heffter:* Selbstverwaltung, S. 295.

[63] Vgl. hierzu *E. R. Huber:* Bd. 2, S. 449; Art. 12 der auf dem Treffen der Radikalen aufgestellten Forderungen lautete: „Wir verlangen eine volkstümliche Staatsverwaltung. Das frische Leben eines Volkes bedarf freier Organe. Nicht aus der Schreibstube lassen sich seine Kräfte regeln und bestimmen. An die Stelle der Vielregierung der Beamten trete die Selbstregierung des Volkes.“ Zitiert bei *Dreher:* S. 82.

[64] z. B. württembergische Amtskörperschaften, vgl. *H. Heffter:* Selbstverwaltung, S. 176 - 180; über Bayern vgl. *Götz:* S. 24.

[65] Ebd., S. 43; Kommissionsbericht Lamey.

[66] Vgl. Motive Prot. II. Kammer 1847/49, Beil. 7, S. 373. Der Minister hatte in der Debatte mehrfach hierauf hingewiesen; vgl. Prot. II. Kammer, Bd. 7, S. 160; über Bekks Auffassung zu dieser Frage vgl. *H. Heffter:* Selbstverwaltung, S. 296.

[67] Prot. II. Kammer 1847/49, Bd. 10, S. 127.

[68] Vgl. den Kommissionsbericht der I. Kammer; Prot. I. Kammer 1847/49, Beil. 2, S. 308 ff.

wurde es mit dem Zusatz verkündet, „der Tag, an welchem dieses Gesetz in Wirksamkeit tritt, wird nachträglich bekannt gemacht werden“[69]. Es erlitt allerdings das Schicksal zahlreicher anderer Gesetze jener Jahre. Die revolutionären Ereignisse und Umtriebe in Baden hatten manchen Kritikern[70] der liberalen Reformgesetzgebung der Regierung Bekk recht gegeben; die Einführung des neuen Verwaltungsaufbaues mit seinen weit über die Schaffung von Selbstverwaltungsorganen hinausgehenden Regelungen mußte zu diesem Zeitpunkt für jede Regierung ein Risiko darstellen. Man kann wohl der Auffassung[71] zustimmen, daß im Interesse des Selbstverwaltungsgedankens das Scheitern der Reformen von 1849 ein Gewinn war. Denn der Unterschied zwischen Bestehendem und neu zu Schaffendem war zu kraß, als daß die Umstellung nicht zu einer Beeinträchtigung des ohnehin durch die Revolutionswirren gestörten öffentlichen Lebens geführt hätte.

Verwaltungsgerichtsbarkeit und Laienbeteiligung

Trotz des Lobes, welches Lamey als Berichterstatter den Bekk'schen Entwürfen zuteil werden ließ, machte er ihnen den Vorwurf[72], sie griffen nicht tief genug in die seitherigen Organisationsbestimmungen ein. Die Ursache hierfür lag im § 30 des Entwurfs. Nach dieser Bestimmung sollten angefochtene Entscheidungen der Ausschüsse, auch soweit sie als Gerichte fungierten, in übergeordneter Instanz vom Innenministerium bzw. vom Staatsministerium überprüft werden können[73]. Die Kritik Lameys, der sich andere Abgeordnete anschlossen, führte dazu, daß man die Einrichtung einer unabhängigen zweiten Instanz ins Auge faßte. Sein Kollege Zentner wandte sich mit Entschiedenheit gegen den vorgesehenen Rekurs an die Ministerien[74]: Er vermißte bei dieser Regelung „die Gerechtigkeit und Einheit, die überall in der Gesetzgebung vorherrschen sollte“. Es könne nicht angehen, daß man in erster Instanz eine unabhängige, volkstümliche Einrichtung habe, in der zweiten und dritten Instanz dagegen Regierungsorgane entscheiden sollten. Vielmehr dürfe, wolle man eine volkstümliche Einrichtung schaffen, diese nicht nur in den unteren Reihen volkstümlich sein; schon die Konsequenz und das Vertrauen zu diesen Stellen mache es erforderlich, auch in die höheren

---

[69] Reg.Bl. Nr. XXIII vom 14. 4. 1849, S. 214.

[70] Vgl. *L. Gall:* Liberalismus, S. 58.

[71] *Götz:* S. 29, mit weiteren Nachweisen.

[72] Kommissionsbericht zum Verwaltungsgesetzentwurf; Prot. II. Kammer 1847/49, Beil. 8, S. 44.

[73] In der endgültigen Fassung des Gesetzes blieb diese Regelung bestehen. Vgl. § 37: „Der Recurs gegen die Beschlüsse der Kreisausschüsse, soweit er nicht durch Regierungsverordnungen beschränkt wird, geht in letzter Instanz an das Ministerium des Innern.“

[74] Prot. II. Kammer 1847/49, Bd. 7, S. 155.

Instanzen das bürgerliche Element aufzunehmen. Zentner forderte eine Rekursbehörde, welcher neben Beamten ebenfalls Laien angehören sollten. Das bürgerliche Element solle dabei aber in der Minderzahl bleiben, da in zweiter Instanz „höhere Staatsrücksichten" zu beachten seien. Nach dem Vorbild der Handelssenate[75] hielt er zwei nicht juristisch ausgebildete Beisitzer für ausreichend. Zugunsten des im Entwurf vorgesehenen Instanzenzuges wurde vorgetragen[76], daß man eine starke Regierung brauche, die nicht von den Beschlüssen der Bezirksausschüsse abhängig gemacht werden dürfe. Da die Regierung künftig von der Öffentlichkeit und durch die freie Presse kontrolliert werde und ohne Majorität in den Kammern gar nicht bestehen könne, bedürfe es keiner unabhängigen Instanz.

Die Mehrheit der Abgeordneten folgte jedoch der Auffassung[77], daß ein Verwaltungsgerichtshof der Kernpunkt des Verwaltungsgesetzes sei und sprach sich nach eingehender Debatte[78] für die Bildung einer unabhängigen höheren Instanz aus. Wenn auch nur wenige Kammermitglieder die Auffassung vertraten, man dürfe nicht zuviel auf einmal „ganz absolut" in die Hände des Bürgers legen[79], so hielt man eine Möglichkeit der Überprüfung jener „Bürgerentscheidungen" doch für nötig. Der Abgeordnete Schaaf[80] plädierte für ein verstärktes Aufsichtsrecht des Staates, „je mehr Sie den Bürgern in die Hand geben". Für die Laiengremien der Ausschüsse wurden die gleichen Überprüfungsmöglichkeiten wie bei dem Vorbild der Laienbeteiligung, dem Schwurgericht in Strafsachen, gefordert. So hob der Abgeordnete Junghanns[81] das Fehlen einer Nichtigkeitsbeschwerde hervor, wie sie für die Entscheidungen der Jury vorgesehen war. Außerdem gab er zu bedenken, „daß die Geschworenen Richter der Tatsache sind, während hintendrein ein Gericht von Rechtsgelehrten kommt, das das Urteil auszusprechen hat und wenn es wesentliche Irrtümer findet, von der Urteilsfüllung Umgang nehmen kann und die Sache vor ein anderes Schwurgericht verweisen kann. Diese Bürgschaften fehlen uns hier und es möchte also nicht im Interesse des Staates und der Bürger liegen, Personen, welche weder die Verwaltungsgesetze kennen, noch in der Findung des Rechts Übung haben, eine endgültige Entscheidung üben zu lassen". Der Gesichtspunkt, eine Vereinheitlichung[82] der

[75] Vgl. § 5 des Gerichtsverfassungsgesetzes von 1845.

[76] Prot. II. Kammer, ebd. S. 160.

[77] Abgeordneter Christ, Prot. II. Kammer, ebd., S. 159.

[78] 90. und 91. Sitzung vom 26. und 27. Oktober 1848, S. 155 - 184.

[79] Prot. II. Kammer, ebd., S. 160.

[80] Prot. II. Kammer, ebd., S. 162; einer der führenden konservativen Kammermitglieder, vgl. *Dreher:* S. 96.

[81] Prot. II. Kammer, ebd., S. 167.

[82] Auf die „Gleichförmigkeit" der Anwendung der Gesetze kam der Abgeordnete Bissing zu sprechen, ebenso der Minister Bekk; Prot., ebd., S. 160.

Entscheidungen von Bezirksausschüssen zu erreichen, mag ebenfalls zugunsten einer übergeordneten Instanz gesprochen haben.

Bei der Frage der Besetzung des Spruchkörpers gingen die Auffassungen erheblich auseinander. Die Vorschläge zur Zusammensetzung reichten vom reinen Juristenkollegium bis zur Mehrheit der Laienbeisitzer. Am weitesten ging hier die Anregung[83], den Rekurshof mit fünf bis sechs Mitgliedern der Bezirksausschüsse[84] zu besetzen. Das staatliche Element sollte dabei durch den Präsidenten, einem Beamten des Staatsministeriums, sowie einem ihm beigegebenen Referenten repräsentiert werden. Lamey[85] schlug vor, sachverständige Laien hinzuzuziehen. Seiner Auffassung nach sollten vorzugsweise diejenigen, die Staatswissenschaften erlernt hatten, die Cameralisten, in den Gremien vertreten sein. Angesichts der Tatsache, daß die Laienbeisitzer des Verwaltungsgerichts Staatsdiener mit geringem Maß an Fachkenntnis seien, hielt der Abgeordnet Junghanns[86] jene Regelung für vorteilhafter, wie sie bei der Bestimmung der Mitglieder des württembergischen Staatsgerichtshofes[87] zur Anwendung komme. Danach sollten die Kammern die Mitglieder des Verwaltungsgerichtshofes wählen. Der Vorschlag fand kaum Beachtung, die Beteiligung des Parlaments mochte für ein Verfassungsgericht sinnvoll und notwendig sein, nicht aber für ein höheres Verwaltungsgericht. Innenminister Bekk[88] führte an, daß im Gegensatz zu den nur für einmal zu wählenden Geschworenen die Beisitzer des Verwaltungsgerichtes als ständige Mitglieder ununterbrochen anwesend und beschäftigt sein müßten, also Verwaltungsgerichtsräte wie ihre juristischen Kollegen seien. „Der Umstand, daß einer nicht studiert hat, macht das bürgerliche Element nicht aus, Hauptsache ist, daß es solche sind, die nur vorübergehend aus dem Volke herauskommen und wieder zurücktreten, worin der

[83] Abgeordneter Lehlbach, ebd., S. 157, ähnlich äußerte sich auch der Abgeordnete Mez; ebd., S. 159.

[84] Der Entwurf verwandte die Bezeichnung Bezirksverband bzw. -ausschuß, im endgültigen Gesetz lautete die Bezeichnung Kreisverband bzw. -ausschuß.

[85] Prot. II. Kammer, ebd., S. 170.

[86] Prot. II. Kammer, ebd., S. 167.

[87] Geregelt in Kapitel 10 der württembergischen Verfassung vom 25. September 1819. Württ. Reg.Bl. Nr. 65 vom 25. 9 .1819, S. 633 - 682.

§ 195: „Zum gerichtlichen Schutz der Verfassung wird ein Staatsgerichtshof errichtet. Diese Behörde erkennt über Unternehmungen, welche auf den Umsturz der Verfassung gerichtet sind, und über die Verletzung einzelner Punkte der Verfassung."

Neben dem Präsidenten bestand der Gerichtshof aus 12 Richtern. Davon ernannte der König die eine Hälfte, die anderen sechs Mitglieder wurden zusammen mit drei Stellvertretern „im Zusammentritt beider Kammern außerhalb ihrer Mitte" gewählt (§ 196 der Verfassung).

Vgl. über dieses Gericht *J. Knapp:* S. 113 f. sowie *K. Göz:* Das Staatsrecht des Königreichs Württemberg, 1908, S. 152 - 158.

[88] Prot. II. Kammer 1847/49, Bd. 7, S. 162.

volkstümliche Charakter des Gesetzes liegt.“ Wegen der Kompliziertheit der verwaltungsrechtlichen Materie seien „unstudierte Staatsdiener“ für solche Aufgaben ungeeignet. Was für die erste Instanz gelte, wo man die Laienbeteiligung mehr wegen des Prinzips einer volkstümlichen Mitwirkung eingeführt habe als wegen der besseren Qualität der zu erwartenden Entscheidungen, könne keinesfalls für höhere Instanzen gültig sein. Die Schwierigkeiten des Verwaltungsrechts, die Vielzahl der Gesetze und Regelungen waren für den Abgeordneten Christ der Grund dafür, Laienrichter in der Verwaltung abzulehnen. Das geltende Verwaltungsrecht, jene „zusammengeworfene Masse von Willkürlichkeiten“[89], verglich er in recht drastischer Weise mit dem römischen Recht: „Wenn man dem deutschen Volk die sechs Folianten des römischen, in lateinischer Sprache abgefaßten Gesetzbuches hinwirft und sagt, deutsches Volk, dies ist Dein Recht, so lautet dieses wie ein bitterer Hohn auf das deutsche Volk.“ Da für die Verwaltungsgesetze nichts anderes gelte[90], sei die Schaffung einer verwaltungsrechtlichen Kodifikation unerläßliche Voraussetzung für die Mitwirkung von Laien, erst dann seien brauchbare Entscheidungen zu erwarten; ein Gedanke, der auch den Forderungen nach neuen Straf- und Zivilgesetzbüchern zugrunde gelegen hat. Als zugunsten nicht juristisch ausgebildeter Verwaltungsrichter darauf hingewiesen wurde, der Bürger werde mehr nach dem gesunden Menschenverstand richten, entgegnete Lamey[91], gerade darin liege der größte Fehler bei der Anwendung der Gesetze. Hier interpretiere der schlichte Menschenverstand Dinge hinein, die nicht darin stünden. Im übrigen beriefen sich Laienrichter sehr gern auf den Wortlaut des Gesetzes, um ihre Entscheidungen zu rechtfertigen[92]. Lamey unterstrich in diesem Zusammenhang das Argument des Innenministers, ehrenamtliche Verwaltungsrichter seien im Grunde nichts anderes als unstudierte Beamte, indem er hinzufügte: „Dies gilt namentlich in neuerer Zeit, wo Landräte, wenn sie kaum einen Tag im Staatsdienst gewesen sind, ihre Volkstümlichkeit eingebüßt haben[93].“

Der Gesetzentwurf über die Errichtung eines Verwaltungsgerichtshofes wurde der Kammer am 13. 1. 1848 vorgelegt[94]. Wie die Verhandlungen erwarten ließen[95], traf er über die Laienbeteiligung keine näheren Be-

[89] Ebd., S. 158.
[90] Ebd., S. 160.
[91] Ebd., S. 169.
[92] Ebd., S. 169.
[93] Ebd., S. 170.
[94] Prot. II. Kammer 1847/49, Beil. 8, S. 209 f.; vgl. auch *A. Schühly:* S. 615 f. sowie *M. Rapp:* 100 Jahre Badischer Verwaltungsgerichtshof, in: Staatsbürger und Staatsgewalt, hrsg. von H. R. Külz und R. Naumann, 1963, Bd. 1, S. 3 - 24, S. 5 f.
[95] Insgesamt herrschte die Meinung vor, daß man von Laien kaum „rechtlich gediegene“ Entscheidungen erwarten könne.

stimmungen. Die aus fünf Paragraphen bestehende Vorlage sah einen aus fünf Richtern gebildeten unabhängigen Verwaltungsgerichtshof vor, der in letzter Instanz endgültig entscheiden sollte (§§ 1 - 3 Entwurf). Das Verfahren sollte öffentlich und mündlich sein. Damit lagen in Baden Pläne vor, die den „Durchbruch“[96] von der Rekursinstanz einer bislang geübten Administrativjustiz zum unabhängigen Verwaltungsgericht bedeuteten.

Es erscheint bemerkenswert, daß das Großherzogtum mehr als ein Jahrzehnt vor jener Auseinandersetzung, die sich mit den Namen Otto Bähr[97] und Rudolf v. Gneist[98] verbindet, einen eigenständigen und von äußeren Einflüssen freien Weg[99] in der Frage der unabhängigen Verwaltungsgerichtsbarkeit gegangen ist. Dieser entspricht aber völlig dem in diesem Lande so heftig verfochtenen Bemühen, den konstitutionellen Verfassungs- und Rechtsstaat zu schaffen. In Baden war die Frage der Verwaltungsgerichtsbarkeit schon vor 1848 diskutiert worden. Soweit in Verwaltungsstreitigkeiten Rechtsschutz gewährleistet wurde, entsprach er der im gesamten süddeutschen Raum[100] geübten Administrativjustiz[101]. Wie beim französischen Vorbild[102] entschieden die Verwaltungsbehörden[103] selbst über die mit ihrem Bereich zusammenhängenden streitigen Angelegenheiten. Da im Großherzogtum die Einengung der ordentlichen Gerichte sehr weit durchgeführt war[104], befaßte man sich bald mit der Frage der „Competenzconflicte“ zwischen Gerichten und Verwaltungsbehörden. 1831 stand die Administrativjustiz auf der Tagesordnung beider Kammern. Mittermaier[105] gab den Anstoß zu der ausführlichen Dis-

---

[96] *Schühly:* S. 615.

[97] *O. Bähr:* Der Rechtsstaat, eine publizistische Studie, 1864.

[98] *R. v. Gneist:* Der Rechtsstaat, 1872.

Über diese Kontroverse und zur Verwaltungsgerichtsbarkeit vgl. *C. F. Menger:* Der Schutz der Grundrechte in der Verwaltungsgerichtsbarkeit, in: Bettermann - Nipperdey - Scheuner, Die Grundrechte, Bd. III, 2, 1959, S. 718 bis 723; *J. Poppitz:* Die Anfänge der Verwaltungsgerichtsbarkeit, AöR, NF, Bd. 33, 1943, S. 158 - 221; NF, Bd. 34, 1944, S. 3 - 40.

Zur Entwicklung der Verwaltungsgerichtsbarkeit grundlegend: *M. Sellmann:* Der Weg zur neuzeitlichen Verwaltungsgerichtsbarkeit, in: Staatsbürger und Staatsgewalt, hrsg. von H. R. Külz und R. Naumann, 1963, S. 25 - 86.

[99] Auf diese Tatsache weist *Schühly:* S. 613, hin.

[100] Vgl. *W. Rüfner:* Verwaltungsrechtsschutz im 19. Jahrhundert vor Einführung der Verwaltungsgerichtsbarkeit, DÖV 1963, S. 723 - 726.

[101] Zum Begriff, *Menger:* Schutz der Grundrechte, S. 719; *Sellmann:* Verwaltungsgerichtsbarkeit, S. 50 - 64.

[102] *Sellmann:* Verwaltungsgerichtsbarkeit, S. 51 f.

[103] In Baden entschieden die Kreisdirektorien bzw. -regierungen, die Berufung ging an das Ministerium des Innern. Ebd., S. 57 f., sowie *Seiterich:* S. 502 f.

[104] *Rüfner:* S. 725.

[105] Vgl. Motion des Abg. Mittermaier „wegen Aufhebung der Verwaltungsjustiz und Organisierung einer eigenen Behörde und eines geeigneten Verfah-

kussion[106], in welcher die justizstaatliche Auffassung dominierte. Im Gegensatz zu der vorherrschenden liberalen Auffassung, möglichst viele Gegenstände den ordentlichen Gerichten zu überweisen und die der Gewaltenteilung widersprechende Administrativjustiz abzubauen, fand sich in Karl v. Rotteck[107] ein Befürworter dieser Einrichtung.

Das Bekenntnis[108] des Frankfurter Parlaments gegen die Administrativjustiz bestimmte auch das weitere Schicksal des Verwaltungsgerichtshofes. Obwohl das badische Projekt eines unabhängigen Rechtspflegeorgans[109] den Beschlüssen der Nationalversammlung nicht entgegen stand, nahm man von seiner weiteren Beratung Abstand[110]. Man wollte, so führte der Berichterstatter Lamey[111] aus, keine Behörde schaffen, die, sei es auch nur dem Namen nach, mit den Grundrechten in Widerspruch stehe. Dementsprechend lautete der am 2. März 1849 angenommene Antrag[112]: „Nachdem das Erkenntnis in Verwaltungssachen nunmehr einer Behörde überwiesen ist, die vom Volke und aus dem Volke gewählt, sich in manchen Beziehungen als Volksgericht ansehen läßt, ... empfiehlt die Kommission, von der Beratung des Gesetzes über den Verwaltungsgerichtshof Umgang zu nehmen."

Schatzungsräte und Steuerschwurgerichte

Am 12. Mai 1848[113] legte die großherzogliche Regierung der zweiten Kammer den Entwurf eines „Gesetzes über die Aufstellung der Kataster und über Steuerschwurgerichte" vor. Der Plan entsprach in vollem Umfang den Zielen, die man mit dem Verwaltungsgesetz verfolgte. Die Steuerverwaltung, bisher ausschließlich in der Hand staatlicher Behörden[114], sollte auf volkstümliche Einrichtungen übertragen werden. Im Sprachgebrauch jener Jahre bedeutete dies eine weitgehende Hinzuziehung ehrenamtlich tätiger Bürger.

---

rens für die Entscheidung der Competenzconflicte zwischen Justiz und Administration". Prot. II. Kammer 1831, Bd. 2, S. 137 f.; Beil. 1, S. 141 - 159.

106 Ebd., Bd. 18, S. 226 - 299.

107 Vgl. *M. Sellmann:* Karl v. Rottecks Gedanken zum Rechtsschutz in öffentlich-rechtlichen Streitigkeiten. DÖV 1965, S. 737 - 742; über v. Rotteck vgl. *W. v. Hippel:* Zum 125. Todestag Karl v. Rottecks, DÖV 1965, S. 742 - 744.

108 *Menger:* Schutz der Grundrechte, S. 720 f.; § 49 Art. 9 der Grundrechte lautete: „Die Verwaltungsrechtspflege hört auf, über alle Rechtsverletzungen entscheiden die Gerichte."

109 Vgl. *Rapp:* Verwaltungsgerichtshof, S. 6.

110 *Schühly:* S. 615.

111 Prot. II. Kammer 1847/49, Beil. 9, S. 125 f.

112 Prot. II. Kammer 1847/49, Bd. 10, S. 114.

113 Prot. II. Kammer 1847/49, Beil. 7, S. 223 - 229; Motive, ebd., S. 229 - 234.

114 Bisher lag die Steuerverwaltung bei den 1826 errichteten Steuerdirektionen. Beamtete Obereinnehmer (Steuerperäquatoren) stellten unter der Präsenz der Ortsvorgesetzten die Steuerkataster auf und bestimmten die Höhe der zu

Art. 2 des Entwurfs sah für jede Gemeinde einen Schatzungsrat vor. Ihm sollte „die Beurtheilung der von den Steuerpflichtigen schriftlich oder mündlich vorgebrachten so wie der vom Steuerperäquator gesammelten thatsächlichen Angaben und die erste Entscheidung über die in das Kataster aufzunehmenden Ansätze" zustehen. Je nach Größe des Ortes sollte das Gremium aus dem vorsitzenden Bürgermeister und vier bis zehn Mitgliedern bestehen. Vorgesehen war eine sechsjährige Amtszeit. Der Gemeinderat sollte im Zusammenwirken mit den Bürgerausschüssen „aus der Reihe der mit den Vermögens- und Erwerbsverhältnissen ihrer Mitbürger am meisten vertrauten Einwohner" jeweils 12 bis 30 Kandidaten vorschlagen (Art. 3 des Entwurfs). Die Ernennung erfolgte nach dem Entwurf durch das Oberamt „unter Benehmen mit der Obereinnehmerei". Dabei sollte darauf geachtet werden, „daß auch die minder bemittelte Klasse der Steuerpflichtigen in einem den Verhältnissen des Ortes entsprechendem Maße vertreten ist". Grundbesitzer, Kaufleute sowie von persönlichem Verdienst oder Renten lebende Bürger sollten ebenfalls in angemessener Weise repräsentiert sein.

Auffallend ist das justizförmige Verfahren, welches der Entwurf für die Festsetzung der direkten Steuern[115] durch den Schatzungsrat vorsah: Die Beschlußfassung erfolgte nach Stimmenmehrheit der Mitglieder mit Einschluß des Bürgermeisters. Die Steuerperäquatoren wohnten den Sitzungen als Vertreter des Staates bei. Sie hatten über Vermögensverhältnisse Auskunft zu geben und konnten Anträge stellen, waren jedoch nicht stimmberechtigt (Art. 8 des Entwurfs). Der Schatzungsrat konnte das persönliche Erscheinen des Steuerpflichtigen anordnen sowie Sachverständigengutachten, etwa zur Bestimmung „der Betriebskapitalien größerer Fabrikanlagen", einholen (Art. 9 - 11 des Entwurfs). Nach der Vorlage konnte das Finanzministerium eine Kommission nur insgesamt auflösen und Neuwahlen anordnen. Außerdem sollte eine Möglichkeit der Einflußnahme durch Delegierung zweier Staatskommissäre mit vollem Stimmrecht bestehen. Darüber hinaus war der Schatzungsrat unabhängig von staatlichen Weisungen. Nach der Entscheidung sollten die Steuerkataster „vierzehn Tage lang zu jedermanns Einsicht öffentlich aufgelegt werden" (Art. 16 Abs. I des Entwurfs); der Bescheid wurde dem Betroffenen zugestellt.

---

zahlenden Steuern. Beschwerden gegen Steuerbescheide wurden von den Behörden selbst entschieden; vgl. hierzu *H. Rosin:* Handbibliothek badischer Gesetze, Bd. 2, 1888, S. 55; *F. X. Affolter:* System des badischen Verwaltungsrechts, 1904, S. 124 - 129.

[115] Vgl. Art. 32 Abs. I des Entwurfs: „Die Thätigkeit des Schatzungsraths und des Steuerschwurgerichts erstreckt sich auf die aus dem Kataster über die Gewerbsteuer und Klassensteuer, Kapitalsteuer und über die wachsende Einkommensteuer sich ergebenden und auf solche Fragen, welche durch andere spezielle Gesetze ihnen zugewiesen werden."

Die vorgeschlagene badische Einrichtung fügt sich in die Reihe der Einschätzungs-, Reklamations- oder Bezirkskommissionen und Bürgerausschüsse ein[116], die in anderen deutschen Staaten zur Einführung gelangt waren. So kannte Preußen seit Erlaß des Klassensteuergesetzes vom 30. Mai 1820[117] die Hinzuziehung von „verständigen und geachteten gemeinen Eingesessenen"[118] bei der Festsetzung der Steuern. Sogar bei der Überprüfung der von den Gemeinden erlassenen Bescheide durch den Landrat waren Bürger zugegen[119]. Auch in Baden bestand seit 1815 eine ähnliche Einrichtung zur Festsetzung der Gewerbesteuer[120].

Dagegen kommt dem Steuerschwurgericht, zweifellos die interessanteste Konstruktion des Reformgesetzes, eine außergewöhnliche Stellung zu. Denn hierbei handelt es sich nicht, wie man der Bezeichnung Schwurgericht entnehmen könnte, um einen Spruchkörper zur Entscheidung von Steuerstrafsachen, wie er etwa in Bremen 1847 eingerichtet worden war[121]. Wie sich aus Artikel 17 Abs. I des Entwurfs ergibt, muß man dieses Rechtspflegeorgan als besonderes Verwaltungsgericht, als Finanzgericht, bezeichnen: „Wer sich durch den Ausspruch des Schatzungsraths — sei es in Beziehung auf die ihm selbst, sei es in Beziehung auf die einem Dritten angesetzten Beträge — beschwert findet, dem steht die Berufung an das Steuerschwurgericht des Bezirks offen." Auch der Vertreter des Staates sollte das Recht der Berufung haben, wenn einer der Staatskommissare der Anfechtung beitrat. Die Beschwerde sollte binnen acht Tagen nach Zustellung beim Vorsitzenden des Schatzungsrates eingereicht werden, der sie, versehen mit einer Stellungnahme, an das Gericht weiterzuleiten hatte, sofern eine bestimmte Beschwerdesumme erreicht war (Art. 17, 19 des Entwurfs).

Über Organisation und Verfahren des Berufungsgerichts traf der Entwurf folgende Regelungen: Für jeden Oberamtsbezirk sollte ein Steuerschwurgericht eingerichtet werden, welches unter dem Vorsitz des Oberamtmanns aus elf Geschworenen und fünf Ersatzleuten bestand. Alle Einwohner des Bezirks, die eine direkte Steuer entrichteten, wählten in geheimer Urwahl sechzehn wahlfähige Bürger für die Geschworenen-

---

[116] *Ziemer-Birkholz:* Kommentar zur Finanzgerichtsordnung, 2. Aufl., 1970; die genannten Gremien werden als Vorläufer der Finanzgerichtsbarkeit bezeichnet, ebd., S. 63.

[117] *F. G. Schimmelfennig:* Die preußischen direkten Steuern, 1842, Teil 2, S. 1 ff.

[118] Vgl. § 5 der Instruktionen über das Verfahren bei der Veranlagung der Klassensteuer vom 15. 6. 1820, *Schimmelfennig:* S. 14 ff.

[119] Ebd., § 8; vgl. auch *R. Grabower:* Preußens Steuern, 1932, S. 524 f.

[120] Vgl. Prot. II. Kammer 1854, Beil. 4, S. 71.

[121] Vgl. *Hiemsch:* S. 102 f.; dem bremischen Steuergericht oblag die Entscheidung von Steuerstrafsachen. Je ein juristisch ausgebildeter und ein kaufmännischer Senator fungierten als Richter.

liste sowie weitere acht für die Liste der Ersatzleute. Als Voraussetzung für das passive Wahlrecht galt die Erreichung des 30. Lebensjahres und die Zahlung einer direkten Jahressteuer von mindestens 20 Gulden. Unter Mitwirkung der Finanzbehörde sollte das Oberamt die zur ordentlichen Besetzung des Spruchkörpers erforderlichen Geschworenen und Ersatzmänner auf sechs Jahre aus der Urliste ernennen. Die Wahl durfte nur beim Vorliegen „triftigster Gründe" abgelehnt werden (Art. 22 des Entwurfs). Eine Amtsenthebung der Laienrichter konnte nicht stattfinden; im Falle der Verringerung der Zahl der Ersatzgeschworenen um zwei sollten Nachwahlen vorgenommen werden. Das Gericht sollte auf Veranlassung des Oberamtsvorstandes zusammentreten. Dem zuständigen Oberamtmann oblag die Ladung der Beteiligten, zu denen auch ein von der Steuerdirektion ernannter „Vertreter der Staatscasse" gehörte (Art. 26 und 27 des Entwurfs). Zwischen dem Steuerpflichtigen und dem Vertreter des Staates bestand strikte Waffengleichheit. Jeder konnte Fragen an die Geschworenen stellen und Zeugen laden lassen. Der beteiligte Bürger besaß darüber hinaus das Recht, zwei Geschworene ohne Angaben von Gründen abzulehnen. Rechtsanwälte als Parteivertreter waren nicht zugelassen. Nach nicht öffentlicher, aber mündlicher Verhandlung sollte der Vorsitzende, der selbst kein Stimmrecht besaß, die zur Entscheidung wichtigen Fragen an die Jury so stellen, daß diese nur mit Ja oder Nein beantwortet werden konnten; die Entscheidung erfolgte nach absoluter Stimmenmehrheit (Art. 30 des Entwurfs). Ein Rechtsmittel gegen die Urteile des Steuerschwurgerichts, die nicht mit Entscheidungsgründen versehen wurden, sah der Gesetzentwurf nicht vor (Art. 31 des Entwurfs). Diese Regelungen zeigen, daß das Steuerschwurgericht seinen Namen zu Recht trug. Das Schwurgericht in Strafsachen, für das ein erster Entwurf einen Tag nach der Vorlage des hier behandelten Gesetzes in das Plenum eingebracht wurde[122], diente als Vorbild für ein besonderes Verwaltungsgericht. Diese Tatsache vermag die Bedeutung der Jury für den Gedanken der Laienbeteiligung erneut hervorzuheben.

Allerdings waren Organisation und Verfahren des Steuergerichts in manchen Punkten gegenüber dem Vorbild vereinfacht worden. Die Regierung begründete dies damit, daß es hier „nur um eine Geldfrage und zwar häufig genug um eine sehr unerhebliche" gehe, nicht aber um Ehre, persönliche Freiheit oder das Leben eines Angeklagten[123]. Deshalb sei auch die Einführung der komplizierten verfahrensmäßigen Sicherheiten, wie sie zum Schutze des Angeschuldigten im schwurgerichtlichen Verfahren vorgesehen waren, hier nicht erforderlich, vielmehr rechtfertige das öffentliche Interesse in Steuersachen einen geringen Kostenaufwand durch Vereinfachung und Beschleunigung des Verfahrens. Diesem Ziel

---

[122] Am 13. Mai 1848; Prot. II. Kammer 1847/49, Beil. 9, S. 245 ff.
[123] Motive, Prot. II. Kammer 1847/49, Beil. 7, S. 231.

diene die Wahl von nur elf Geschworenen sowie die Beschränkung des Ablehnungsrechts auf zwei Richter. Auf Schnelligkeit der Verhandlung legte man besonderen Wert, da man von einer durchschnittlichen Erledigung von zehn bis fünfzehn Fällen pro Tag ausging[124]. Bei der Beratung[125] des Entwurfs zeigten sich einige Abgeordnete mit der Benennung der „Finanzrichter"[126] nicht einverstanden. Lamey[127] nannte sie „Geschworene, die keine Geschworenen sind", da sie das Urteil „von A bis Z" machten. Man solle sie deshalb nicht nur mit Ja oder Nein stimmen lassen, sondern so wie andere Spruchrichter[128]. Auch der Berichterstatter[129] der Kommission der zweiten Kammer hob den Unterschied zwischen Geschworenen in Strafsachen und Steuergeschworenen hervor. Da das Steuerschwurgericht nur eine Rekursbehörde sei, könne man ihm eine „dem Schatzungsrat ähnliche Bezeichnung beilegen"[130]. „Vertrauensmänner" anstelle von Geschworenen sei der geeignete Name für die Beisitzer[131].

Es erhebt sich die Frage, warum man die Form des Schwurgerichts für eine Institution wählte, die im Gegensatz zu zahlreichen anderen Reformgesetzen nicht auf Betreiben der Kammer konzipiert wurde, sondern allein auf der Initiative der Regierung beruhte. Im Zuge der Umbildung[132] des Ministeriums Bekk in ein liberales Kabinett am 9. März 1848 wurde der Gesinnungsfreund Bekks, Karl Georg Hoffmann[133], zum Finanzminister ernannt. Als er am 11. Mai 1848 beim Staatsministerium um Genehmigung zur Vorlage des Entwurfs nachsuchte, nannte er die Errichtung von Steuerschwurgerichten zur Entscheidung streitiger Steuerfragen eine „Forderung der Zeit"[134]. „Das Vertrauen des Volkes in die Gerechtigkeit und Unparteilichkeit der Steuerverteilung" sollte durch die Mitwirkung von Steuerpflichtigen gestärkt und befestigt werden[135]. Um dieses Ziel zu erreichen, bot sich das

---

[124] Ebd., S. 232 f.

[125] Prot. II. Kammer 1847/49, Bd. 5, S. 206 - 215, S. 222 - 244.

[126] Vgl. die Äußerung des Abgeordneten Helmreich, ebd., S. 243.

[127] Ebd.

[128] Ebd., S. 242.

[129] Kommissionsbericht des Abgeordneten Schmitt, Prot. II. Kammer, Beil. 7, S. 289 - 306.

[130] Ebd., S. 295.

[131] Prot. II. Kammer 1847/49, Bd. 5, S. 239.

[132] Vgl. *E. R. Huber:* Bd. II, S. 510.

[133] Karl Georg Hoffmann (1796 - 1865). Nach dem Studium der Kameralwissenschaften seit 1823 im badischen Finanzdienst. Seit 1831 liberaler Kammerabgeordneter. Die Ära Blittersdorf brachte ihm wegen seiner politischen Betätigung eine Strafversetzung als Obereinnehmer nach Pfullendorf ein. Vgl. *v. Weech:* Badische Biographien, Bd. 1, S. 388 f.

[134] Das Schreiben befindet sich bei den Akten GLA Staatsministerium — Schatzungsrecht 233/32363.

[135] Vgl. Motive, Prot. II. Kammer 1847/49, Beil. 7, S. 229.

kurz vor der Einführung stehende Geschworenengericht in Strafsachen als Vorbild an. Erwarteten die Liberalen doch gerade von diesem Institut eine Stärkung des Vertrauens in die Gerechtigkeit und Unparteilichkeit der Strafurteile. Die jahrhundertealte englische Einrichtung[136], die Einschätzung der Steuern durch Geschworene vornehmen zu lassen, hatte sich Hoffmann nicht zum Vorbild genommen. Darauf angesprochen[137], gestand er ein, dieses Verfahren nicht näher zu kennen.

Waren Aufbau und Bezeichnung des Finanzgerichts dem Vorbild des Schwurgerichts nachempfunden, so dürfte die Reform der Steuerverwaltung selbst auf zwei Ursachen beruhen: In den Jahren 1847/49 standen auf Betreiben der Freisinnigen wichtige Änderungen des materiellen Steuerrechts bevor[138]. Diese Änderungen, so schrieb der Finanzminister an das Staatsministerium, „blieben nicht ohne Einfluß auf die Organisation der Steuerbehörden"[139]. Vor allem aber können die Pläne als Beitrag des Ministeriums Hoffmann zur Erfüllung jener Märzforderungen angesehen werden, welche eine volkstümliche Verwaltung zum Gegenstand hatten. Es galt, die hochschlagenden Wogen der Revolution zu glätten. „Die Regierung entschloß sich im Geiste der übermächtigen Bewegung und um sie einem friedlichen Ausgangspunkt zuzuführen, ... zur schnellen Verheißung und Erfüllung stürmisch geforderter freiheitlicher und volkstümlicher Institutionen", rechtfertigte Bekk nach dem Ende des Aufruhrs die Maßnahmen seines Kabinetts[140]. Wie zügig das Finanzministerium sein Vorhaben durchzuführen gedachte, zeigt der Umstand, daß man die gerade im Innenministerium vorbereitete Verwaltungsreform nicht abwarten wollte[141], sondern die bestehenden Oberamtsbezirke zugrunde legte. Hoffmann[142] nahm dabei in Kauf, daß die Geschäfte des Steuerschwurgerichts nach Inkrafttreten einer neuen Verwaltungsorganisation von anderer Stelle wahrgenommen werden könnten. Im „gegenwärtigen Augenblick" sei es jedoch nötig, daß das Schwurgericht ins Leben trete[143]. Dennoch wies die entworfene Neugestaltung eines Teils der Steuerverwaltung Ähnlichkeit mit dem Aufbau einiger Behörden

[136] Sie geht auf das Jahr 1306 zurück und bestand noch im 19. Jahrhundert als Teil des Selfgovernment; vgl. hierzu *R. Gneist:* Geschichte und heutige Gestalt der englischen Kommunalverfassung oder des Selfgovernment, 1863, Bd. 1, S. 193 ff.; S. 483 ff.

[137] Prot. II. Kammer 1847/49, Bd. 5, S. 207.

[138] z. B. das Gesetz über die Einführung einer wachsenden Einkommenssteuer. Reg.Bl. Nr. LII von 1848, S. 279. Über die Steuergesetzgebung jener Zeit vgl. *F. Lewald:* Die direkten Steuern im Großherzogtum Baden, Finanzarchiv III, Bd. 2, 1886, S. 313 ff.

[139] Vgl. die Vorlage vom 11. 5. 1848, GLA 233/32362.

[140] *J. B. Bekk:* Die Bewegung in Baden, S. 58.

[141] Vgl. Prot. II. Kammer 1847/49, Bd. 5, S. 207.

[142] Ebd., S. 231.

[143] Ebd.

nach dem Verwaltungsreformgesetz auf: Bisher den staatlichen Institutionen zustehende Aufgaben sollten auf gewählte, unabhängige Bürgerkollegien übertragen werden, ein Gerichtshof sollte endgültig entscheiden.

Nach zweitägiger Beratung stimmte die zweite Kammer dem geringfügig veränderten Entwurf am 15. Juni 1848 zu[144]. Am 5. Juli 1848[145] erfolgte die Verkündung als Gesetz, „die Aufstellung der Cataster und die Errichtung von Steuerschwurgerichten betreffend“. Den „Prüfstein dafür, ob das badische Volk für eine freie Verfassung wirklich reif ist“, wie der Berichterstatter[146] das Gesetz bezeichnete, begrüßte die Kommission „mit Freuden“, weil das vorgesehene Verfahren auf „rein democratischen Prinzipien beruht“[147]. Die vorgesehene Ernennung der Schatzungsräte und Geschworenen durch die Behörden stieß dennoch auf den Widerstand zahlreicher Abgeordneter. Die Vorschläge des radikalen Flügels[148], alle Ausschußmitglieder unmittelbar vom Volk wählen zu lassen, fanden aber keine Mehrheit. Dagegen hatten sich nämlich Stimmen erhoben, die angesichts der Vielzahl notwendiger Wahlgänge vor einem Desinteresse der Bevölkerung an demokratischer Betätigung warnten. „Es soll keine Übermüdung in die öffentliche Tätigkeit hineingeworfen werden“[149], gaben vor allem konservative Abgeordnete zu bedenken; dies entsprach aber auch der Meinung der gemäßigten Liberalen. Es wurde sogar versucht, die umfangreiche Beteiligung ehrenamtlich tätiger Personen als Mittel der Reaktion darzustellen, um eine Haltung unter der Bevölkerung hervorzurufen, „daß kein Mensch sich um etwas bekümmert“: „Es werden alle, die eine Reaction wünschen, für dieses Institut stimmen, die Andern aber, welche Einfachheit in der Verwaltung wollen, werden dem Steuerschwurgericht ihre Zustimmung nicht geben können[150].“

Aufnahme im Gesetz fand schließlich eine vermittelnde Lösung: Die Steuerbehörden sollten an der Auswahl und Ernennung der Mitglieder des Schatzungsrats nicht mehr beteiligt sein, dies sollte ausschließlich den Gemeindegremien vorbehalten bleiben (Art. 4 des Gesetzes). Bei den Steuerschwurgerichten blieb es im wesentlichen bei dem von der Regierung vorgeschlagenen Verfahren: Jeder der 36 Distrikte eines Steuerschwurgerichtsbezirks, der 30 bis 60 000 Einwohner umfaßte, sollte einen

---

[144] Ebd., S. 244.

[145] Reg.Bl. Nr. XLV, S. 229 - 238.

[146] Kommissionsbericht des Abgeordneten Schmitt, Prot. II. Kammer 1847/49, Beil. 7, S. 290.

[147] Ebd.

[148] Prot. II. Kammer 1847/49, Bd. 5, S. 210 f.: „Die Bürger wissen, wen sie zu wählen haben.“ Ähnlich äußerte sich v. Itzstein, ebd.

[149] Ebd., S. 213; vgl. auch die Diskussionsbeiträge der Abgeordneten Schaaf und Böhme, ebd., S. 212 f.

[150] Ebd., S. 231.

Geschworenen direkt wählen (Art. 22 des Gesetzes). Gemäß Artikel 28 beriefen die Oberämter des Sprengels „nach vorherigen Benehmen mit der Finanzbehörde" die elf Geschworenen und fünf Ersatzmänner. Sie sollten, so schrieb es das Gesetz vor, „aus den verschiedenen Theilen des Schwurgerichtsbezirks genommen werden". Neu hinzugekommen war die Möglichkeit der Entlassung der Geschworenen und Ratsmitglieder durch die Steuerdirektion wegen „erwiesener Dienstunfähigkeit" und „jeder, die öffentliche Achtung entziehende Strafe" (Art. 6, 26 des Gesetzes). Dem Schatzungsrat sollte außerdem nur noch ein staatlicher Kommissar zugehören (Art. 8 des Gesetzes). Die Kammer hatte sich damit mehrheitlich der Auffassung der Regierung[151] angeschlossen, daß eine Einflußnahme staatlicher Stellen auf die Zusammensetzung der einzelnen Kollegien deshalb gewährleistet sein müsse, um eine gewisse Geschäftsfertigkeit und Sachkunde der Mitglieder sicherzustellen.

Am 9. Januar 1849[152] legte die Regierung ein Ergänzungsgesetz vor, welches ohne weitere Diskussion verabschiedet wurde[153]. Es sollte die Angleichung der Steuerschwurgerichte an die kurz vor der Verabschiedung stehende Verwaltungsreform bewirken. Danach sollte in jedem Kreis ein Steuerschwurgericht errichtet werden, dessen Mitglieder von der Kreisversammlung aus der Mitte der dazu geeigneten Einwohner gewählt wurden (Art. 1 des Gesetzes). Im Gegensatz zu den Schatzungsräten waren die Finanzgerichte unter Berücksichtigung der geplanten Verwaltungsreform noch nicht ins Leben gerufen worden. Artikel 2 des Gesetzes enthielt daher eine transitorische Regelung des Rekurses gegen die von den Einschätzungskommissionen erlassenen Bescheide. Bis zur Konstituierung des Berufungsgerichts sollte die Steuerdirektion entscheiden. Daneben wurde es den Betroffenen, unter Hinterlegung der bestrittenen Steuersumme, freigestellt, die Errichtung des Schwurgerichts abzuwarten. Mit der Demission der Regierung Bekk am 3. Juni 1849 und der Ablösung Hoffmanns durch seinen Amtsvorgänger, Staatsrat Regenauer, fand die Entwicklung dieses für die damalige Zeit so außergewöhnlichen Gerichts ihr Ende.

1854 wurde ein Gesetz[154], „die Kataster und direkten Steuern betreffend", verabschiedet. Schwurgerichte oder ähnliche Laiengremien als übergeordnete Instanzen waren nicht mehr vorgesehen. Lediglich die Schatzungsräte blieben als Einschätzungskommissionen bestehen. Neben der Herabsetzung der Mitgliederzahl bewirkte die Neuregelung eine Verstärkung des staatlichen Einflusses auf die Ernennung der Beisitzer

---

[151] Vgl. Motive, Prot. II. Kammer 1847/49, Beil. 7, S. 230.

[152] Prot. II. Kammer 1847/49, Beil. 8, S. 345 - 348.

[153] Vgl. Motive, Prot. II. Kammer 1847/49, Beil. 8, S. 347; Kommissionsbericht Rüdt, Prot. I. Kammer 1847/49, Beil. 3, S. 8.

[154] Entwurf, vgl. Prot. II. Kammer 1854, Beil. 4, S. 65 - 72; Reg.Bl. Nr. XI vom 23. März 1854, S. 79 - 84.

sowie auf die Tätigkeit des Rates[155]. Diese Maßnahmen können aber nicht als Reaktion auf die allzu freisinnigen Gesetze des Landtags von 1847 - 49 angesehen werden. Die bisherige Praxis der Schatzungsräte hatte nämlich gezeigt, daß ihre Mitglieder die Interessen der Allgemeinheit wenig beachteten und mehr einen auf ihre Gemeindeinteressen beschränkten, lokalen Standpunkt einnahmen[156]. Die verstärkten Eingriffsbefugnisse sollten daher dem Interesse des Staatsganzen und einer Koordinierung der Steuerfestsetzung dienen[157]. Die Überprüfung der Entscheidungen der Ortsräte lag nach dem Gesetz bei den Steuerdirektionen und dem Ministerium der Finanzen. Zu Recht konnte die Aufgabe der Steuerschwurgerichte damit begründet[158] werden, daß „man Steuerreklamationen nicht leicht kostspieliger entscheiden lassen könne als auf solche Weise". Die Motive führten weiterhin aus, daß die schwerfälligen Schwurgerichte eine bei Steuerbeschwerden erforderliche rasche Erledigung nicht sicherstellten, da sie nur an wenigen Tagen im Jahr zusammentreten könnten. Das größte Bedenken gegen ihre Einrichtung lag indessen in der mangelnden Qualifikation der Laienrichter. Steuerfragen erforderten ein „eindringliches Studium der Steuergesetze"[159]. Die „anerkennenswerte Absicht", „in einer Zeit, in der jede amtliche Autorität tief erschüttert war"[160], das Vertrauen der Bürgerschaft durch die Einrichtung solcher Gerichte zu stärken, habe sich aufgrund der seitherigen Erfahrung als falsches Mittel erwiesen.

7. Die Zeit der Ernte — Die großen Reformen von 1863 und 1864

Seit Beginn des konstitutionellen Lebens vollzogen sich die Auseinandersetzungen um die Beteiligung der Bürger an der Rechtsprechung und Verwaltung vor einem Hintergrund, der von der strikten Opposition der liberalen Kammermitglieder gegen eine beharrende Regierung gezeichnet war. Eine Veränderung bahnte sich mit der Spaltung der Freisinnigen in zwei sich bekämpfende Gruppen an[1]. Zunächst verhinderte jedoch in Baden der nach der Niederschlagung der Mairevolution[2] eingeschlagene Restriktionskurs[3] die Weiterverfolgung der Reformen. Die

[155] Vgl. die Regelungen der Art. 4 und 15 des Gesetzes.

[156] Kommissionsbericht des Abgeordneten Kiefer, Prot. II. Kammer 1854, Beil. 5, S. 33 - 35, S. 33.

[157] Ebd.

[158] Prot. II. Kammer 1854, Beil. 4, S. 71.

[159] Ebd.

[160] Ebd.

[1] Vgl. über diese Entwicklung, *Kramer:* S. 53 - 59.

[2] Vgl. *E. R. Huber:* Bd. II, S. 875 f.

[3] Die besonders gearteten badischen Verhältnisse verhinderten eine wirkliche Reaktion wie sie in anderen Staaten nach 1849 einsetzte. *L. Gall:* S. 59, S. 81.

liberale Bewegung durchlief eine Entwicklung, in der sich ihre Einstellung zum Staat grundlegend änderte[4]. Unter Aufgabe der politischen Utopien, wie sie sich zum Teil in den geschilderten Reformgesetzen der Jahre 1843 - 49 widerspiegeln, wurde sie innerhalb eines Jahrzehnts zur „regierungsfähigen“[5] Partei. Als August Lamey, einer der Führer des neuen Liberalismus, 1848 anläßlich der Beratung des Steuerschwurgerichts seinen Kollegen von der radikalen Seite bedeutete[6], man tue Unrecht, wenn man sich die Regierung immer nur als ein Widerstreben gegen die Interessen des Volkes denke, hatte er damit das kommende veränderte Selbstverständnis der liberalen Bewegung angedeutet.

Am 2. April 1860 übernahm im Gefolge des badischen Kirchenstreits[7] ein liberales Kabinett die Regierungsgewalt im Lande. Damit war der Weg frei für die Verwirklichung der anstehenden Reformen.

Die endgültige Einführung der Laienbeteiligung in Staatsverwaltung und Verwaltungsgerichtsbarkeit

Mit der Vorlage des Entwurfs[8] am 9. Februar 1863 für ein umfassendes Verwaltungsgesetz wurde eine der „Fundamentalreformen“[9] des Ministeriums Lamey-Roggenbach eingeleitet. Dezentralisation und Selbstverwaltung bildeten die Grundprinzipien[10] der Neugestaltung, die in Baden nicht nur der Selbstverwaltungsidee auf übergemeindlicher Ebene zum Sieg verhalf, sondern darüber hinaus das Laienelement innerhalb der Staatsverwaltung sowie im Rahmen der erstmalig in Deutschland eingerichteten Verwaltungsgerichtsbarkeit[11] in hohem Maße beteiligte. Als Schlußstein jahrzehntelanger Bemühungen der badischen Liberalen soll die Neuorganisation[12] in ihren Grundzügen dargestellt werden.

---

[4] Vgl. hierzu ausführlich *Gall:* S. 49 - 57.

[5] Ebd., S. 56.

[6] Prot. II. Kammer 1847/49, Bd. 5, S. 224.

[7] Vgl. *E. R. Huber:* Bd. III (1969), S. 193 - 198; eine ausführliche Darstellung der Geschichte des Umschwungs von 1860 bietet *Gall:* S. 81 - 112.

[8] Prot. II. Kammer 1863/64, Beil. IV 2, S. 607 - 626.

[9] *Gall:* S. 188.

[10] Ebd., S. 185.

[11] Vgl. hierzu *E. Walz:* 100 Jahre Verwaltungsgerichtsbarkeit in Baden; Aus 100 Jahren Verwaltungsgerichtsbarkeit, hrsg. von M. Baring: 2. Aufl., 1964, S. 102 - 123; *M. Rapp:* Verwaltungsgerichtshof, S. 7 ff.; *W. Jellinek:* Die Anfänge der Verwaltungsgerichtsbarkeit in Baden und in Württemberg, DÖV 1952, S. 580 - 582.

[12] Die badische Verwaltungsgesetzgebung von 1864 ist dargestellt bei: *F. Böhler:* Der badische Bezirksrat (1933), S. 23 ff.; *Gall:* S. 182 - 188; Heffter: Selbstverwaltung, S. 415 - 423; sowie *G. Weizel:* Das badische Gesetz vom 5. Oktober 1863 über die Organisation der inneren Verwaltung, 1864.

Das am 5. Oktober 1863 verkündete Gesetz[13] entsprach nahezu der Regierungsvorlage. Von seiten der zweiten Kammer[14], welche dem Entwurf nach wenigen — im Vergleich zu den Auseinandersetzungen der 48er Jahre über den Bekk'schen Verwaltungsreformentwurf knappen — Aussprachen zugestimmt hatte, waren nur wenige Einwände gekommen. Gleiches gilt für die erste Kammer. Wie im Falle der Verwaltungsgerichtsbarkeit[15] ging es bei der Umgestaltung der Verwaltung nicht mehr um das „ob", sondern nur noch um das „wie". Das Zustandekommen dieser wichtigen inneren Reform beruht auf dem persönlichen Verdienst des Präsidenten des Innenministeriums, August Lamey, der sie als parlamentarisch geschickter und beliebter Minister in den Kammern glatt durchzubringen vermochte[16]. Die allgemeinen Bestimmungen des § 1 geben eine Inhaltsanzeige des gesamten Gesetzes; danach stellt sich der künftige Aufbau der öffentlichen Verwaltung wie folgt dar:

„Die innere Verwaltung wird besorgt:

A. für das ganze Land: durch das Ministerium des Innern, welches einen Theil seiner Zuständigkeit durch Ministerialbevollmächtigte (Landeskommissäre) ausüben kann und durch den dem Ministerium untergeordneten Verwaltungshof;

B. in den Bezirken: durch die Bezirksämter theils allein, theils in Verbindung mit den Bezirksräthen.

Zur Pflege gemeinsamer öffentlicher Interessen und Angelegenheiten werden Kreisverbände errichtet, innerhalb derer kleinere (Bezirks-)Verbände sich bilden können. Die Rechtspflege in bestimmten Streitigkeiten über öffentliches Recht wird in erster Instanz regelmäßig von den Bezirksräthen unter dem Vorsitz der Bezirksbeamten, und in der letzten Instanz von dem Verwaltungsgerichtshof ausgeübt."

Damit unterschied das Gesetz zwischen Staatsverwaltung, Selbstverwaltung und der Verwaltungsgerichtsbarkeit. Die nähere Begründung für diese Einteilung geben die Motive zum Gesetzentwurf[17]: Danach läßt sich die Staatsverwaltung im weiteren Sinne in eigentliche Regierungstätigkeit, die „rein politische Verwaltung", und in eine solche Verwaltung, welche in der Pflege der Interessen einzelner Gruppen bestehe, unterteilen. Die politische Verwaltung müsse, so lautet die Begründung[18], auch weiterhin allein in den Händen abhängiger Organe der obersten Staats-

---

[13] Gesetz, die Organisation der inneren Verwaltung betreffend, Reg.Bl. Nr. XLIV vom 24. 10. 1863, S. 399 - 414.

[14] 83. - 87. Sitzung, Prot. II. Kammer 1861/63, S. 422 - 457.

[15] *E. Walz:* 100 Jahre Verwaltungsgerichtsbarkeit, S. 104.

[16] Vgl. *H. Heffter:* Selbstverwaltung, S. 417.

[17] Prot. II. Kammer 1861/63, Beil. IV 2, S. 627 - 643; vgl. hierzu auch *Gall:* S. 185.

[18] Ebd., S. 629.

behörde bleiben. In diesem Bereich sei die Entscheidungsbefugnis gewählter Bürgerkollegien ausgeschlossen, weil „die Staatsverfassung bereits für die Vertretung des Landes und die Beteiligung der Bürger an der Gesetzgebung über die Verwaltung solcher allgemeiner Staatseinrichtungen und Anstalten gesorgt hat“[19]. Die Aufgaben der Interessenverwaltung sollten dagegen von gleich den Gemeinden unabhängigen Verbänden wahrgenommen werden. Die Motive[20] erklären diese Selbstverwaltung als „Übertragung einer Reihe von Interessen an die Beteiligten selbst, welche sich in größeren oder kleineren Abteilungen des Staatsgebietes oder in gewissen Kreisen der Gesamtbevölkerung finden und für die Staatsgesamtheit nur von mittelbarer Bedeutung sind, und für welche bisher die Staatsbehörden auch eintraten“. Die Wahrnehmung dieser Aufgaben wurde auf die Kreisverbände übertragen[21], deren wichtigstes Organ die frei gewählte Kreisversammlung darstellte. Ihr oblag die Verwaltung der „Einrichtungen und Anstalten, welche die Entwicklung, die Pflege und Förderung der Interessen des ganzen Kreises“ betrafen. Dem Staat blieb lediglich ein Aufsichtsrecht vorbehalten. Die Prinzipien der Organisation von 1809 wurden damit aufgegeben. Eine wirkliche Lebenskraft haben die Kreisverbände niemals erlangt, was nicht nur an der mangelnden finanziellen Basis und dem zu eng bemessenen Zuständigkeitsbereich lag. Der Prozeß der Veränderung der Besiedelung und der Städtebildung erforderte eine Vielzahl neuer Verwaltungsaufgaben, für deren Bewältigung Verwaltungsfachleute, nicht aber Laien, herangezogen werden mußten. Daher war die ehrenamtliche Verwaltung zu diesem Zeitpunkt bereits mehr und mehr zum Anachronismus geworden[22]. Der im vorliegenden Gesetz gebrauchte Begriff der Selbstverwaltung kommt dem modernen juristischen Begriff, d. h. der Wahrnehmung an sich staatlicher Aufgaben durch Körperschaften, Anstalten und Stiftungen des öffentlichen Rechts[23] sehr nahe. Dagegen entsprach die Begründung[24], ihre Grundlage sei eine gewählte Vertretung und bedeute die Heranziehung und Beteiligung der Bürger dem Selbstverwaltungsbegriff jener Zeit[25].

Der Verbindung von bürokratischer Verwaltung und Selbstverwaltung[26] kommt besondere Bedeutung zu. Was die Motive[27] als „Selbst-

[19] Ebd.

[20] Ebd., S. 630.

[21] Vgl. §§ 24 - 58 des Gesetzes.

[22] Vgl. *Gall:* S. 185 f.

[23] *Forsthoff:* S. 444.

[24] Motive, S. 630.

[25] Vgl. die Definition Gneists, nach der Selbstverwaltung „die Ausführung staatlicher Funktionen der Landesverwaltung in den Landschafts-, Kreis-, Stadt- und Dorfverbänden nach den Gesetzen des Landes durch persönliche Ehrenämter“ bedeutet; zitiert bei *Forsthoff:* S. 439.

[26] *Gall:* S. 186.

regierung" bezeichneten, stellte die Beteiligung von Repräsentanten des Volkes dar, „welche durch Einsicht und Tüchtigkeit zur Bekleidung eines öffentlichen Amts sich eignen, im übrigen ihren Hauptberuf in einer anderen Lebensstellung haben und deshalb nur vorübergehend an den Staatsgeschäften in der Weise eines Ehrenamtes sich beteiligen". Die Mitarbeit der Bürger erfolgte im Bezirksrat:

„Den Bezirksämtern steht zur Mitwirkung bei der Entscheidung öffentlich-rechtlicher Streitigkeiten und zur Unterstützung bei der sonstigen staatlichen Verwaltung ein Bezirksrath zur Seite, in welchen 6 bis 9 durch Kenntnisse, Tüchtigkeit und Gemeinsinn ausgezeichnete Bewohner des Amtsbezirks berufen werden.

Die Zahl der Mitglieder der Bezirksräthe wird von dem Ministerium des Innern für jeden Bezirk mit Rücksicht auf dessen Volkszahl nach Vernehmung der Kreisversammlung festgesetzt.

Zum Zwecke der Berufung wird alljährlich von der Kreisversammlung für jeden Amtsbezirk des Kreises durch freie Wahl aus sämmtlichen Staatsbürgern, die in demselben seit mindestens einem Jahre ansässig sind und das 25. Lebensjahr zurückgelegt habe, eine Liste aufgestellt, welche dreimal so viel Namen enthält, als Mitglieder des Bezirksrathes ernannt werden sollen.

Aus dieser Liste ernennt das Ministerium des Innern je für 2 Jahre die Mitglieder des Bezirksrathes und, wenn ein Mitglied wegfällt, den Ersatzmann.

Alljährlich tritt die Hälfte aus. Über den erstmaligen Austritt entscheidet das Loos." (§ 2 des Verwaltungsgesetzes).

Das im Gesetz geregelte Berufungsverfahren stellte einen Kompromiß zwischen Regierung und Kammer dar. Der Entwurf hatte ursprünglich ein kompliziertes Auswahlverfahren vorgesehen, welches entsprechend den Aufgaben des Gremiums eine entscheidende Einflußnahme der Staatsbehörden gewährleisten sollte. Die unmittelbare Wahl einer Kandidatenliste war danach nicht vorgesehen, die Ernennung sollte unter Zusammenwirken der Gemeinderäte, der Kreisversammlung und der Staatsaufsicht erfolgen. Dagegen hatte sich die Kommission[28] für die unmittelbare Wahl der Ratsmitglieder durch die Einwohner des Bezirks ausgesprochen, weil diese vor allem das Vertrauen des Volkes besitzen müßten: „Die Volkswahl ist gewiß das einzige einigermaßen sichere Mittel, dieses Vertrauen, soviel als überhaupt möglich, zu konstatieren[29]."

---

[27] Prot. II. Kammer 1861/63.

[28] Kommissionsbericht des Abgeordneten Kirsner, Prot. II. Kammer 1861/63, Beilagen VI 2, S. 545 - 596.

[29] Kommissionsbericht des Abgeordneten Kirsner, Prot. II. Kammer 1861/63, Beilagen VI 2, S. 556.

Wer zum Mitglied des Bezirksrats ernannt wurde, mußte die Wahl annehmen. Die unbegründete Ablehnung zog eine Geldstrafe in Höhe von 25 bis 150 Gulden nach sich, die an die Ortsarmenkasse zu zahlen war (§ 3 Verwaltungsgesetz). Da die Tätigkeit ehrenamtlich ausgeübt wurde, erhielten nur die nicht am Amtssitz wohnenden Mitglieder eine Aufwandsentschädigung. Die Einberufung des Bezirksrats erfolgte durch den Bezirksbeamten, der bei den Beratungen den Vorsitz führte und das entscheidende Stimmrecht besaß. Zur Beschlußfähigkeit mußten neben dem Vorsitzenden wenigstens vier Mitglieder anwesend sein.

Als Organ der ausführenden Staatsverwaltung[30] hatte der Bezirksrat zum Teil beim Erlaß von Verwaltungsverfügungen mitzuwirken, zum Teil wurde er zur Beratung beigezogen. Seine Zuständigkeit war gesetzlich festgelegt worden (§§ 6 - 8 Verwaltungsgesetz). Beim Erlaß solcher Verfügungen, bei denen es auf schnelles und wirksames Handeln ankam, vor allem im Bereich der polizeilichen Exekutive, wirkte er nicht mit; diese Tätigkeiten unterlagen ausschließlich der Entscheidungsgewalt der Beamten[31]. Dagegen hatte man den Kollegien solche Gegenstände zur Entscheidung zugewiesen, bei denen das bürgerliche Element wertvolle Hilfe leisten konnte. So kam es beispielsweise bei einer Beurteilung der Notwendigkeit öffentlicher Bauten oder der Erledigung von Beschwerden über die Dienstführung einzelner Gemeindebeamten auf die Kenntnis örtlicher Gegebenheiten an. Andere Fragen wiederum konnten besser nach kollegialischer Beratung und Entscheidung gelöst werden. Neben ihrer Mitwirkung in den Gremien waren die Bezirksräte als Einzelne berufen, „die Staatsverwaltung bei der Lösung ihrer Aufgaben zu unterstützen". Sie waren daher ermächtigt, die Polizeibehörde zu unterstützen, wobei ihnen selbst auch polizeiliche Befugnisse (Festnahmerecht, Ergreifung von polizeilichen Maßnahmen) zustanden. Außerdem konnten sie Anträge beim Bezirksbeamten zur „Abhilfe gemeinschädlicher Mißstände" stellen und hatten auf Antrag der Parteien bzw. im Auftrag des Bezirksbeamten in Streitigkeiten Schiedsrichterfunktionen zu übernehmen (§ 9 Verwaltungsgesetz). Die spätere Gesetzgebung erweiterte die Zuständigkeit der Bezirksräte; die Dienstzeit ihrer Mitglieder wurde von zwei auf vier Jahre verlängert[32].

Daneben hatten sie Rechtssprechungsfunktionen zu versehen. Denn der Bezirksrat stellte gleichzeitig die erste Instanz in verwaltungsrechtlichen Streitigkeiten dar, die Durchführungsverordnung vom 12. Juli 1864[33] be-

---

[30] *Böhler:* S. 35.

[31] Ebd., S. 31.

[32] Gesetz vom 1. 3. 1884. Ges.Bl. vom 13. 3. 1884, Nr. VII, S. 63 - 66. Vgl. hierzu *K. A. Kopp:* Die Gesetze und Verordnungen über die Organisation der inneren Verwaltung, 1896, S. 106 ff.; *Böhler:* S. 45 f., S. 56 f.

[33] Reg.Bl. Nr. XXXI, S. 333 - 366, dort § 31.

zeichnete ihn ausdrücklich als Verwaltungsgericht. In gleicher Besetzung wie als Verwaltungsbehörde entschied er „die Streitigkeiten des öffentlichen Rechts, ohne Unterschied, ob Einzelne, Körperschaften oder der Staat dabei beteiligt sind"[34]. Das Verfahren war justizförmig ausgestaltet[35]. In der öffentlichen und mündlichen Verhandlung konnten sich die Parteien durch Bevollmächtigte vertreten lassen; ihnen stand das Recht zu, Zeugen und Sachverständige laden zu lassen.

Hatte die Gesetzgebung anderer Staaten die Heranziehung bürgerlicher Vertreter zur Tätigkeit der Verwaltung teilweise bereits eingeführt[36], so bedeutete die Einführung einer Verwaltungsgerichtsbarkeit, an der Laien in erheblichem Umfang mitwirkten, etwas völlig Neues. Die Regierung hatte die ihre Heranziehung besonders hervorgehoben[37]. Auch Johann Kaspar Bluntschli[38] trat als wissenschaftliche Autorität und führendes Mitglied der ersten Kammer dafür ein[39]. Die Laiengerichtsbarkeit sei nicht nur eine berechtigte Forderung der Zeit, so lautete die Begründung zum Entwurf, sondern sei vor allem geeignet, das Vertrauen der Bürger zu stärken. Der Einwand, Volksrichter seien aus mangelnder Rechtskenntnis zur Entscheidung verwaltungsrechtlicher Streitigkeiten nicht in der Lage, sei unrichtig[40]. Denn die rechtliche Seite liege in diesen Fällen meist sehr einfach. Sie könne daher „von der natürlichen Einsicht und dem gesunden Gefühl erfahrener Bürger mindestens ebenso gut, häufig sogar richtiger beantwortet werden, als von den in einseitiger Auffassung von Rechtsbegriffen befangenen Juristen", denen überdies „keineswegs das Monopol gesetzlicher Kenntnisse" zukomme. Im übrigen gehe man davon aus, daß die zur richtigen Beurteilung der tatsächlichen Grundlagen erforderlichen Erfahrungen und Kenntnisse des öffentlichen, namentlich des Gemeindelebens, welche bei der Entscheidung von Verwaltungsstreitigkeiten ein sehr bedeutsames Moment bildeten, vorzugsweise in den Kreisen zu finden seien, welche hier beigezogen werden sollten. Trotz ihrer Doppelfunktion bewährten sich die Bezirksräte als Verwaltungsge-

---

[34] Vgl. § 5 des Verwaltungsgesetzes. Die Vorschrift wies dem Gericht zunächst zehn Bereiche zur Entscheidung zu. Dieser gehörten Streitigkeiten über das Ortsbürgerrecht, die Bürgernutzungen, über öffentlich-rechtliche Beiträge sowie über Jagd- und Fischereirecht. Weitere Zuständigkeiten konnten durch Regierungsverordnung übertragen werden.

[35] Vgl. §§ 57 - 74 der Durchführungsverordnung vom 12. 7. 1864.

[36] Einen Überblick bietet der Kommissionsbericht Kirsner, Prot. II. Kammer 1861/63, Beil. IV 2, S. 550 - 554.

[37] Vgl. Motive, Prot. II. Kammer 1861/63, Beil. IV 2, S. 632 f.

[38] Johann Kaspar Bluntschli (1808 - 1881), vgl. *P. Bosch:* NDB Bd. 2, S. 337 f. Seit 1861 als Vertreter der Universität Heidelberg Mitglied der I. badischen Kammer.

[39] Vgl. Kommissionsbericht Bluntschli, Prot. I. Kammer 1861/63, Beil. S. 345 bis 348.

[40] Motive, S. 635.

richte erster Instanz. Als durch Gesetz vom 14. Juli 1884[41] eine einheitliche Zuständigkeits- und Verfahrensregelung für den gesamten Bereich der Verwaltungsgerichtsbarkeit geschaffen wurde, sprachen sich Kommissionsberichte und Regierungsbegründung lobend über die Arbeit der ehrenamtlichen Verwaltungsrichter aus[42].

Gegen die Entscheidungen des Bezirksrats stand den Parteien das Rechtsmittel der Berufung an den Verwaltungsgerichtshof zu. Mit der Einführung dieses Obergerichts gebührt dem badischen Gesetzgeber das Verdienst, als erster Staat ein selbständiges, unabhängiges Gericht für Verwaltungsstreitigkeiten in Deutschland eingeführt zu haben[43]. Der Gerichtshof bestand aus dem Präsidenten und sechs Räten und urteilte in Versammlungen von fünf Richtern. Laien gehörten dem Spruchkörper nicht an. Bei der Beratung der entsprechenden Gesetzesvorschrift (§ 14) wurde zwar ein Einwand dahingehend vorgebracht, daß man in Übereinstimmung mit der übrigen Organisation auch hier „bürgerliche Elemente“ beiziehen solle[44]. Lamey[45] lehnte dies jedoch ab: Einem ständigen Gericht könne man für seine Entscheidung dieses Element so wenig beifügen als dem Kreisgericht oder dem Oberhofgericht in bezug auf deren Zivilentscheidungen.

Die Lamey'sche Reform beendete die nahezu ein halbes Jahrhundert dauernde Entwicklung von der spätabsolutistischen Bürokratie zu einer mit der Verfassung in Einklang stehenden Verwaltung. Der Weg führte über die Gemeindegesetzgebung und die gescheiterten Vorhaben der Regierung Bekk. Die Organisation von 1863 weist zahlreiche Gemeinsamkeiten mit den Plänen Bekks auf. Das gilt vor allem für die Selbstverwaltungskörperschaften, die unmittelbar im staatlichen Aufgabenbereich wirkenden Bezirksgremien und für die Verwaltungsgerichtsbarkeit, aber auch für den Umfang der Volksbeteiligung.

Dennoch ist der Auffassung[46] nicht zuzustimmen, die Umgestaltung des Jahres 1863 stelle keine schöpferische neue Tat Lameys dar, sondern bestehe in einer zeitgemäßen Umarbeitung des Bekk'schen Verwaltungsgesetzes. Sicher bot dieses Lamey, der an den damaligen Arbeiten als Kammer- und Kommissionsmitglied beteiligt war, eine wesentliche Grundlage für eigene Pläne. Was seine Reform[47] auszeichnete, war ihre klar durchgeführte Trennung der einzelnen Bereiche und ihrer Zuständigkeit. Insbesondere aber baute sie auf bestehende Einrichtungen auf

[41] Gel.Bl. Nr. XXI vom 23. 6. 1884, S. 197 - 215.

[42] Vgl. hierzu im einzelnen *Kopp:* Gesetze und Verordnungen, S. 192 ff.

[43] Vgl. *E .Walz:* 100 Jahre Verwaltungsgerichtsbarkeit, S. 107 - 115.

[44] Prot. II. Kammer 1861/63, 85. Sitzung, S. 439.

[45] Ebd.

[46] *L. Blum:* August Lamey, S. 72.

[47] Vgl. hierzu *Gall:* S. 184.

und bewirkte so eine sinnvolle Umgestaltung. Denn im Gegensatz zur früheren Regelung blieben die Bezirksämter als untere Verwaltungsbehörden bestehen, wobei ihr Geschäftsbereich infolge des Wegfalls der Kreisregierungen erweitert wurde. Von dem revolutionären Schritt[48] ihrer Abschaffung hatte man Abstand genommen. Die Beteiligung ehrenamtlich tätiger Bürger war nur dort eingeführt worden, wo sie sinnvoll und nützlich erschien, nicht aber, wie man es 1848 versucht hatte, aus Prinzip.

Die Justizreform

Auch auf dem Gebiet der Justiz ermöglichte die Politik der neuen Ära[49] die Veränderungen und Einrichtungen, deren Einführung liberale Politiker seit Ludwig v. Liebensteins Wirken immer wieder gefordert hatten. Eine umfangreiche Gesetzgebung der Jahre 1863 und 1864 paßte den Gerichtsaufbau und das Verfahren rechtsstaatlichen Grundsätzen an. Ein Jahrzehnt vorher war dieser Prozeß bereits eingeleitet worden: Zunächst hatte das Gesetz vom 5. 2. 1851[50] die Schwurgerichte endgültig eingeführt. Carolina und Strafedikt konnten mit Inkrafttreten des Strafgesetzbuches aus dem Jahre 1845 beiseite gelegt werden. Auch Teile der damals verabschiedeten Strafprozeßordnung galten jetzt für das Strafverfahren, die freie Beweiswürdigung löste die festen Beweisregeln ab. Das Jahr 1857 hatte die Erfüllung eines weiteren grundlegenden Anliegens gebracht. Auf dem Verordnungswege wurde die Trennung der Rechtspflege von der Verwaltung ausgesprochen und in erster Instanz selbständigen Amtsgerichten übertragen[51].

Der am 28. Januar 1862 der zweiten Kammer vorgelegte Entwurf einer Gerichtsverfassung[52] sollte das Werk der „bisherigen Verbesserungen“[53], die aber noch unvollständig seien und den „Anfang zur weiteren Ausbildung unter neuen Prinzipien“ darstellten, fortsetzen. Obwohl die Vorlage wie auch der gleichzeitig vorgelegte Entwurf einer Strafprozeßordnung[54] Neuredaktionen beinhalteten, konnte man auf die Vorarbeiten des Landtags von 1843 - 45 zurückgreifen; zahlreiche Grundzüge der gescheiterten Gerichtsverfassung fanden sich in den neuen Plänen wieder.

---

[48] *Götz:* S. 35.

[49] Zum Begriff, *Gall:* S. 114, Anm. 2.

[50] Gesetz, die Einführung des Strafgesetzbuches, des neuen Strafverfahrens und der Schwurgerichte betreffend, Reg.Bl. Nr. IX vom 15. 2. 1851, S. 73 - 108; vgl. dazu *Mackert:* S. 188 f.

[51] Verordnung vom 18. 7. 1857, Reg.Bl. Nr. XXIX vom 22. 7. 1857, S. 318.

[52] Prot. II. Kammer 1861/63, Beil. 4, S. 255 - 290 mit Motiven; Kommissionsbericht des Abgeordneten Prestinari, Beil. 6, S. 159 - 206; Beratung Prot. 1861/63, S. 221, S. 242.

[53] Prot. ebd., S. 267.

[54] Prot. ebd., S. 805 - 936.

Mit der gesamten Gesetzgebung ist der Name des badischen Justizministers Anton v. Stabel[55] eng verbunden, der bereits erheblichen Einfluß auf die Gesetze des Jahres 1851 genommen hatte[56]. 1861 legte er dem Großherzog die Grundlinien einer neuen Gerichtsverfassung vor, deren Ziel „eine einheitlich ineinandergreifende, dem neu erwachten Volksleben sich anpassende Rechtsgesetzgebung"[57] sein sollte. Die in den Schwurgerichten ihren Niederschlag findende „Teilnahme der Staatsbürger an öffentlichen Angelegenheiten" hatte er bei dieser Gelegenheit besonders hervorgehoben[58]. Auch im Richterstand, der in der Mitte des Jahrhunderts überwiegend liberal gesinnt war[59], wurde die Notwendigkeit von Veränderungen, insbesondere der Einführung des öffentlichen Verfahrens, erkannt[60]. Die Richter und Anwälte des Landes beteiligten sich rege an der Diskussion der anstehenden Fragen, nachdem der Justizminister Entwürfe der neuen Strafprozeßordnung im Land verschickt hatte[61]. Aus dem Kreise der anwaltlichen Stellungnahmen sind die veröffentlichten Schriften des Offenburger Advokaten Heinrich v. Feder zu erwähnen[62].

Das Ergebnis aller Vorarbeiten und Verhandlungen stellte das am 19. Mai 1864 verkündete Gesetz über die Gerichtsverfassung[63] dar, welches zusammen mit einem umfassenden Gesetzgebungswerk[64] durch Ver-

---

[55] Justizminister von 1849 - 1851; 1860 - 1866; vgl. *v. Weech:* Badische Biographien, Bd. 3, S. 163.

[56] *Mackert:* S. 188 f.

[57] Zitiert bei *Gall:* S. 190.

[58] Vgl. *P. Haager:* Das Schöffengericht, Gerichtssaal 1865, S. 53 - 79. Ein Teil des Berichtes ist dort abgedruckt. Der Verfasser war selbst Mitglied der II. Kammer für den Wahlbezirk Radolfzell — Blumenfeld und Konstanz. Vgl. Mitgliederverzeichnis der II. Kammer, Prot. 1861 - 63, S. IV.

[59] *E. Döhring:* Geschichte der Rechtspflege, S. 48.

[60] So führte v. Stabel vor der I. Kammer aus; Prot. I. Kammer 1861/63, Protokollheft, S. 48.

[61] Vgl. *Mackert:* S. 194.

[62] Einzelrichter oder Kollegialgerichte erster Instanz, 1861; ders., Grundzüge einer volkstümlich deutschen Gerichtsverfassung, 1862. Der Verfasser schlägt vor, die Rechtspflege erster Instanz durch Friedensgerichte ausüben zu lassen, die in Besetzung mit einem Richter und drei „Geschworenen" oder Gerichtsschöffen urteilen sollten. S. 121 - 122; vgl. *E. Eller:* Bemerkungen zum Entwurf einer Gerichtsverfassung für das Großherzogtum Baden, 1862.

[63] Reg.Bl. Nr. XVIII vom 21. 5. 1864, S. 151 - 160; Vollzugsverordnung Reg.Bl. Nr. XXIX vom 25. 7. 1864, S. 293 - 326. Die neue Gerichtsorganisation ist ausführlich dargestellt bei *H. A. Fecht:* Die Gerichtsverfassung der deutschen Staaten, II. Abt., S. 359 ff., 1868.

[64] Die wichtigsten seien genannt: Polizeistrafgesetzbuch vom 31. 10. 1863, Ges.Bl. Nr. XLVII, S. 439 - 476; Strafprozeßordnung vom 18. 3. 1864, Ges.Bl. Nr. XVII vom 18. 5. 1864, S. 140; bürgerliche Prozeßordnung vom 18. 3. 1864, Ges.Bl. Nr. XXVI vom 30. 6. 1864, S. 263; Gesetz über die Gerichtsbarkeit und über das Verfahren in Polizeistrafsachen vom 28. 5. 1864, Ges.Bl. Nr. XXIII vom 13. 6. 1864, S. 228 - 233; Gesetz über die Verwaltung der freiwilligen Gerichtsbarkeit und das Notariat vom 28. 5. 1864, Ges.Bl. Nr. XXI vom 7. 6. 1864, S. 197 - 216; Instruktion für die Amtsgerichte, Ges.Bl. Nr. XLVI vom 17. 9. 1864, S. 615 - 630; Dienstvorschriften für die Staatsanwaltschaft vom 17. 8. 1864,

ordnung[65] am 1. Oktober 1864 eingeführt wurde. Es entsprach im wesentlichen dem vorgelegten Entwurf, die endgültige Beratung und Schlußredaktion erfolgten durch den Landtag von 1863 - 65[66]. Für das Großherzogtum bedeuteten diese Gesetze eine völlige Umgestaltung der Gerichtsorganisation und des Verfahrens im modernen Sinne; v. Stabel hatte sein Ziel erreicht. Die Reform festigte das Ansehen des Landes, das es als „Musterstaat“ gerade in diesem Bereich bei den übrigen Staaten Deutschlands genoß. Von neuem konnte Baden Vorbild für deren Gesetzgebung werden.

Der neue Gerichtsaufbau[67] gliederte sich in:

I. Amtsgerichte

II. Kreisgerichte, und zwar:
   1. einfache Kreisgerichte
   2. Kreisgerichte mit Appellationssenaten, Kreis- und Hofgerichte
   3. Schwurgerichte

III. Oberappellationsgerichte

IV. Besondere Gerichte:
   1. Staatsgerichtshof
   2. Gerichtshof für Kompetenzkonflikte
   3. disziplinarer Gerichtshof für Gerichtsbeamte
   4. Handelsgerichte
   5. Militärgerichte
   6. Bürgermeisterämter

Damit hatte sich Baden für einen vierstufigen Gerichtsaufbau entschieden, der sich in Amts-, Kreis-, Hof- und Oberhofgerichte gliederte.

Die einleitenden Bestimmungen des Gerichtsverfassungsgesetzes lauteten:

„§ 1 Trennung der Rechtspflege von der Verwaltung.

Die zur Ausübung der Gerichtsbarkeit bestimmten Staatsbehörden bleiben von den Verwaltungsbehörden getrennt.

Ges.Bl. Nr. XXXIX vom 29. 8. 1864, S. 489 - 500; hinzu kamen am 7. 10. 1865 das Richter- und das Besoldungsgesetz, welche die Unabhängigkeit der Richter aussprachen, Ges.Bl. Nr. XLVII vom 12. 10. 1865, S. 617 - 624.

[65] Verordnung vom 15. 7. 1864, Reg.Bl. Nr. XXIX, S. 316.

[66] Vgl. Prot. II. Kammer 1863/65, Beil. 4, S. 276 - 288 (Schlußredaktion); Kommissionsbericht Beil. 6, S. 217 - 223.

[67] Vgl. *Fecht:* S. 360.

§ 2 Öffentlich mündliches Verfahren.

In bürgerlichen wie in Strafsachen findet, vorbehaltlich der gesetzlichen Ausnahmen, eine öffentliche mündliche Verhandlung vor dem urtheilenden Gerichte statt.

§ 3 Strafgerichtliche Verfolgung.

Die gerichtliche Verfolgung einer strafbaren Handlung ist durch einen Antrag der Staatsbehörde oder des Betheiligten bedingt."

Auch das liberale Postulat nach Beteiligung des Volkes an der Rechtsprechung wurde erfüllt: In den Spruchkörpern der Schöffen-, Schwur- und Handelsgerichte wirkten Laien mit[68].

Als „weiteren Schritt zum Heranziehen des bürgerlichen Elements in die Verwaltung öffentlicher Angelegenheiten, welcher für die Bildung des Volkes und für die Belebung des allgemeinen Rechtssinnes nur ersprießliche Folgen haben kann"[69], hatte der Entwurf die Bildung von Schöffengerichten vorgeschlagen. Die Regierung[70] ging von der Notwendigkeit der Beibehaltung von Amtsgerichten in Strafsachen aus, weil eine Überweisung der bisher dort verhandelten Gegenstände an die kollegialisch urteilenden Kreisgerichte diese überfordern würde. Da andererseits der öffentliche und mündliche Anklageprozeß nur vor einem Kollegium durchgeführt werden könne, ohne zur „Carricatur" und zur „Täuschung" zu werden, sollten dem Amtsrichter „zwei Geschworene"[71] mit gleichem Stimmrecht zur Schlußverhandlung und zur Urteilsfällung beigegeben werden. Als Vorbild für diese Schöffengerichte diente dem badischen Gesetzgeber nicht Württemberg, wie man wegen der unmittelbaren Nachbarschaft annehmen könnte, sondern das Königreich Hannover. Im Jahre 1850 hatte dieses Land als erster deutscher Staat die Schöffengerichte gemeinsam mit dem reformierten Strafprozeß (öffentliches und mündliches Anklageverfahren) eingeführt[72].

Im Gegensatz zu den Verhandlungen von 1843 - 45 fand das Schöffengericht die Zustimmung beider Kammern. Scheiterte ihre Einführung seinerzeit an dem ablehnenden Votum der ersten Kammer, so erhoben sich diesmal in diesem Hause kaum ablehnende Stimmen. Im Gegenteil, man begrüßte die Schöffengerichte als „Keim volkstümlichen Rechts-

[68] Vgl. §§ 7, 31 und 34 des Gerichtsverfassungsgesetzes.

[69] Motive Prot. II. Kammer 1861/63, Beil. 4, S. 270.

[70] Ebd.

[71] Die unkorrekte Bezeichnung „Geschworene" macht wiederum deutlich, daß der Begriff mit der Beteiligung eines Laien an der Rechtspflege gleichgesetzt wurde.

[72] Vgl. über die Hannoverschen Schöffengerichte *H. A. Zachariae:* Das Schöffengericht, S. 16 ff.; ausführlich wird die dortige Einrichtung auch von dem Berichterstatter der I. Kammer, Bluntschli, besprochen; Prot. I. Kammer 1861/63, Beil. 2, S. 172.

lebens“[73]. Eine Ausnahme bildete indes die Meinung, die der Berichterstatter der zweiten Kammer hierzu vertrat. Die Kommission hatte sich nämlich gegen die Einführung der Schöffengerichte ausgesprochen und für die Beibehaltung des bisherigen Verfahrens vor den Amtsgerichten plädiert[74]. Maßgebend für dieses Votum war einmal der „außerordentliche Aufwand an Zeit und Arbeitskraft“[75], den die Heranziehung von Schöffen verursache, und zum anderen die Befürchtung, daß die Amtsrichter in der Durchführung öffentlicher Gerichtsverhandlungen nicht geübt sein könnten. Dieses Anliegen der Kommission fand aber nicht die Zustimmung der Kammer. Der Abgeordnete Ludwig Häusser[76] stellte in der Sitzung vom 13. Mai 1862 den Antrag auf Wiederherstellung des Regierungsentwurfes, welcher mit Mehrheit angenommen wurde[77]. Dabei tat sich Innenminister Lamey bei der Verteidigung der Schöffengerichte besonders hervor[78]. Nach § 7 der Gerichtsverfassung wurden zur Schlußverhandlung und Aburteilung der in die Zuständigkeit der Amtsgerichte fallenden Strafsachen[79] zwei Schöffen beigezogen. Die Schöffengerichte konnten auf Gefängnisstrafe bis zu acht Wochen oder 300 Gulden Geldstrafe erkennen; in Zivilsachen entschied der Amtsrichter in allen Prozessen, deren Streitwert 200 Gulden nicht überstieg, als Einzelrichter.

Abgelehnt wurde ein Antrag, sogenannte mittlere Strafgerichte mit „drei rechtsgelehrten Richtern unter Beiziehung von sechs Geschworenen nach Art des bestehenden Geschworenengerichts“ zu besetzen[80]. Auch Bluntschli[81] hatte vor der ersten Kammer angedeutet, daß später, „wenn erst in der Bevölkerung der Sinn und die Möglichkeit, in so ausgezeichnetem Maße mitwirken zu können, noch mehr zugenommen haben wird, auch auf der mittleren Stufe, nur in einfacherer Form als in dem jetzigen Schwurgericht“ (etwa ein Richter mit sechs Geschworenen oder drei Richter mit fünf Geschworenen), eine Laienbeteiligung durchaus denkbar sei.

Die 1851 eingerichteten Schwurgerichte wurden beibehalten und in das Gerichtsverfassungsgesetz aufgenommen[82]. Sie hatten sich in der Zwi-

---

[73] Prot. I. Kammer 1861/63, Protokollheft, S. 101.

[74] Vgl. den Kommissionsbericht des Abgeordneten Prestinari, Prot. II. Kammer 1861/63, Beil. 6, S. 180.

[75] Ebd., S. 177 f.

[76] Ludwig Häusser (1818 - 1867) führendes Mitglied der liberalen Partei, vgl. *P. Fuchs:* NDB Bd. 7, S. 456 - 459.

[77] Vgl. Prot. II. Kammer 1861/63, Protokollheft, S. 225 f.

[78] Vgl. *Haager:* Schöffengericht, S. 63.

[79] Über die Zuständigkeit der Amtsgerichte vgl. *Fecht:* S. 372 ff.; vgl. auch Beil. I zur Gerichtsverfassung, Ges.Bl. S. 161 f., aufgezählt sind 28 Delikte.

[80] Prot. II. Kammer 1861/63, Protokollheft, S. 224.

[81] Kommissionsbericht Bluntschli, Prot. I. Kammer 1861/63, Beil. 2, S. 172; über die Behandlung der Schöffenfrage in den beiden Kammern vgl. auch den Beitrag des Konstanzer Oberstaatsanwalts *Haager:* Das Schöffengericht in: Gerichtssaal, S. 58 - 71.

schenzeit bewährt[83]: Die Zahl der schweren hatte sich verringert; die Verbrecher scheuten die öffentliche Verhandlung vor den Schwurgerichten und suchten die Aburteilung vor einem Berufsrichterkollegium in geheimen Verfahren zu erreichen. Die Schwurgerichte traten vierteljährlich zusammen, bestehend aus fünf Richtern einschließlich des Präsidenten und zwölf Geschworenen. Ihr Sitz und Sprengel fiel mit dem der Kreis- und Hofgerichte zusammen. Die Geschworenen wurden aus Listen, welche der zuständige Bezirksrat aus den von den Gemeinderäten erstellten Urlisten aufstellte, vom Präsidenten des Kreisgerichts in Gegenwart zweier Richter, des Staatsanwaltes und zweier am Gericht zugelassener Anwälte öffentlich ausgelost[84]. Die Zuständigkeit[85] der Schwurgerichte erstreckte sich neben der Aburteilung von Kapitalverbrechen auch auf Falschmünzerei, Hoch- und Landesverrat und Pressvergehen[86].

Im Gegensatz zur Gerichtsverfassung von 1845 behandelte das Gesetz von 1864 Handels- und Gemeindegerichte als besondere Institutionen. Die Handelsgerichte waren selbständige Gerichte erster Instanz; ein Berufsrichter als Vorsitzender und zwei Kaufleute[87] bildeten das Kollegium. Zum Vorsitzenden konnte ein Mitglied des Kreisgerichts oder ein Amtsrichter ernannt werden. Diese Gerichte, von denen man zunächst nur zwei im Lande errichtete[88], entschieden über alle Handelssachen mit Ausnahme der in die Zuständigkeit der Amtsgerichte fallenden Gegenstände. Zu Handelsbeisitzern konnten badische Kaufleute, deren Mindestalter 30 Jahre betragen mußte, von den am Bezirk des Gerichtes niedergelassenen Handelsleuten gewählt werden; die Durchführung der Wahl lag bei der Handelskammer[89]. Auf eine Beteiligung von Handelsrichtern in der zweiten Instanz war jetzt verzichtet worden. Ihre Mitarbeit sei vor allem in erster Instanz für „die richtige Auffassung und Beurteilung des tatsächlichen“ Stoffes von Bedeutung, lautete die Begründung. In der zweiten Instanz könne man darauf zurückgreifen und nötigenfalls die Erhebung eines Gutachtens anordnen[90], das, von der Handelskammer oder dem Vorstand des Handelsvereins erstattet, geeigneter sei als der Beizug besonderer Handelsrichter. Damit hatte man der französischen Regelung den Vorzug gegeben[91].

---

82 §§ 30, 31 des Gerichtsverfassungsgesetzes.

83 Vgl. *Mackert:* S. 190 f.

84 Vgl. *Fecht:* S. 365.

85 Vgl. Beil. II zum Gerichtsverfassungsgesetz, Ges.Bl. S. 165 f.: Verbrechen, die vor die Schwurgerichte gehören. Insgesamt sind 44 Tatbestände aufgezählt.

86 Vgl. im einzelnen *Fecht:* S. 378 f.

87 § 34 des Gerichtsverfassungsgesetzes.

88 Mannheim und Karlsruhe; vgl. *Fecht:* S. 380.

89 Ebd., S. 366 f.

90 Motive, Prot. II. Kammer 1861/63, Beil. 4, S. 277.

91 Vgl. Prot. II. Kammer 1861/63, Beil. 6, S. 186.

Das Gesetz regelte die Gerichtsbarkeit der Bürgermeister im VI. Teil unter der Überschrift: „Von einigen besonderen Arten der Gerichtsbarkeit[92].“ Nach diesen Vorschriften sollten die geltenden Bestimmungen des Gesetzes von 1856 über die Gemeindejustiz durch das Gerichtsverfassungsgesetz nicht geändert werden, so daß die bisherige Praxis weitergeübt wurde. Das Gemeindegericht galt nicht mehr als Bestandteil der ordentlichen Gerichtsbarkeit. Neu war die Übertragung einer strafgerichtlichen Kompetenz auf die Gemeindeorgane: Der Bürgermeister konnte bei bestimmten Anklagen[93] sowie im Bereich der ihm zustehenden Ortspolizeigewalt Geldstrafen bis zu fünf Talern bzw. Haftstrafen bis zu 48 Stunden verhängen. Die Straferkenntnisse waren schriftlich zu erlassen, gegen sie konnte der Betroffene Beschwerde beim zuständigen Amtsgericht einlegen[94].

Besondere Schieds- oder Vergleichsgerichte, wie sie das Gerichtsverfassungsgesetz von 1845 vorgesehen hatte, fehlten im neuen Gesetz. Die Gesetzgebung regelte diesen Gegenstand in sinnvollerer Weise, indem sie nämlich in der Zivilprozeßordnung[95] die Wahl einer schiedsrichterlichen Entscheidung durch die Parteien ermöglichte. Diese konnten die Erledigung des gesamten Streites Schiedsrichtern übertragen oder sie nur als „Richter über Tatsachen“ bei der Beweiswürdigung einsetzen. In dem letztgenannten Fall hatte der Amtsrichter Fragen an die Schiedsrichter zu stellen, ob die Tatsachen als erwiesen anzusehen seien oder nicht.

In allen übrigen Gerichten des Landes urteilten ausschließlich rechtsgelehrte Richter. In bürgerlichen Prozessen waren die aus drei Richtern bestehenden Zivilkammern der Kreisgerichte[96] in erster Instanz zuständig für alle nicht in die Zuständigkeit der Amts- oder Handelsgerichte fallenden Streitigkeiten. Das bedeutete die Einführung der geforderten Kollegialgerichte erster Instanz, da die meisten Prozesse vor den Kreisgerichten begannen. In gleicher Besetzung entschieden sie in Strafsachen über Berufungen gegen Urteile der Schöffengerichte. Höhere Instanzen stellten die Appellationssenate der Hofgerichte und das Oberhofgericht dar; die Strafkammern der Hofgerichte urteilten erstinstanzlich über alle Straffälle, die weder bei den Amts- noch bei den Schwurgerichten anhängig zu machen waren, in der Besetzung von fünf Berufsrichtern.

Die Qualität und Modernität der Reform von 1864 zeigt sich besonders darin, daß die Einführung der Reichsjustizgesetze des Jahres 1877, die

---

[92] §§ 38 - 41 des Gerichtsverfassungsgesetzes.

[93] Wegen Ehrenkränkungen, unerlaubter Selbsthilfe und leichteren Körperverletzungen.

[94] § 39, Abs. II des Gerichtsverfassungsgesetzes.

[95] §§ 1061 - 1087 der badischen Zivilprozeßordnung von 1864. Vgl. *Fecht:* S. 385 f.

[96] Vgl. im einzelnen *Fecht:* S. 376.

im gesamten Reichsgebiet am 1. Oktober 1879[97] in Kraft traten, für Baden nicht die Veränderungen zur Folge hatte, wie dies in anderen Ländern, z. B. in Württemberg, der Fall war. Die neuen Verfahrensordnungen des Reiches beruhten auf Prinzipien, die in der badischen Gesetzgebung bereits verwirklicht waren[98]. Als Baden am 1. Oktober 1879 seine Selbständigkeit aufgeben mußte, erwies es sich als ein „nicht zu verkennender Vorzug der bisherigen Institutionen, daß dieselben den Übergang in die Neuorganisation ohne größere Schwierigkeiten bewerkstelligen ließen“[99]. So wie die Badener an der Strafprozeßordnung die nämlichen Züge wiedererkannten, welche die heimatliche Gesetzgebung getragen hatte[100], so entsprach auch die Reichsgerichtsverfassung im wesentlichen der badischen Organisation. Insbesondere der Umfang der Laienbeteiligung, den das neue Reichsgesetz festlegte, nämlich Schöffengerichte bei den Amtsgerichten für leichtere Strafsachen und Schwurgerichte bei den Landgerichten für die schwersten Verbrechen, korrespondierte mit den badischen Einrichtungen; gleiches galt für die Kammern für Handelssachen, die nach dem GVG im Unterschied zur badischen Regelung allerdings völlig in die Landgerichte eingegliedert waren. Damit hatten die Stimmen[101], wie man sie in Baden anläßlich der Verhandlungen über die neue Gerichtsverfassung im Jahre 1861 vernehmen konnte, nicht Recht bekommen, als sie die unter Berufung auf die Einführung einer einheitlichen deutschen Wechselordnung, eines Handelsgesetzbuches sowie auf die Errichtung des Bundesoberhandelsgerichtes[102] vor einer umfassenden Änderung zu einem Zeitpunkt warnten, wo überall in Deutschland der Versuch zur Schaffung gleichmäßiger Einrichtungen und Gesetze gemacht werde und man daher die einheitliche Regelung abwarten solle. Der jahrzehntelange, so heftig geführte Kampf hatte nicht nur die Verwirklichung des Rechtsstaates auf dem Gebiet der Rechtspflege erreicht. Die badische Reform ließ sich in ihrer Ausgeglichenheit, die sie nicht zuletzt durch die Beachtung der wissenschaftlichen Ergebnisse und der Pläne und Einrichtungen anderer Staaten erlangt hatte, ohne allzu große Veränderung in die reichseinheitliche Organisation einfügen.

---

[97] Vgl. *E. Kern:* Geschichte, S. 92.

[98] *Christ:* S. 32.

[99] *Mackert:* S. 203.

[100] Ebd.

[101] Vgl. etwa Prot. I. Kammer 1861/63, S. 98. Auch der Kommissionsbericht Prestinari, Prot. II. Kammer 1861/63, Beil. 6, S. 163, erwähnte die Problematik der bevorstehenden einheitlichen Regelungen. Er empfahl daher eine Beachtung der Pläne und Prinzipien, die Grundlage kommender Gesetze sein würden.

[102] Über die Entstehung dieses Gerichts vgl. *A. Laufs:* JuS 1969, S. 256 - 259.

IV. Die Laienbeteiligung in der Gerichtsorganisation Württembergs

Die badische Entwicklung der Laienjustiz ist wie im übrigen Deutschland gekennzeichnet von dem völligen Untergang des Institutes im Verlauf des 18. Jahrhunderts und seiner Wiedereinführung während der Revolution von 1848. Dagegen weist Württemberg eine unterschiedliche Entwicklung auf. In einer zeitgenössischen Abhandlung[1] über die württembergische Gerichtsverfassung aus dem Jahre 1805 heißt es in der Vorrede: „Es hat offenbar altwürttembergische Justiz und Gerichtsverfassung von den Gerichtsverfassungen anderer deutscher Territorien so viel Abweichendes, daß es sich wohl schon längst der Mühe gelohnt hätte, die Kenntnisse derselben durch eine theoretische Darstellung zu erleichtern." Tatsächlich ist Württemberg eines der wenigen Beispiele[2] dafür, daß sich die Laienbeteiligung vom Mittelalter bis zur Einführung der Reichsjustizgesetze behauptet hatte. Der Grund hierfür liegt vor allem darin, daß sich in Württemberg die ständische Verfassung mit ihrem vertraglich geregelten Rechtsverhältnis zwischen Fürst und Ständen über die Zeit des Absolutismus hinweg bis in das 19. Jahrhundert erhalten hatte[3].

Die Gerichte, welche die alte Schöffenverfassung bewahrt hatten, waren die erstinstanzlichen Stadt- und Dorfgerichte[4]. Die Dorfgerichte besaßen uneingeschränkte Jurisdiktion in Zivilsachen; in Strafsachen befanden sie lediglich über leichtere Delikte. Unter dem Vorsitz des Ortsvorstehers, des Dorfschultheißen, urteilten „vier bis zwölf ehrbare, unverleumdete, jedoch unstudierte Personen"[5]. Das Kollegium der Stadtgerichte[6] umfaßte gewöhnlich zwölf aus der Bürgerschaft gewählte, später aus dem Rat ergänzte Richter. Den Vorsitz führten im 18. Jahrhundert

---

[1] Vgl. *C. H. Fetzer:* Theorie der altwürttembergischen Justiz und Gerichtsverfassung, 1805.

[2] Zu diesen Staaten gehörte allerdings auch Hamburg, wo es zu keiner Zeit nur aus Juristen zusammengesetzte Gerichtskollegien gegeben hat; vgl. Denkschrift über die Schöffengerichte, 1873, S. 13.

[3] Über den Tübinger Vertrag und seine Vorgeschichte vgl. *W. Grube:* Der Stuttgarter Landtag 1457 - 1957, 1957, S. 74 - 107; vgl. dort auch zur weiteren Entwicklung der Verfassung in Württemberg.

[4] Vgl. hierzu *F. Wintterlin:* Geschichte der Behördenorganisation in Württemberg, 1904, Bd. I, S. 4, S. 8, S. 56. *Knapp:* S. 4 - 7.

[5] *Fetzer:* S. 27.

[6] Verstärkt durch den Rat bildete es zugleich die Verwaltung der Stadt.

die Oberamtleute (Vögte), in Strafsachen die Bürgermeister. Sie waren zuständig für alle bürgerlichen Prozesse[7] der Stadtbewohner, als Gerichte für Stadt und Amt oblag ihnen die Ausübung der eigentlichen Kriminaljustiz. Es galt das Anklageverfahren mit dem Oberamtmann als Ankläger; seit dem 17. Jahrhundert hing die Einleitung des Verfahrens von der Genehmigung des herzoglichen Oberrates ab[8]. Bei dem Hofgericht in Tübingen, welches sich infolge des Anfalls von Berufungen gegen Urteile der Untergerichte von der Kanzlei abgespaltet hatte[9], hielt sich ebenfalls bis in das 19. Jahrhundert eine Laienbeteiligung. Ein Teil der Beisitzer bestand aus Mitgliedern der „Landschaft“[10]. So setzte sich dieses Gericht 1753 neben dem Hofrichter aus drei Adligen, sechs Rechtsgelehrten und drei Beisitzern zusammen[11]. Einer Bitte des Landtags von 1520 ist der Wunsch zu entnehmen, das Hofgericht mit gelehrten Juristen nicht überzubesetzen[12].

Mit dem Regierungsantritt Friedrichs II. im Jahre 1797 bahnte sich eine Änderung der gesamten württembergischen Staatsverfassung und -verwaltung und damit auch der Gerichtsverfassung an. Mit Aufhebung der altwürttembergischen Verfassung im Jahre 1806[13] trat Württemberg für ein Jahrzehnt in eine spätabsolutistische Epoche ein. Der Aufbau der Behörden und der Gerichtsorganisation in den neuwürttembergischen Landesteilen, die Friedrich durch den Pariser Frieden von 1802 und infolge des Reichsdeputationshauptschlusses vom 25. Februar 1803 erworben hatte[14], spiegelt die absolutistische Staatsauffassung des Herrschers[15] wider. Bereits die Wahl des Herzogtitels und die damit verbundene Erinnerung an den Absolutisten unter seinen Vorgängern gaben Richtung und Ziel seines Strebens zu erkennen[16]. Um in den neu erworbenen Landesteilen unbeschränkt regieren zu können, gab der nunmehr mit der Kurfürstenwürde versehene Regent ihnen den Status eines selbständigen

[7] Über die Entwicklung des württembergischen Zivilprozesses vgl. *J. C. Schwartz:* 400 Jahre deutscher Civilprozeßgesetzgebung 1898, S. 181 - 220.

[8] Vgl. *Knapp:* S. 6; *Wintterlin:* Bd. I, S. 56.

[9] Gegen Ende des 15. Jahrhunderts, vgl. *Knapp:* S. 21.

[10] Landschaft: Teil der württembergischen Stände, die Vertretung von Stadt- und Landgemeinden, die in den Ämtern zusammengefaßt waren, im wesentlichen bürgerliche Ständevertretung. Vgl. *H. Conrad:* Deutsche Rechtsgeschichte, Bd. II, S. 334 f.

[11] *Wächter:* Bd. I, S. 283, Anm. 10.

[12] *Knapp:* S. 23; über die Hofgerichte vgl. auch *Wintterlin:* Bd. I, S. 74 f.; *F. Graner:* Zur Geschichte des Hofgerichts in Tübingen; Württembergische Vierteljahreshefte, NF 32, 1925/26, S. 36 - 89.

[13] Vgl. hierüber *Grube:* S. 469 - 486.

[14] Vgl. hierzu *F. Marquardt:* Geschichte Württembergs, 1961, S. 242; *M. Miller:* Neuwürttemberg unter Herzog und Kurfürst Friedrich, 1934, S. 7 - 12.

[15] Vgl. *E. Hölzle:* König Friedrich von Württemberg; Württembergische Vierteljahreshefte, NF 36, S. 269 - 298, S. 289.

[16] *Marquardt:* S. 232.

Staatswesens. Wegen der Unabhängigkeit von den Stammlanden war eine Mitregierung der Landstände ausgeschlossen. Eine straff aufgebaute, zentral geleitete Behördenorganisation[17] war das Mittel, mit welchem Friedrich seine unumschränkte Herrschaft ausüben wollte.

Im Justizwesen[18] führte das Streben nach Gleichstellung aller Untertanen im Interesse der Stärkung der Staatsgewalt zur Straffung der ganzen Gerichtsorganisation, die mit der Verwaltungsorganisation identisch war, zur Ausbildung eines geregelten Instanzenzuges und zur Abschaffung der Sonder- bzw. Patrimonialgerichtsbarkeit. Die mit Laien besetzten Dorfgerichte wurden aufgehoben; dagegen blieben die Stadtgerichte unter dem Vorsitz des Oberamtmanns mit zwei Bürgermeistern und zehn Beisitzern bestehen oder wurden, wo sie bisher nicht bestanden, neu eingeführt. Ihre Kompetenz erstreckte sich jedoch nur auf Zivilstreitigkeiten mit einem Streitwert bis zu 50 fl. Über Strafsachen entschied der erste Senat der Oberlandesregierung, welcher bis auf vierwöchentliche Zuchthaus- oder Festungsstrafe erkennen konnte, höhere Strafen konnten nur nach Entscheidung des Kurfürsten ausgesprochen werden[19].

Mit der Erhebung zum Königreich und Verschmelzung der beiden Landesteile Neu- und Altwürttembergs hielt das absolutistische Regime seinen Einzug auch im alten Staatsteil, als am 30. Dezember 1805 die ständische Verfassung einseitig und mit Gewalt aufgehoben wurde[20]. Die Organisation der Gerichte erfuhr nunmehr zum Zwecke der Vereinheitlichung eine völlige Umgestaltung. Die wesentlichen Bestimmungen dieser neuen Gerichtsverfassung sind geregelt im Organisationsmanifest des Jahres 1806[21]. Zweck dieser Maßnahmen war die Überwindung der ständischen, feudalen, körperschaftlichen oder kirchlichen Gewalten und die Schaffung eines modernen, absoluten Staates. Im Zuge der beabsichtigten „durchaus gleichförmigen Staatsverwaltung“[22] wurde die gesamte Justizverwaltung nach den Prinzipien des absoluten Staates geordnet. Zunächst blieben die mit Laien besetzten Dorf- und Stadtgerichte bestehen, eine „zweckmäßigere Einrichtung derselben“[23] wurde jedoch vorbehalten. Ihnen blieb jedoch nur zivilgerichtliche Zuständigkeit in Sachen bis zu 50 Gulden Streitwert[24]. In den Ämtern, die keine Stadtgerichte besaßen, bildeten der „Ober- oder Stabsamtmann mit Zuziehung und im Beisein

[17] Über den neuwürttembergischen Behördenaufbau vgl. *Miller:* S. 88 - 106.

[18] *Marquardt:* S. 257; *Miller:* S. 194 - 212.

[19] *Knapp:* S. 42; Miller: S. 203.

[20] *Grube:* S. 485.

[21] Gedruckt als: Friedrich, König von Württemberg, Anordnung über die Staatsverwaltung, 1806.

[22] Ebd., Vorrede S. I.

[23] Ebd., § 46.

[24] Ebd., Organisation, § 47.

des Amtsschreibers als Actuar und zweier Urkundspersonen, wozu er zwei der tauglichsten Magistratspersonen oder Schultheißen zu nehmen hat", das Gericht[25]. Das Institut der Aktenversendung und des Ratsuchens blieb für diese Gerichte erhalten, jedoch durfte nur noch bei der Tübinger Fakultät bzw. bei den ebenfalls durch die Organisation eingerichteten Konsulentenkollegien, denen sieben Rechtsgelehrte angehörten, Rat geholt werden. Das Organisationsmanifest nahm den altwürttembergischen Städten jegliche Gerichtsbarkeit in Strafsachen und übertrug sie dem Oberjustizkollegium. Die niedere Strafgerichtsbarkeit wurde durch den Oberamtmann gehandhabt[26]. Der bisher angewandte fiskalische oder öffentliche Anklageprozeß[27] wurde zugunsten des Inquisitionsprozesses aufgegeben[28]; die Kabinettsjustiz hielt Einzug. Die Möglichkeit der Beeinflussung der Strafgerichtsbarkeit durch den Landesherrn war erheblich; Friedrich hat sich mit „innerster Anteilnahme" dieser Tätigkeit unterzogen[29]. Im Jahre 1811 wurde den Stadt- und Dorfgerichten die gesamte streitige Gerichtsbarkeit genommen und neu errichteten Oberamtsgerichten übertragen[30]. Vorstand dieser Gerichte war der Oberamtmann; ihm zugeordnet waren die Mitglieder des „Gerichts"[31] der Oberamtsstadt, welches für die nicht streitige Gerichtsbarkeit und als Verwaltungsgremium noch bestand.

Mit dem Schwinden der Macht Napoleons sah sich der König einer wachsenden Gegnerschaft des Landes gegenüber. Die Ideen und Forderungen der neuen Zeit kamen nun auch in Württemberg zur Entfaltung. Der Kampf um eine Verfassung war hier geprägt von den Forderungen der Liberalen einerseits, die eine Verfassung nach französischen Vorbild anstrebten, und den Altrechtlern andererseits, welche die Wiedereinführung der althergebrachten Institutionen des „guten alten Rechts" verlangten[32]. Dem Drängen nach einer Verfassung mußte auch Friedrich schließlich nachgeben und teilte den neu einberufenen Ständen im März des Jahres 1815 eine solche mit[33], nicht zuletzt, um der neuen Bewegung

[25] Ebd., Organisation, § 49 (Oberamteigericht).

[26] Ebd., §§ 40, 50 der Organisation; vgl. auch *F. Graner:* Zur Geschichte der Kriminalrechtspflege in Württemberg; Württembergische Vierteljahreshefte, NF 37, 1931, S. 16 - 57, S. 227 - 265.

[27] Vgl. hierzu *Graner:* S. 247.

[28] Die Voruntersuchung lag in der Hand der Verwaltungsbehörde, die Spezialuntersuchung bei besonderen Kriminalämtern. Vgl. *F. C. Hepp:* Die ungenügende Besetzung der Untersuchungsgerichte mit besonderer Rücksicht auf das Institut der Gerichtsbeisitzer in Württemberg; Zeitschrift für deutsches Strafverfahren, NF Bd. 3, S. 391 - 450, S. 396; vgl. auch *Schwartz:* S. 532.

[29] *Miller:* S. 203.

[30] Vgl. hierzu *Wintterlin:* Bd. 1, S. 204 f.

[31] Vgl. *Knapp:* S. 58.

[32] Vgl. hierüber *Schnabel:* Bd. II, S. 80, sowie ausführlich *Grube:* S. 489 - 508.

[33] Vgl. Verhandlungen der Landstände des Königreichs Württemberg, Heft 1, S. 1 - 14; Reg.Bl. von 1815, S. 117 - 131.

und ihren politischen Auswirkungen zuvorzukommen[34]. Die Württemberger wollten aber keine Verfassung von der „Gnade des Teufels“, sondern lediglich „durch unser altes Recht“ bekommen[35]. Die Auseinandersetzungen in der Ständeversammlung, der erste deutsche Verfassungskampf[36], erstrebten eine Verfassung, die das altdeutsche Ständerecht mit dem reformerischen Gedanken des deutschen Liberalismus verbinden sollte. Im November 1815 wurde von Ständemitgliedern der Versuch eines Grundrisses der alten württembergischen Verfassung vorgelegt, der eine Zusammenfassung des alten Rechts[37] enthielt.

Als Teil hiervon galt auch innerhalb der Gerichtsbarkeit die Laienverfassung. In dem den Ständen vorgelegten Entwurf wird dazu ausgeführt:

„Die richterliche Gewalt wird im Namen des Regenten, unabhängig von demselben verwaltet:

a) in bürgerlichen Sachen erster und zweiter Instanz durch die Dorf- und Stadtgerichte, welche von unpartheiischen Rechtsgelehrten Gutachten einholen können; in dritter Instanz durch ein Hofgericht, in welchem vier landschaftliche Mitglieder sitzen;

b) in peinlichen Sachen durch die Stadtgerichte, welche im Anklageprozeß öffentlich richten, und sich von der Juristenfakultät in Tübingen ein von der Regierung und dem Geheimen Rat im Namen des Regenten zu bestätigendes Urtheil an die Hand geben lassen[38].“

Die Wiedererrichtung der Dorf- und Stadtgerichte wurde in jenem Jahr mehrfach neben der Einrichtung von ordentlichen Kriminalgerichten verlangt[39].

Nach dem Tode Friedrichs setzte sein Sohn, Friedrich Wilhelm I., die Bemühungen, dem Land eine Verfassung zu geben, fort. Obwohl er im Gegensatz zu seinem Vater im Volk Ansehen genoß, stieß auch er bei der Verfassungsfrage auf den Widerstand der Altwürttemberger, die sich auf „den Buchstaben des guten alten Rechts versteiften“[40]. Dementsprechend wurde ein den Ständen im März 1817 vorgelegter Verfassungsentwurf am 2. Juni 1817 abgelehnt. Daraufhin kündigte Wilhelm durch Bekanntmachung vom 5. Juni 1817[41] an, daß er den nicht die landständische Repräsentation betreffenden Teil von sich aus einführen werde.

---

[34] Vgl. *Hölzle:* Württemberg im Zeitalter Napoleons und der deutschen Erhebung, Stuttgart 1937, S. 189.

[35] Ebd., S. 191.

[36] Ebd., S. 198.

[37] Verhandlungen der Landstände 1815, Abt. 2, S. 49.

[38] Ebd., S. 53.

[39] Vgl. z. B. Verhandlungen der Landstände 1815, Abt. 23/25, S. 55.

[40] *Marquardt:* S. 274.

[41] Reg.Bl. von 1817, S. 275 f.; vgl. hierzu *Grube:* S. 500 f.; *Wächter:* Bd. I, S. 886.

Die Verwirklichung dieser Zusage lag in den elf Organisationsedikten des Jahres 1817 sowie in den fünf Edikten vom 1. Dezember 1818[42], wovon das vierte Edikt[43], die Rechtspflege in den unteren Instanzen betreffend, die Wiedereinführung der Laiengerichtsbarkeit bewirkte.

Für jeden der 64 Oberamtsbezirke sowie für den Stadtbezirk von Stuttgart wurden Oberamtsgerichte eingerichtet. Infolge der gleichfalls durchgeführten Trennung der Justiz von der Verwaltung[44] stellten sie reine Justizbehörden für beide Zweige der ordentlichen Gerichtsbarkeit dar. Vorsitzender des Gerichts war der Oberamtsrichter, ihm zur Seite stand ein Oberamtsaktuar (§ 43 des Ediktes). Beide mußten durch eine Dienstprüfung zum Richteramt befähigt sein, dementsprechend konnte das Verbot der Aktenversendung ausgesprochen werden (§ 46 des Ediktes). Außerdem wurden für jedes Oberamtsgericht zwölf Männer aus der Oberamtsstadt durch die Amtsversammlung[45] für zwei Jahre als Gerichtsbeisitzer gewählt[46]. Sie gehörten sowohl in Zivilsachen als auch in Strafsachen zum Spruchkörper und besaßen gleiches Stimmrecht wie die Berufsrichter. Zu einem ordentlich besetzten Gericht gehörten wenigstens drei Beisitzer, die zusätzlich Erschienenen besaßen aber gleichfalls Stimmrecht (§§ 56, 60 des Ediktes).

Die Gerichtsbeisitzer hatten neben ihrem Amt als Spruchrichter noch als „Scabinen“[47] zu fungieren. Da der Oberamtsrichter für alle Vergehen und Verbrechen Untersuchungsrichter war (§ 203 des Ediktes)[48], mußten zur Untersuchung „stets zwey Scabinen“ hinzugezogen werden (§ 217 des Ediktes). Diese sollten etwaige Verfahrensmängel später rügen, da ein besonderer Protokollant dem Untersuchungsgericht nicht beigegeben wurde. Das Amt eines Scabinen konnte mit dem eines Beisitzers gleichzeitig ausgeübt werden, so daß ein bei der Untersuchung mitwirkender

[42] Ebd., S. 889; *Grube:* S. 500 mit weiteren Nachweisen.

[43] Gedruckt: Organisationsedikt über die Rechtspflege in den unteren Instanzen im Königreich Württemberg, 1819.

[44] Unter Friedrich waren die Unterbehörden nicht getrennt worden; vgl. *Knapp:* S. 54.

[45] Sie waren das Organ der Amtskörperschaften, die Träger einer alten übergemeindlichen Selbstverwaltung im Bereich der Oberämter; Mitglieder waren kleinstädtische und dörfliche Gemeindevorsteher. Diese Versammlung wählte auch die landständischen Abgeordneten. Im Jahre 1818 erfolgte ihre Umgestaltung zusammen mit dem Erlaß der neuen Gemeindeordnung. Ihre Mitglieder setzten sich aus Gemeindevorstehern und weiteren Abgeordneten der Gemeinderäte zusammen. Vgl. *Heffter:* Selbstverwaltung, S. 72, S. 127.

[46] Vgl. *Knapp:* S. 93 f.

[47] Der Begriff „Scabinen“ bedeutet nur die Latinisierung des „Schaffen“ (Schöffen), Finden oder Erteilen des Urteils bezeichnenden altdeutschen Wortes; *Zachariae:* Das moderne Schöffengericht, S. 55. Insoweit war die im Württembergischen gebrauchte Bezeichnung für das Amt eines Gerichtszeugen nicht richtig.

[48] Nach Abschluß der Untersuchung entschied das Kreisgericht endgültig.

Scabine später in gleicher Sache Spruchrichter sein konnte. 1822 wurde den Oberamtskollegien ein Beisitzer aus dem Handelsstand für die Entscheidungen in Handelssachen beigegeben[49]. In Zivilsachen war das Oberamtsgericht erste Instanz für alle privatrechtlichen Streitigkeiten der seiner Gerichtsbarkeit unmittelbar unterworfenen Personen und stellte die den Ortsbehörden übergeordnete Instanz dar, denen man 1818 wieder eine beschränkte Gerichtsbarkeit gegeben hatte, um den Altrechtlern entgegenzukommen[50]. Das mündliche Verfahren war in Zivilsachen[51] die Regel (§ 70 des Ediktes); die Öffentlichkeit hatte man für das Zivilverfahren mangels allgemeinen Interesses nicht für „günstig" gehalten[52]. In Strafsachen konnte das Gericht als Plenum Freiheitsstrafen bis zu vier Wochen und Geldstrafen bis zu 30 Reichstalern verhängen; der Oberamtsrichter allein konnte bis auf acht Tage Gefängnis oder Zahlung von 10 Reichstalern erkennen (§ 194 des Ediktes). Das Oberamtsgericht war auch hier Rekursinstanz gegen die von der Ortsobrigkeit erlassenen Straferkenntnisse[53]. Das Verfahren entsprach dem geheimen Inquisitionsprozeß, „die Herstellung eines angemessenen öffentlichen Verfahrens bey Criminalprozessen" blieb „künftiger Entschließung" vorbehalten (§ 213 des Ediktes).

Damit besaß Württemberg eine Einrichtung, die freisinnige Abgeordnete im benachbarten Baden in die Reihe ihrer elementaren Forderungen aufgenommen hatten, nämlich Mitwirkung des Volkes an der Rechtsprechung. Dennoch übten die württembergischen Schöffengerichte keinerlei Einfluß auf die Diskussion um die Laienbeteiligung in der Karlsruher Ständeversammlung aus. Dort orientierte man sich ausschließlich an dem Modell der französischen Jury, bis Welcker im Jahre 1843 die Laienspruchkörper des Nachbarlandes zur Stützung seines Antrags auf Einführung von Schöffengerichten erwähnte. Denn die württembergische Regelung entsprach wegen des Fehlens des öffentlichen und mündlichen Prozesses nicht den Vorstellungen der Freisinnigen; die Edikte König Wilhelms hatten zwar die Volksgerichte wieder eingeführt, nicht aber wenigstens den im Jahre 1806 abgeschafften fiskalischen Anklageprozeß.

---

[49] Vgl. oben.

[50] Vgl. *Knapp:* S. 89 - 92; geregelt in §§ 1 - 42 des Ediktes von 1818; Im Gegensatz zu Baden, wo der Bürgermeister allein entschied, hatte hier der Gemeinderat „wahres Richteramt" in Untergangssachen (Nachbarschaftsstreitigkeiten) und geringfügigen Sachen bis zu 10 - 30 Gulden je nach Größe der Gemeinde. Daneben hatte der Gemeindevorsteher allein oder zusammen mit Gemeinderäten das Amt eines Friedensrichters auch in höherwertigen Streitigkeiten.

[51] Über das Verfahren vor den Oberamtsgerichten nach 1818 vgl. *Schwartz:* Zivilprozeßgesetzgebung, S. 531 - 536. Bei der Verhandlung mußten zwei, bei der Entscheidung drei Schöffen mitwirken.

[52] Organisationsedikt, Bemerkungen, S. 19.

[53] Nur für Übertretungen und Polizeivergehen durfte der Gemeinderat bis zu 8 Talern oder viertägiger Gefängnisstrafe erkennen, der Ortsvorsteher allein bis auf die Hälfte des genannten Strafmaßes.

Ein Gericht, in dem weiterhin nach den Regeln des inquisitorischen Verfahrens prozediert wurde, wie es bei dem Oberamtsgericht der Fall war, konnte den badischen Abgeordneten kaum als beachtenswertes Vorbild erscheinen. Auch geht die Wiedereinführung der Laiengerichte nicht auf liberalen Einfluß zurück. Der württembergische Monarch galt, wenn er auch entschlossen war, mit dem liberalen Wind zu segeln[54], nicht als Anhänger dieser Ideen. Die Oberamtsgerichtskollegien mit ihrer Laienbeteiligung nach dem IV. Edikt stellen ein Entgegenkommen des Landesherrn an die Altrechtler dar[55], sind also ein Ergebnis des seit 1815 so heftig geführten Kampfes um das „alte Recht".

Den Oberamtsgerichten war im Jahre 1824, um die Geschäftsüberlastung der Obergerichte abzubauen, eine erweiterte Kompetenz zugestanden worden; sie erhielten eine solche in Strafsachen bis zu drei Monaten Freiheitsstrafe oder 30 fl Geldstrafe[56]; vorher lag die Strafbefugnis lediglich bei einer im Höchstfall vierwöchentlichen Freiheitsstrafe. Im Jahre 1839 wurde diese Grenze sogar auf zwei Jahre Gefängnis heraufgesetzt[57]. Das führte dazu, daß man ab 1837 dem seit nahezu drei Jahrzehnten bestehenden Institut der württembergischen Laiengerichtsbarkeit erhöhte Aufmerksamkeit zukommen ließ und es einer kritischen Betrachtung unterzog. Besonders anläßlich der Verhandlungen um eine neue Strafprozeßordnung für das Königreich nahm man sich dieser Frage, die auch außerhalb des Landtags die Gemüter im Lande bewegte, an. Besondere Beachtung schenkte ihnen der Tübinger Rechtsgelehrte Hepp[58], der das Institut der Gerichtsbeisitzer in beiden Funktionen, als Spruchrichter und als Beisitzer bei Untersuchungen für „längst überlebt" hielt[59]. Die Wiedereinführung der urteilenden Schöffen im Jahre 1818 sei „zwar wohlgemeint" gewesen, da sie den Bezirksgerichten einen „gewissen volkstümlichen Anstrich" gegeben hätten[60], aber im Gegensatz zu den alten Schöffengerichten, wo dem Richter allein die Verhandlungsleitung, nicht aber Stimmrecht bei der Urteils-

---

[54] *Marquardt:* S. 274.

[55] *Knapp:* S. 73.

[56] Edikt über die „Straf-Gattungen und Straf-Anstalten" vom 17. Juli 1824, Reg.Bl. Nr. 4, S. 589 - 600.

[57] Durch das Gesetz, betreffend die Competenz der Gerichte zu Untersuchung und Bestrafung der im Strafgesetzbuche genannten Verbrechen und Vergehen vom 1. März 1839. Ges.Bl. Nr. 14, S. 231 - 235; vgl. hierzu *Hepp:* 4. Beitrag zum Inquisitionsprozeß, S. 408.

[58] Er nahm neben dem bereits genannten4. Beitrag zum Inquisitionsprozeß zur württembergischen Laiengerichtsbarkeit Stellung: Rückblick auf die Strafprozeßgesetzgebung der letzten fünf Jahre vor Einführung der Geschworenengerichte in Deutschland, Gerichtssaal, Bd. III, 2, 1851, S. 271 - 295; S. 506 - 513. Über den gegenwärtigen Zustand der Strafrechtspflege in Württemberg, Gerichtssaal, Bd. III, 2, 1851, S. 234 - 268.

[59] *Hepp:* Über den gegenwärtigen Zustand, S. 246.

[60] Ebd., S. 245.

fällung zugekommen war, könne man die neuen württembergischen Oberamtsgerichte nicht als wirkliche Volksgerichte bezeichnen. Zwar bestünde die Möglichkeit, daß die drei Gerichtsbeisitzer die beiden rechtsgelehrten Mitglieder des Kollegiums „majorisierten", die Praxis habe aber gezeigt, daß jene „regelmaßig nur Figuranten"[61] seien. Auch das Scabinat, d. h. die Funktion der Laienbeisitzer als Gerichtszeugen bzw. Urkundspersonen bei den Untersuchungsgerichten sei in seiner gegenwärtigen Form unbrauchbar. Ihre Aufgabe, nämlich die Kontrolle des Untersuchungsrichters, könnten sie nicht erfüllen. „Ungelehrte Scabinen" seien zu einer solchen Kontrolle „schlechterdings unfähig"[62]. Da sie nicht nur stunden-, sondern tage- und wochenlang „still und stumm" dasitzen müßten, lediglich um das Gehörte ihrem Gedächtnis einzuprägen, könnten sie vor allem dann dem Inquirenten nicht mehr folgen, wenn es um die subjektive Seite der Tat gehe, da ihnen hierfür die erforderlichen Rechtkenntnisse fehlten. Ein Vergleich mit der peinlichen Gerichtsordnung, wo neben Richter und Schöffen ein besonderer Gerichtsschreiber bei der Untersuchung zugegen sein mußte, mache die Unbrauchbarkeit der württembergischen Regelung des Untersuchungsverfahrens deutlich. Hepp empfahl eine Reform dergestalt, daß die „halben Volks- und halben Juristengerichte zugleich mit dem geheimen und schriftlichen Inquisitionsverfahren" aufgehoben werden sollten[63].

Das Urteil über die „Gerichtsbeischläfer", wie sie der Volkswitz zu nennen pflegte[64], wurde sogar von einem Betroffenen[65] geteilt. Bezeichnete Hepp die Scabinen als „ein gar zahmes und friedliches Geschlecht, meistens ältliche und ungebildete Personen, die nichts Besseres zu tun wissen, als mit Sitzen und Schlafen die Gebühren zu verdienen[66] ... und zuweilen zu den fraglichen Stellen nur darum zudringen, weil sie zur Betreibung ihres Gewerbes weder Lust noch Geschick noch Mittel besitzen und von der Amtsversammlung in Ermangelung tüchtigerer Subjekte gewählt werden"[67], so beklagte sich der Nürtinger Gerichtsbeisitzer darüber, daß sich dieses Institut in 22 Jahren nicht kräftiger und volkstümlicher entwickelt habe. Denn die Gerichtsbeisitzer nähmen in der öffentlichen Achtung nicht die Stellung ein, welche ihnen als Mitglieder des ersten Kollegiums des Bezirks gebühre. Das Publikum sähe sie häufig als unnütze Nebenpersonen oder gar als ein Mittel der Sanktionierung willkürlicher Handlungen an[68]. So bleibe der Wille des Gesetzgebers, daß

[61] Ebd.
[62] *Hepp:* Beitrag zum Inquisitionsprozeß, S. 426.
[63] Ebd., S. 446.
[64] *Hepp:* Über den gegenwärtigen Zustand, S. 246.
[65] *G. Zeller:* Gerichtsbeisitzer zu Nürtingen, Das Institut der württembergischen Oberamtsgerichtsbeisitzer, 1841.
[66] *Hepp:* Beitrag zum Inquisitionsprozeß, S. 426.
[67] Ebd., S. 412.
[68] *Zeller:* S. 3.

nämlich zu Gerichtsbeisitzern nur die tüchtigsten und einsichtsvollsten Männer aus allen Ständen gewählt werden, von Ausnahmen abgesehen, nur „Papier und Theorie". Zeller teilte seine Kollegen in vier Gruppen ein[69]: Die erste sei die der Rentner und Pensionäre, für die die Beisitzerstelle einen kleinen Erwerb[70] sowie Unterhaltung darstelle, die zweite umfasse die jüngeren Männer, die „keinen gehörig beschäftigenden Beruf" hätten und dieses Amt als Lückenbüßer ansähen, eine weitere Gruppe reizten die Ehrenvorzüge der Gerichtsbeisitzer[71], darüber hinaus bedeute ihnen das Amt mehr „eine Last als eine Lust" und schließlich solche, welche „wider ihren Willen" oder nur mit halber Zustimmung gewählt worden seien und sich das unfreiwillige Amt durch Abladen auf andere möglichst leicht zu machen suchten. Es sei zuviel verlangt, von diesen „teilweise abgelebten, teilweise gleichgültigen Beisitzern" ein Streben nach selbständiger Anwendung der Gesetze und kritischer Überprüfung der Untersuchungsergebnisse zu verlangen. Gerade bei den Scabinen zeige sich die Unfähigkeit der bisherigen Gerichtsbeisitzer, die „lieber zur Verdeckung von Willkürlichkeiten ihren Namen hergeben, als in der gesetzlich vorgeschriebenen Weise dagegen zu protestieren", so daß sogar die Sage[72] gehe, Gerichtsbeisitzer hätten ihr eigenes Todesurteil unterzeichnet, welches ihnen probeweise vorgelegt wurde.

Daß diese Stimmen der allgemeinen Meinung entsprachen, zeigen zahlreiche Verbesserungsvorschläge im Plenum der württembergischen Ständeversammlung[73]. Abschaffen wollte man das traditionsreiche Institut nicht. Man suchte vielmehr nach Wegen, wie die geschilderten Mißstände abzustellen seien. Die Regierung wurde ersucht, folgende Verbesserungen vorzunehmen[74]: Das Innenministerium sollte die leitenden Beamten der Oberämter auffordern, vor jeder Wahl neuer Amtsgerichtsbeisitzer die Amtsversammlung, welche die Wahl vornahm, auf die erhöhte Wichtigkeit dieser Stellen infolge der erweiterten Strafkompetenz aufmerksam zu machen. Außerdem sollten die Oberamtsgerichtsbeisitzer aus den Einwohnern der gesamten Bezirks ausgewählt werden. Auf diese Weise habe man einen größeren Kreis wirklich befähigter Kandidaten zur Verfügung. Weiterhin schlug die Kammer eine Trennung des Scabinen- vom

[69] Ebd., S. 10.

[70] Die Gerichtsbeisitzer wurden nach Stunden bezahlt, sie erhielten 6 Kreuzer pro Stunde; *Hepp:* Beitrag zum Inquisitionsprozeß, S. 414.

[71] Die Oberamtsgerichtsbeisitzer besaßen die Ehrenrechte der Stadträte, wie z. B. besondere Kirchenstühle oder Vortritt beim Abendmahl; vgl. *Hepp:* ebd., S. 404.

[72] *Zeller:* S. 11.

[73] z. B. Verhandlungen der württembergischen zweiten Kammer 1838, Beratung des Gesetzentwurfes betreffend die Kompetenz der Gerichte, 108. bis 112. Sitzung, September 1838.

[74] Verhandlungen der zweiten württembergischen Kammer 1838, Beilagenheft 3, S. 493 ff., enthält die Zusammenstellung der gefaßten Beschlüsse.

Beisitzeramt vor, weil die bislang geübte Praxis zu einer Überforderung der Beisitzer geführt habe und viele zur Übernahme eines solchen Amtes deshalb nicht bereit seien, weil gleichzeitig die Pflicht zur Teilnahme am Untersuchungsverfahren bestehe. Das Justizministerium sollte schließlich auf die Gerichte einwirken, daß vor jeder Gerichtssitzung besondere Einladungen an die Beisitzer herausgeschickt werden.

Der Landtag des Jahres 1841[75] behandelte diesen Fragenkreis anläßlich der Beratung des Entwurfs der Strafprozeßordnung erneut. Auch dieses Mal erfolgten zahlreiche Vorschläge, um „das Institut zu heben"[76]. Dabei stand die bereits 1838 erörterte Trennung des Scabinen- und Beisitzeramts im Vordergrund, setzte sich jedoch nicht durch. Ein entsprechender Antrag wurde mit 68 gegen 61 Stimmen verneint[77]. Man befürchtete nämlich, daß die Trennung das Scabinat „zur Nullität herabwürdigen" würde[78]. Auch durch Vergrößerung der Zahl der Oberamtsgerichtsbeisitzer auf 24 und durch Verbesserung der Bezüge gedachte man die Mängel der bisherigen Praxis zu beseitigen. Die erste Kammer, die schon 1838 den Standpunkt vertreten hatte, das rechtsgelehrte Element bei den Oberamtsgerichten durch Aufnahme eines weiteren Berufsjuristen zu verstärken, verweigerte jedoch ihre Zustimmung zu der Vergrößerung der Laienzahl[79].

Die württembergische Strafprozeßordnung[80] behielt das Institut der aus Untersuchungsrichter und Gerichtszeugen zusammengesetzten Untersuchungsgerichte bei[81]. Der neue württembergische Strafprozeß hatte das geheime Inquisitionsverfahren nicht völlig abgeschafft, sondern „eine bunte Musterkarte der verschiedenen Formen des Strafverfahrens"[82] eingeführt. Neben einem reinen und einem modifizierten Inquisitionsprozeß blieb dem Anklageprozeß nur wenig Raum; die mündliche Schlußverhandlung wurde auf die schwersten Fälle beschränkt[83]. Im übrigen blieb aber die Verfassung der württembergischen Oberamtsgerichte mit ihren stimmberechtigten Laienrichtern voll erhalten[84].

---

[75] Verhandlungen 1841/43, 1. Beilagenheft, 1. Abt., S. 396 ff.; Beratung und Beschlüsse der Kammer, Prot. 9, S. 48 ff.

[76] Ebd. S. 64.

[77] Ebd. S. 81.

[78] Ebd. S. 60.

[79] Vgl. hierzu *Hepp:* Beitrag zum Inquisitionsprozeß, S. 424 f.

[80] Gesetz vom 22. Juni 1843, Reg.Bl. Nr. 33, S. 459 - 576.

[81] Vgl. hierüber *E. Kern:* Die Gerichtsbeisitzer oder Gerichtszeugen, S. 76 f.

[82] *Hepp:* Über den gegenwärtigen Zustand der Strafrechtspflege, S. 234.

[83] Vgl. *J. B. Bekk:* Die großherzoglich badische Strafprozeßordnung, S. 9, S. 11, S. 13, wo auch Vergleiche mit der württembergischen StPO von 1845 gezogen werden; die württembergische Regelung blieb wegen der Beibehaltung des Inquisitionsprozesses weit hinter der badischen zurück. Kritisch über den „traurigen Entwurf" der neuen Strafprozeßordnung äußert sich auch *Scherer* in: Staatslexikon, Bd. 12, S. 124; über den Vergleich der badischen mit der württembergischen StPO vgl. auch *Mackert:* S. 163 f.

Im Jahre 1869 trat in Württemberg ein umfangreiches Gesetzgebungswerk in Kraft. Neben dem Gerichtsverfassungsgesetz[85] bewirkten neue Prozeßordnungen für Zivil[86]- und Strafsachen[87] eine Neugestaltung des Gerichtsaufbaus und des Verfahrens. Seit langem geforderte Reformen wie Öffentlichkeit und Mündlichkeit der Verhandlungen und der Anklageprozeß wurden ausgeführt. Die nach fast zehnjährigen Verhandlungen verabschiedete Gerichtsverfassung kann, was den Umfang der dort geregelten Laiengerichtsbarkeit anbelangt, als einmalig in Deutschland angesehen werden. Nirgendwo ist die Heranziehung des Laienelements auf so breiter Basis eingeführt worden[88]. Nach dem Gesetz von 1868 wurden die württembergischen Gerichte wie folgt organisiert:

Rechtsprechende Organe des Königreichs stellten die Ortsgerichte, Oberamtsgerichte, Kreisgerichtshöfe, Schwurgerichte und das Obertribunal dar; hinzu kamen als besondere Gerichte der Staatsgerichtshof, die Militärgerichte, das Hofgericht und das katholische Ehegericht[89]. Als Ortsgericht fungierte der Gemeinderat, der außer dem Vorstand (Schultheiß, Stadtschultheiß oder Oberbürgermeister) je nach Größe der Gemeinde aus 5 bis 24 von der Einwohnerschaft auf sechs Jahre gewählten Bürgern bestand. Er verhandelte und entschied in voller Besetzung über die seiner Jurisdiktion unterliegenden Rechtsstreitigkeiten. An der Zuständigkeit dieser 1818 wieder ins Leben gerufenen Gerichtskollegien[90] hatte das neue Gesetz keine Änderung getroffen. Der Ortsvorsteher bildete zudem noch das Vollstreckungsgericht und war Organ der freiwilligen Gerichtsbarkeit[91]. Zu diesem Zweck wurden ihm geschäftskundige staatliche Hilfsbeamte, Gerichts- oder Amtsnotare, beigegeben. Außerdem bestand auf Gemeindeebene das „gemeinschaftliche Unteramt für Ehesachen“ bestehend aus dem Ortsvorsteher und dem Ortsgeistlichen. Die Untergangssachen, d. h. Streitigkeiten aus Nachbarschaftsverhältnissen, wurden nunmehr aus der Zuständigkeit der Ortsbehörden heraus-

[84] Vgl. die Übersicht über die württembergische Gerichtsverfassung bei *L. Hauff:* Die Gerichtsverfassung der sämtlichen deutschen Staaten, 1856, S. 129 ff., S. 133.

[85] Gesetz vom 15. März 1868, Gesetzbl. Nr. 8, S. 61 - 84.

[86] Strafprozeßordnung vom 17. April 1868, Ges.Bl. Nr. 18, S. 105 f. mit Beilage.

[87] Zivilprozeßordnung vom 3. April 1868, Ges.Bl. Nr. 16, S. 191 f. mit Beilage.

[88] Einen Vergleich mit den Gerichtsverfassungsgesetzen anderer deutscher Staaten nach dem Stand des Jahres 1868 bietet die Zusammenfassung von *H. A. Fecht:* Über die Gerichtsverfassung der deutschen Staaten. Die Gerichtsverfassung des Königreichs Württemberg ist dort ausführlich dargestellt in der 2. Abteilung, 1. Heft, S. 321 ff. Eine Übersicht über die neue württembergische Organisation befindet sich auch bei *R. Gessler:* Die in Württemberg bevorstehenden Änderungen der Gerichtsverfassung und des Strafverfahrens, in: Gerichtssaal, 19. Jahrgang, 1867, S. 401 - 419.

[89] *Fecht:* S. 322.

[90] Vgl. oben S. 155.

[91] Waisengericht.

genommen und den Oberamtsgerichten zugeteilt[92]. Wie in der badischen Gerichtsverfassung von 1864 stellte auch die württembergische Gemeindegerichtsbarkeit die Bestätigung einer bereits bestehenden Einrichtung dar[93], wobei allerdings die württembergischen Gemeindegerichte völlig innerhalb des ordentlichen Gerichtsaufbaus standen; die Aufsicht über sie führte das Oberamtsgericht.

Als Strafgericht urteilte das Oberamtsgericht wie bisher in der Besetzung von zwei Berufs- und drei Laienrichtern; im Gegensatz zum früheren Rechtszustand konnte eine höhere Anzahl von Laienrichtern nicht mehr mitstimmen[94]. Die gesetzliche Bezeichnung der Beisitzer des Spruchgerichts lautete nunmehr „Schöffen"; ihr Amt wurde von dem der Urkundspersonen, dem Scabinat, getrennt und besonderen Gerichtszeugen übertragen[95]. Die Zuständigkeit[96] der Oberamtsgerichte in Strafsachen blieb auf der Aburteilung leichterer Straffälle beschränkt. Die Höhe der zu verhängenden Strafen wurde auf drei Monate Gefängnis bzw. 100 Taler Geldstrafe herabgesetzt. In Zivilsachen hatten sie über solche Prozesse zu urteilen, deren Streitwert nicht die Zuständigkeit der Ortsgerichte begründete, aber 200 Taler nicht überstieg.

Die Strafkammern der Kreisgerichte und Kreisstrafgerichte[97] entschieden in der Zusammensetzung von drei Berufsrichtern und zwei Schöffen, in besonderen, durch die Strafprozeßordnung bezeichneten schwereren Straffällen, in einer solchen von vier Richtern und drei Schöffen in erster Instanz über die Delikte, die weder in die Zuständigkeit der Oberamtsgerichte noch in die der Schwurgerichte fielen. Die im Jahre 1849 im Gefolge der Revolution eingeführten Schwurgerichte[98] wurden beibehalten. In den acht Schwurgerichtsbezirken des Landes[99] sollten aus drei, falls auf Todesstrafe erkannt werden konnte, aus fünf Richtern und zwölf Geschworenen bestehende Schwurgerichte gebildet werden, deren Sprengel mit dem der Kreisgerichte zusammenfiel. Die Strafkammer beim obersten Gericht des Landes, das Obertribunal, war Kassationsgericht und entschied unter Zusammentritt von sieben rechts-

---

[92] *Gessler:* S. 400.
[93] Ebd., S. 404.
[94] *Fecht:* S. 328.
[95] Vgl. *E. Kern:* Gerichtsbeisitzer oder Gerichtszeugen, S. 79.
[96] Vgl. im einzelnen *Fecht:* S. 343.
[97] Dabei handelte es sich um besondere Strafkammern außerhalb des Sitzes der Kreisgerichte, sie bestanden in Eßlingen, Biberach und Hall. Vgl. *Knapp:* S. 188.
[98] Über den Verlauf des württembergischen Kampfes um das Geschworenengericht, über seine Einführung und Gestalt vgl. *Knapp:* S. 124 - 138. Erstmalig wurde ein entsprechender Antrag von Ludwig Uhland im Jahre 1820 gestellt; ebd., S. 128. Auch hier bestand von Anfang an der Zusammenhang mit der Pressefreiheit.
[99] Heilbronn, Eßlingen, Ellwangen, Hall, Ulm, Ravensburg, Rottweil und Tübingen.

gelehrten Mitgliedern über Nichtigkeitsbeschwerden, in der Besetzung von fünf Berufsrichtern über einfache Beschwerden[100].

Mit dieser Organisation der Strafgerichte hatte Württemberg als einziger deutscher Staat in der Mittelstufe der Strafgerichtsbarkeit die Laienbeteiligung eingeführt[101]. Hier hielt man die Hinzuziehung von Schöffen in den Strafkammern für konsequent, wenn eine solche bei Oberamtsgerichten und Schwurgerichten bestand. Vorschläge, die Jury auch dort einzuführen, lehnte man wegen der mit dem Geschworenengericht gemachten Erfahrungen ab, vor allem wegen der Undurchführbarkeit der Trennung von Tat- und Rechtsfrage[102]. Andererseits wandte man sich gegen eine Abschaffung der Schwurgerichte, weil sich das Volk schon zu sehr an die Jury gewöhnt habe. Die Zukunft solle zeigen, ob sich den Schwurgerichten oder den Schöffengerichten das „öffentliche Zutrauen" mehr zuwende[103]. Die Gründe für die Beteiligung ehrenamtlicher Richter bei den Strafkammern dürften aber vor allem darin zu suchen sein, daß die Laiengerichtsbarkeit in Württemberg eine ausgeprägte Tradition besaß und das Land von jeher an solche Spruchkörper gewöhnt war. So fanden auch bei der Frage der Neuorganisation der Oberamtsgerichte Vorschläge[104], diese nur mit dem Einzelrichter und zwei Schöffen zu besetzen, wegen der Neigung, das Bestehende zu erhalten, erheblichen Widerspruch und konnten sich nicht durchsetzen.

Auch in Zivilsachen sprachen weiterhin, württembergischer Tradition entsprechend, Laien bei den Oberamtsgerichten Recht. Zur Einführung des Einzelrichteramtes für geringwertige Zivilstreitigkeiten, wie es in allen anderen Staaten bestand, konnte man sich ebenfalls nicht entschließen. Die Gründe, die für die Beibehaltung der Schöffen in der Zivilrechtspflege angeführt wurden, beschränkten sich im wesentlichen auf den Hinweis, man habe seit langem ein mehrköpfiges Gericht gehabt. Zudem liege die Beurteilung der Beweisfragen in Zivilsachen den Bürgern noch näher als in Strafsachen, auch ergänze die „einfache und natürliche Betrachtungsweise" und die Erfahrung nicht juristisch gebildeter Männer die zergliedernde Schärfe und systematische Arbeit der Juristen[105].

---

[100] *Fecht:* S. 339.

[101] Nur in Preußen, Baden, Oldenburg und Bremen war eine Laienbeteiligung bei der Entscheidung leichter und schwerer Straffälle eingeführt worden, Sachsen hatte neben den Schwurgerichten Laien in der Mittelinstanz, die anderen deutschen Staaten hatten, mit Ausnahme der beiden Mecklenburg, Sachsen-Altenburg, Schaumburg-Lippe, Lippe und Lübeck, wo ausschließlich rechtsgelehrte Richter in den Strafgerichten saßen, nur die Schwurgerichte eingeführt; vgl. Denkschrift über die Schöffengerichte, S. 4 - 8.

[102] *Knapp:* S. 180.

[103] Ebd.

[104] Einen solchen Vorschlag hatte auch der sächsische Jurist Schwarze in einem für Württemberg erstellten Gutachten gemacht. Ebd., S. 173.

[105] Ebd., S. 178.

Die Beteiligung ehrenamtlicher Richter bei der Handelsgerichtsbarkeit, wie sie das neue Gesetz vorsah, verdient besondere Beachtung. In diesem Bereich wirkten Laien sogar in drei Instanzen mit. Unter Aufgabe der erst kurz zuvor eingeführten selbständigen Handelsgerichte[106] traf das Gerichtsverfassungsgesetz von 1869 die Regelung wie im Jahre 1822, als man Kaufleute in die regulären Gremien sandte, sobald Handelsstreitigkeiten auf der Tagesordnung standen. Nach der Neuregelung sollte bei derartigen Streitigkeiten wenigstens einer der Beisitzer dem Handelsstande angehören. Darüber hinaus stand es jedem Oberamtsrichter frei, alle Schöffensitze durch Handelsleute besetzen zu lassen[107]. In zweiter Instanz[108] urteilte statt der in der Besetzung von fünf Berufsrichtern entscheidenden Zivilkammer ein Spruchkörper, dem drei Berufs- und zwei Handelsrichter angehörten. Schließlich war die Zivilkammer des Obertribunals, des höchsten württembergischen Gerichts, in Handelssachen mit drei rechtsgelehrten und zwei kaufmännischen Richtern besetzt, als Kassationsgericht sogar mit vier Richtern und drei Kaufleuten[109]. Am 1. Juli 1871 wurden die Geschäfte des Handelssenats beim Obertribunal auf ein besonderes Landesoberhandelsgericht[110] übertragen, bei welchem neben drei Berufsrichtern zwei Beisitzer aus dem Handelsstand mitwirkten. Die Einrichtung dieses Gerichts stand im Zusammenhang mit der Errichtung eines obersten Gerichtshofes in Handelssachen, des Bundesoberhandelsgerichts in Leipzig.

Wahl und Ernennung aller in der Gerichtsverfassung vorgesehenen Laienrichter, der Schöffen in Zivil-, Handels- und Strafsachen sowie der Gerichtszeugen und der Geschworenen erfolgten grundsätzlich unter gleichen Voraussetzungen[111]. Jeder württembergische Staatsbürger, der mindestens 30 Jahre alt war, konnte zum Schöffen bzw. Geschworenen oder Gerichtszeugen ernannt werden. Hinderungsgründe waren u. a. der Entzug der bürgerlichen Ehrenrechte, Inanspruchnahme öffentlicher Fürsorge und Status eines Dienstboten. Darüber hinaus blieben Geistliche, Militärs, Lehrer und sonstige Staatsbeamte von diesen Ämtern ausgeschlossen; Rechtsanwälte, praktizierende Ärzte und Mitglieder der

---

[106] Selbständige Handelsgerichte waren in Württemberg erst im Zusammenhang mit der Schaffung eines allgemeinen deutschen Handelsgesetzbuches im Jahre 1865 eingeführt worden. Über ihre Einführung im einzelnen *Knapp:* S. 154 - 162. Im Dezember 1865 richtete man vier Handelsgerichte in Stuttgart, Ulm, Heilbronn und Reutlingen ein, deren Sprengel aber nur ein Fünftel der württembergischen Oberämter umfaßte. Ebd., S. 162. Besetzt waren diese Gerichte jeweils mit zwei Berufsrichtern und drei Laien; ein Oberhandelsgericht, welches in der Besetzung von vier rechtsgelehrten und drei kaufmännischen Richtern entschied, bildete die übergeordnete Instanz.

[107] *Fecht:* S. 328.

[108] Ebd., S. 332.

[109] Ebd., S. 339.

[110] Über die Errichtung dieses Gerichts, *Knapp:* S. 192 - 194.

[111] Vgl. im einzelnen *Fecht:* S. 325 f.

Ständeversammlung konnten die Übernahme des Amtes ablehnen. Die Schöffen für die Oberamtsgerichte und Strafkammern und die Gerichtszeugen wurden durch den Bezirksausschuß aus einer von den Gemeinderäten erstellten Liste ausgewählt. Vier von ihnen mußten dem Kaufmannsstande angehören. Die Wahl der Laienrichter für die Zivilkammern der Kreisgerichte oblag den Angehörigen des Kaufmannsstandes im Kreisgerichtssprengel. Die für den Handelssenat des Obertribunals vorgesehenen ehrenamtlichen Mitglieder wurden von der „Centralstelle für Handel und Gewerbe"[112] aus der Mitte der Angehörigen des Kaufmannsstandes des Landes auf zwei Jahre gewählt. Für die Geschworenen galt ein besonderes Auswahlverfahren[113]. Ämterhäufung bei einer Person war nicht zulässig; Schöffen und Gerichtszeugen konnten allerdings gleichzeitig das Amt eines Geschworenen ausüben, besaßen aber, wenn sie schon eine dieser Funktionen inne hatten, ein Ablehnungsrecht.

Die in Deutschland einmalige Ausdehnung der Laiengerichtsbarkeit ist vor allem darauf zurückzuführen, daß die Stimmen, besonders unter den Abgeordneten[114], in der Überzahl gewesen waren, die auf den bestehenden Rechtszustand besondere Rücksicht nahmen. Insofern gleicht diese Entwicklung dem im Jahre 1818 beschrittenen Weg, als man die Oberamtsgerichtskollegien als Teil des alten Rechts, nicht aber unter dem Gesichtspunkt einer liberalen Reform einführte. Das Festhalten an überlieferten Einrichtungen, welches sich seit 1861 von Entwurf zu Entwurf[115] verstärkt hatte, machte das Gerichtsverfassungsgesetz von 1869 von Anfang an reformbedürftig[116]. Die Württemberger mußten daher auch im Jahre 1879 mit Einführung der neuen Reichsgerichtsverfassung auf einen großen Teil der Laiengerichtsbarkeit[117] verzichten. Das galt besonders für die Schöffengerichte in Zivilsachen, deren Aufgaben jetzt auf den Einzelrichter beim Amtsgericht übertragen wurden, aber auch für die Handelsgerichtsbarkeit und die Schöffengerichte in Strafsachen der Mittelstufe. Ein Vergleich mit der badischen Regelung des Jahres 1864 macht hier besonders deren sinnvolle und ausgeglichene Konzeption deutlich.

---

[112] *Fecht:* S. 338.

[113] *Fecht:* S. 335 f.

[114] *Knapp:* S. 186.

[115] Über die zahlreichen Entwürfe, die der württembergischen Gerichtsverfassung von 1868 vorangingen, vgl. *Knapp:* S. 163 - 176. So sah ein erster Entwurf 1861 die Bildung von Schöffengerichten nach dem Vorbild Hannovers (1 Richter,2 Schöffen) und in Zivilsachen den Einzelrichter vor, die übrigen Gerichte sollten mit Ausnahme der Schwurgerichte nur mit Berufsrichtern besetzt sein.

[116] Ebd., S. 186.

[117] Über die Auswirkungen der Reichsgerichtsverfassung vgl. *Knapp:* S. 198 bis 209.

V. Schwurgerichte oder Schöffengerichte

Wie im Großherzogtum und in Württemberg hatten in den 60er Jahren andere Staaten Schöffengerichte und ihre Gerichtsverfassungen aufgenommen[1]. Nachdem bis 1848 der Kampf um die Laienbeteiligung mit der Forderung nach Geschworenengerichten identisch war, erfuhr er nach dem Siegeszug jenes Institutes eine wesentliche Änderung, als die Reformbedürftigkeit des in Deutschland gebräuchlichen Modells der französisch-rheinischen Jury immer mehr zu Tage trat[2]. Bei der Diskussion über die Frage, wie die notwendigen Verbesserungen zu erreichen seien, bildeten sich nämlich zwei völlig verschiedene Meinungen heraus. Da Baden im Kampf um die Einführung der Schwurgerichte eine führende Rolle eingenommen hatte, gleichzeitig in den süddeutschen Staaten auch andere Formen der Laiengerichtsbarkeit entwickelt und ausgebaut wurden, soll diese Auseinandersetzung und das Verhältnis Jury - Schöffengericht, die letztlich für den heutigen Zustand der Laiengerichtsbarkeit Erhebliches bedeutete, zum Abschluß aufgezeigt werden.

Der Streit innerhalb der Wissenschaft, welcher Feuerbachs frühen Werken über das Geschworenengericht nachfolgte, fand auf der Germanistenversammlung in Lübeck[3] 1847 ein Ende, als die dort versammelten Rechtsgelehrten sich für das Geschworenengericht aussprachen. Vorangegangen war eine Fülle wissenschaftlicher Veröffentlichungen[4], unter denen sich die Namen bedeutender deutscher Juristen jener Zeit finden, wie Abegg, Mittermaier, Savigny, Dahlmann, Maurer und Biener. Die Schöffengerichte kamen auf jenem Germanistentag kaum zur Sprache. Sie wurden nur flüchtig behandelt und traten völlig hinter der allein dis-

---

[1] Sachsen, Oldenburg, Hamburg, Bremen, Preußen in einzelnen Landesteilen; vgl. Denkschrift, S. 30 - 39.

[2] Der am meisten kritisierte Mangel bestand in dem noch ungelösten Problem der Scheidung von Rechts- und Tatfrage; ferner störten die Belastung der Berufenen sowie die Schwerfälligkeit der Einrichtung, aber auch die Kosten; vgl. *F. Schwarze:* Das Schwurgericht; Weiskes Rechtslexikon, Bd. 10, S. 1 - 125, S. 123 f.

[3] Über den Umschwung auf der Germanistenversammlung in Lübeck 1847 berichtet ausführlich *Schwinge:* S. 146 - 153.

[4] Erwähnt seien neben dem bereits genannten Werk von Mittermaier, Mündlichkeit; *I. H. Abegg:* Beiträge zur Strafprozeßgesetzgebung, Neustadt, 1841; *F. C. Dahlmann:* Ein Wegweiser durch die Geschichte der englischen Jury; Zeitschrift für deutsches Recht, Bd. 10, 1846, S. 185 ff.; *A. F. Biener:* Beiträge zur Geschichte des Geschworenengerichts, Leipzig, 1827. Eine ausführliche Darlegung des Meinungsstreits bis 1848 gibt *Schwinge:* S. 38 - 43, S. 66 - 74.

kutierten Form der Laienbeteiligung, dem Schwurgericht, zurück[5]. Auch Georg Beseler, der sich in seinem Werk „Volksrecht und Juristenrecht“[6] für die Einführung der Schöffengerichte ausgesprochen hatte, verkündete hier beiläufig, daß er anderer Meinung geworden sei[7]. Ein Teil der Verbesserungsvorschläge lautete nun dahingehend, durch teilweise Übernahme der englischen Geschworenenverfassung die jetzigen Mängel der Jury zu beseitigen. Gerade dies aber erschien den Schwurgerichtsgegnern als nicht durchführbar, da sich der Geist der englischen Institutionen in kein deutsches Gesetz übertragen ließe[8]. Denn mit der englischen Jury wußte man „platterdings nichts anzufangen“, da sie zu sehr auf der eigentümlichen englischen Entwicklung beruhte und man, um sie nach englischem Muster zu reproduzieren, zuerst die normannische Eroberung und ihre Folgen historisch hätte nachvollziehen müssen[9].

Das erste ausführliche Votum für die Einführung von Schöffengerichten anstelle von Schwurgerichten stammt aus der Feder des sächsischen Juristen Friedrich Schwarze[10]. Unter Ausklammerung der politischen Funktion der Jury beschäftigte er sich ausschließlich mit ihrer rechtlichen Seite. Ausgehend von ihrem Grundgedanken der Mitwirkung des bürgerlichen Elements bei der Strafrechtspflege[11], schlug er zur Beseiti-

---

[5] *Schwinge:* S. 152.

[6] Vgl. oben S. 52. Im 9. Kapitel befaßte er sich mit dem Volksrecht im Verhältnis zum Gerichtswesen, S. 246 - 283; nach einem Vergleich zwischen „reinen Volksgerichten“, „Juristengerichten“ und „gemischten Gerichten“ kam er nach Befürwortung der letztgenannten zu dem Ergebnis, daß das Schwurgericht, wenn es auch einem reinen Juristengericht vorzuziehen sei, dem Schöffengericht nachstehe und „da wir in Deutschland noch zu wählen haben, so ist für die Einführung des letzteren zu stimmen“, S. 280.

[7] *Schwinge:* S. 152.

[8] *F. Schwarze:* Das deutsche Schwurgericht und dessen Reform, 1865, S. 134 ff., S. 136.
Besonders Rudolf Gneist zählte zu den Befürwortern des Planes, ein „deutsches Schwurgericht“ durch Übernahme englischer Grundsätze zu schaffen. Vgl. hierzu *A. Weise:* Einflüsse englischer Rechtsgedanken auf die Reformbestrebungen im deutschen Gerichtswesen vom Anfang des 19. Jahrhunderts bis 1914, Jur. Diss. (masch.), Erlangen, 1948, S. 47 - 67.

[9] So heißt es in einem Aufsatz eines anonymen Verfassers über Schwur- und Schöffengerichte; Im neuen Reich, 1871, S. 656 - 663, S. 658.

[10] Zur Person vgl. *v. Schwarze,* in: ADB, Bd. 33, Neudruck 1971, S. 253 - 256. Dr. Ludwig Friedrich Oscar v. Schwarze, 1816 - 1886, sächsischer Jurist. 1848 in die Kommission zur Bearbeitung einer Strafprozeßordnung berufen, wirkte er maßgeblich an der sächsischen StPO von 1856 und des StGB von 1868 mit. Die in diesem Gesetz erfolgte Einführung von Schöffengerichten für mittlere Strafsachen war sein Werk. Schwarze war Mitglied in fast allen Reichstagskommissionen, die Rechtsfragen behandelten sowie führendes Mitglied der Deutschen Reichspartei (Freikonservative Partei). Vgl. seine weiteren Schriften: Die Schöffengerichte im Königreich Sachsen, GA Bd. 17, S. 257 ff.; Bd. 18, S. 585 ff.; Das Schöffengericht, 1873; Das deutsche Schwurgericht und dessen Reform, 1865.

[11] Ebd., Einleitung, S. III.

gung des „heillosen Zustandes der jetzigen Juryeinrichtung“ die Einführung von Schöffengerichten als „Verbindung des bürgerlichen und des juristischen Elements zur gemeinsamen und gleichberechtigten Verhandlung und Urteilsfällung“ in allen Instanzen der Strafrechtspflege vor. Die Zahl der Stimmen derer, die eine Umgestaltung der Laiengerichtsbarkeit in diesem Sinne befürworteten, nahm in der Folgezeit zu[12]. Insbesondere zählte das preußische Justizministerium zu den Verfechtern des neuen Schöffengerichts. In einem 1873 veröffentlichten ausführlichen Gutachten[13] rechtfertigte das Ministerium sein Votum: Einleitend wurde festgestellt, daß das Prinzip der Mitwirkung des Volkes an der Strafrechtspflege allgemein anerkannt sei[14]. Die entscheidende Frage liege jetzt nur noch darin, ob die Laienbeteiligung in der Form von Schwur- oder Schöffengerichten, oder in der Verbindung beider Institute in der Art, daß die einen für schwere, die anderen für leichtere und mittlere Straffälle zuständig seien, zu realisieren sei. Die Frage wurde zugunsten der Schöffengerichte in allen Sparten der Strafgerichtsbarkeit entschieden[15]. Die gleiche Auffassung vertrat der Göttinger Professor H. A. Zachariae in seinem Beitrag über das moderne Schöffengericht[16]. Zur Begründung ihrer These geht die Denkschrift davon aus[17], daß die liberalen Forderungen nach Einführung der Geschworenengerichte nicht das Institut als solches zum Inhalt gehabt hätten. Es sei allein darum gegangen, das Volk an der Strafrechtspflege zu beteiligen. Die Tatsache, daß das Institut der nach französischem Vorbild ausgerichteten Jury die einzige damals in Deutschland bekannte Form einer Laienbeteiligung gewesen sei, habe dazu geführt, daß eben nur dieses Institut gefordert wurde. Die politischen Verhältnisse jener Epoche hätten schließlich dem Schwurgericht „den Nimbus einer freiheitlichen Institution“ gegeben[18]. Die Jury hätte weniger Aussicht gehabt als „nachahmenswerte Institution“ eingeführt zu werden, wenn nicht die Beziehung der politischen Reformen zu denen des Gerichtswesens so eng gewesen wäre. Eine „gewisse zeitweilige Unfähigkeit der europäischen Völker zur Hervorbringung eigener nationaler

---

[12] Vgl. hierzu die Literaturangaben bei *E. Kern:* Geschichte, S. 86.

[13] Amtliche Denkschrift über die Schöffengerichte, ausgearbeitet im preußischen Justizministerium, Berlin, 1873; sie war dem Entwurf I einer Reichsstrafprozeßoßrdnung als Anlage beigegeben; auch abgedruckt in: GA Bd. 21, S. 40 - 56, wo sich auch zahlreiche Literaturhinweise zu diesem Streit finden.

[14] Ebd., S. 10.

[15] Ebd., S. 11.

[16] In: Deutsche Zeit- und Streitfragen, Flugschriften zur Kenntnis der Gegenwart, hrsg. von Fr. v. Holtzendorff und W. Oncken, 1872, 1. Jahrg., S. 529 bis 592; vgl. zur Person: *Eberhard Schmidt:* S. 291; Zachariae hatte bereits 1846 die Schwurgerichte als „die Verwirklichung des richterlichen Absolutismus“ abgelehnt, Die Gebrechen und die Reform des deutschen Strafverfahrens (1846), S. 306.

[17] Denkschrift, S. 13.

[18] Ebd.

Schöpfungen“[19] sei ein wesentlicher Faktor dieser Entwicklung gewesen. Da die Jury ihre Verpflanzung aus England auf den Kontinent vorzugsweise politischen Gründen verdanke, sei die juristische und die prozessuale Seite der Institution immer in zweiter Linie behandelt und der Streit nur darüber geführt worden, ob „die Rechtsprechung durch Juristen oder diejenige durch Laien die bessere sei“. Der innere Organismus der englischen Jury, die Art des Zusammenwirkens von Richter und Geschworenen sei wenig oder gar nicht Gegenstand einer Untersuchung gewesen[20]. Ohne an die Tradition des Kampfes um die Geschworenengerichte bis zum Jahre 1848 gebunden zu sein, könne man jetzt die Laiengerichtsbarkeit neu überdenken.

Das Ergebnis dieses Prozesses sollte das „moderne Schöffengericht“[21] darstellen. Kennzeichen dieser Einrichtung und zugleich wesentlicher Unterschied zum Geschworenengericht war die gleichberechtigte Verbindung des juristischen und des laienhaften Elements zu einem Spruchkörper, welcher über den gesamten abzuurteilenden Fall entschied. Nach Zachariaes Ansicht[22] war diese Gerichtsform deshalb die bessere, weil

„A. sich mit ihr die Forderung einer volkstümlichen Strafrechtspflege ebenso gut und noch in ausgedehnterem Maße verwirklichen läßt, als mit dem Schwurgerichte;

B. weil die unverbesserlichen Mängel der Urteilsfällung mit Geschworenen, wie sie sich besonders aus der Trennung einer an sich unteilbaren Aufgabe, deren Verteilung an verschiedene selbständig und unabhängig von einander agierende Organe ergeben, durch das Schöffengericht und nur durch das Schöffengericht vermieden werden;

C. weil sich mit dem Schöffengericht eine viel einfachere, harmonischere und gleichartigere Konstruktion der ganzen Strafgerichtsverfassung und des Strafverfahrens verwirklichen läßt, als dies unter Beibehaltung des, wenn auch in dieser oder jener Hinsicht verbesserten Schwurgerichts möglich ist.“

Aber noch weitere gewichtige Gründe für die Schöffenverfassung konnten deren Verfechter ins Feld führen[23]: Sie sahen die volkstümliche Rechtspflege dort viel besser gewährleistet als bei den nach starren Regeln urteilenden Schwurgerichten, welche die Geschworenen auf ganz bestimmte Fragen festlegten. Ein Schöffe könne dagegen seine eigene

[19] Ebd., S. 15.

[20] Ebd.

[21] Im Gegensatz zu den altdeutschen Schöffengerichten mit der ihnen innewohnenden Trennung in verhandlungsleitenden, aber nicht entscheidenden Richter und urteilenden Schöffen; *Zachariae:* Schöffengericht, S. 533.

[22] Ebd., S. 564.

[23] Vgl. Denkschrift, S. 22 - 29; *Zachariae:* Schöffengericht, S. 564 - 585; *Schwarze:* Das deutsche Schwurgericht, S. 172 - 191.

Auffassung zum gesamten Fall bis hin zur Höhe des Strafmaßes zur Geltung bringen. Infolge der Zusammenarbeit erhöhe sich die Kenntnis und das Verständnis des Rechts bei den Laien. Auch der Richter könne feststellen, inwieweit die Gesetze dem Volk verständlich seien. Die Schöffengerichte hätten zudem noch den Vorteil, eine wesentlich geringere Belastung für die Volksrichter darzustellen, weil sie leichter als die nur zu bestimmten Sitzungsperioden tagenden Schwurgerichte einzuberufen seien und die umständliche, zeitraubende Prozedur der Jury wegfalle. Die Einführung des Laienelements in den unteren und mittleren Instanzen werde damit überhaupt erst möglich, denn eine Übertragung des Juryprinzips auf diese Gerichte scheitere an den Personalproblemen und an den Kosten. Schließlich sei ein weiterer Vorteil dieser Schöffengerichte darin zu sehen, daß ihre Urteile im Gegensatz zu denen der Schwurgerichte mit Entscheidungsgründen versehen werden könnten, damit der Rechtsfortbildung dienten und in einer weiteren Instanz überprüft werden konnten.

Wie Beiträge[24] badischer Praktiker zeigen, hatte das neue Institut auch im Stammland des Geschworenengerichts Anhänger gefunden. Dies galt besonders für die Richter, die mit dem Schöffengericht bereits Bekanntschaft gemacht hatten. Seit seiner Einrichtung im Jahre 1864 wurde es sowohl von den Richtern als auch vom Publikum in zunehmendem Maße geschätzt[25]. Man war der Auffassung, daß das Schöffengericht die volkstümlichste und vielleicht die einzige volkstümliche Einrichtung sei, weil sein einfaches und ungekünsteltes Verfahren für den Laien leichter verständlich sei als das Prinzip des schwerfälligen und kostspieligen Geschworenengerichts mit seiner „künstlichen Trennung der zur Urteilsfällung notwendigen Funktion des Denkvermögens“[26]. Die Redewendung des badischen Bauern: „Ich bin zu drei Tagen Gefängnis verschöffelt worden“ oder „Er werde seine Sache vor den Schöffel bringen“[27] beweise dies. Dementsprechend halten die Verfasser jener Beiträge die Einführung des Schöffengerichts in allen Strafen für eine „fortschrittliche Umkehr zu wahrhafter Volkstümlichkeit“ der Rechtspflege. Ganz deutlich läßt der Beitrag erkennen, wo die Sache des Schöffengerichts besonders gefördert wurde: „Daß, wie ein bekannter Wahlspruch aus hochweisem Munde allen Vorurteilen zum Trotz ausgesprochen, man im deutschen Norden tatsächlich liberaler als im Süden ist, das hat sich auch bei dieser Frage wieder deutlich erwiesen. Möge der Norden auch hierin siegreich sein[28].“

---

[24] Zwei Zeugnisse für das Schöffengericht. I. Schwurgericht oder Schöffengericht von *F. Weitzel:* II. Schöffengericht und Gespenster von *M. Eisen:* 1873.

[25] Ebd., S. 4.

[26] Ebd.

[27] Ebd., S. 22.

[28] Ebd., S. 39.

Zu den genannten rechtlichen Gründen kamen nach Wiedererlangung der Reichseinheit politische Gründe. So wie nach den Befreiungskriegen die Schwurgerichte teilweise als nichtdeutsche Institutionen des französischen Eroberers abgelehnt wurden, so sollten jetzt die „ausgetretenen Gleise bonapartistisch-französischer Justizreform“[29] verlassen werden. Mit „Kaiser und Reich“ sollten die Schöffen und die „wahrhaft gesunden Wurzeln der Volksgerichte, wie sie dem Naturell unserer Race entsprechen“, wiederkehren und „Teil der glorreichen Gegenwart deutscher Nation und ihrer selbstbewußten Wiederauferstehung über den Niedergang gallischen Volkstums“ sein[30], und, so fragte der Verfasser weiter, könnte nicht „die schöffenbare Freiheit wiederauferstehen von den Todten und die romanisch-demokratischen Gespenster von Volkssouveränität und staatsbürgerlichen Grundrechten in ihre unheimlichen Behausungen jenseits des Rheins zurückscheuchen?“ Schon dem im Zusammenhang mit den Schwurgerichten eingeführte Vokabular, wie Jury, Assisen, Verdikt oder Obmann hafte „unrettbar Fremdländisches und Fremdartiges des Ursprungs“ an und zeige die „unverstandene und mißverständliche Art der Nachäfferei, die man mit der Beibehaltung des Schwurgerichts ausübe“[31]. „Geschworener zu sein, ist ein fröhlicher, harmloser Dilettantismus, den jeder einmal mit Vergnügen treibt, Schöffe sein, d. h. ein Jahr lang dem Gericht zur Verfügung stehen, ist ein nüchterner, verantwortlicher und mühevoller Beruf, dem jedermann aus dem Wege geht[32].“

Aber auch in den mehr fachlich ausgerichteten Beiträgen zugunsten der Schöffengerichte findet der Gedanke, ein eigenständiges nationales Institut zu schaffen, seinen Niederschlag. Zachariae[33] nennt es „ein neues, aber in wahrhaft nationalem Sinn ausgeführtes, homogenes Werk“. Und der Bericht des preußischen Ministeriums schließlich führt aus[34]: „Das deutsche Volk aber, das gegenwärtig an Größe und Machtstellung hinter keinem Volk der Erde zurücksteht, wird sich nicht damit begnügen dürfen, den früher eingetretenen, seiner heutigen Größe aber keineswegs würdigen Weg des Nachahmens weiter zu verfolgen; es wird gerade auf dem Gebiet des Rechts am wenigsten darauf verzichten können, eigene nationale Schöpfungen ins Leben zu rufen, wenn eine unbefangene Prüfung der bestehenden, dem Ausland entlehnten Einrichtung zu der Überzeugung führt, daß dieselben durch etwas Besseres ersetzt werden können.“

---

[29] Im neuen Reich, S. 657, über Schwur- und Schöffengerichte.

[30] Ebd., S. 663.

[31] S. 657 ebd.

[32] Ebd., S. 661.

[33] Das moderne Schöffengericht, S. 532.

[34] Gutachten, S. 15.

Die Verfechter der Schwurgerichte freilich, des „Paladiums der Volksfreiheit“, lehnten das Schöffengericht als „Ausdruck der Reaktion“ ab[35]. Mittermaier, dessen wissenschaftliches Werk zur Einführung der Schwurgerichte in Deutschland erheblich beigetragen hatte, gehörte zu den ersten, die sich gegen die neuen Ideen von Laienbeteiligung wandten[36]. Durch die Einführung der „Halbheit des Schöffengerichts“, für welches „nutzlos Staatsbürger belästigt werden“, um die „Allmacht des Richters durch vorschützende Scheinkollegialität zu erhöhen“[37] gehe der große Vorteil der Jury, nämlich die Schuldfrage ausschließlich und unbeeinflußt von Laien entscheiden zu lassen, verloren. Die Autorität der Staatsrichter, hervorgerufen durch deren Redegewandtheit, Rechtskenntnis und Erfahrungen, stand bei den ablehnenden Stimmen[38] des „Scheinwesens des Schöffengerichts“[39] im Vordergrund. Es sei nämlich der wesentliche Zweck der Schöffengerichte, die Richter aus dem Volke derartig im Zügel zu halten, daß dort, wo es darauf ankommt, das geurteilt werde, was die Berufsrichter geurteilt wissen wollten. Das Schöffengericht diene zu nichts anderem als zur „Herabdrückung der Volksgerichtsbarkeit zu deren völliger Bedeutungslosigkeit“[40]. Die Kritik am Schöffengericht, „als Attentat auf die Volkstümlichkeit der Rechtspflege, die dem deutschen Volke eine der wichtigsten freiheitlichen Errungenschaften der letzten Dezennien entzöge“[41], zeigt das Fortwirken der im Vordergrund stehenden politischen Bedeutung des Schwurgerichts.

Zunächst blieben die Befürworter des Schwurgerichts siegreich, denn der dritte Entwurf einer Strafprozeßordnung[42], welcher auch die endgültige Fassung des Gesetzes darstellte, sah Schöffengerichte nur bei den unteren Gerichten vor und behielt die Schwurgerichte bei. Damit war die Laiengerichtsbarkeit, wie sie die Entwürfe I und II zur Strafprozeßordnung vorgesehen hatten[43], nämlich große Schöffengerichte (drei Richter und sechs Schöffen) für schwere Strafsachen, mittlere Schöffengerichte (drei Richter und drei Schöffen) und in unterster Instanz kleine Schöffengerichte (ein Richter und zwei Schöffen), gestrichen worden. Da besonders

---

[35] Zwei Zeugnisse, S. 7.

[36] Mit seiner 1866 erschienenen Schrift: Das Volksgericht in Gestalt der Schwur- und Schöffengerichte.

[37] Ebd., S. 37.

[38] Hierzu gehört auch *R. Gneist:* Vier Fragen zur deutschen Strafprozeßordnung mit einem Schlußwort über die Schöffengerichte, 1874. Wegen weiterer Literatur siehe Gutachten über Schöffengerichte, S. 45 f.

[39] So bezeichnete es der Lübecker Richter *John:* Über Geschworenengerichte und Schöffengerichte, 1872, S. 44.

[40] Ebd.

[41] Zitiert bei *Zachariae:* Schöffengericht, S. 565.

[42] Vgl. Die gesamten Materialien zur Strafprozeßordnung, hrsg. von C. Hahn, 2. Aufl., 1885.

[43] Vgl. hierüber *E. Kern:* Geschichte, S. 88 - 93.

der süddeutsche Liberalismus seinen ganzen Einfluß in die Waagschale geworfen hatte[44], um die Schwurgerichte zu erhalten, hatten auch zwei Entwürfe einer Gerichtsverfassung wegen der fehlenden Schwurgerichte keine Aussicht auf Annahme. Daher hatte der Bundesrat diese Änderungen vorgenommen. Aus der Rechtsfrage war wiederum eine Parteifrage gemacht worden. Karl Binding[45] beklagte sich darüber, daß erst neuerdings der Liberalismus seinen ganzen Einfluß geltend gemacht habe, um jede sachliche Erörterung für oder gegen Geschworene abzuschneiden. Er bezeichnete es als „traurige Tatsache“, daß die Regierung sich durch die Parteidisziplin, nicht aber aus sachlichen Gründen habe einschüchtern lassen und lautlos jenem Druck nachgegeben habe und die besseren Gesetzesentwürfe den schlechteren geopfert habe. Daher ist zu verstehen, daß auch nach Aufnahme der Schwurgerichte in die deutsche Gerichtsverfassung die Stimmen der Kritik nicht zum Schweigen kamen[46]. Wie sehr der Streit noch Jahrzehnte später die Gemüter der Juristen draußen im Lande beschäftigte, mag der Aufsatz eines badischen Richters[47] zeigen; der Verfasser beendete jedes Kapitel seiner Ausführungen mit der sich wiederholenden Wendung: „Die Schwurgerichte müssen fallen, die Schöffengerichte müssen kommen.“

Der preußische Justizminister sollte Recht behalten, als er anläßlich der Beratung der Gerichtsverfassung vor dem Reichstag erklärte[48]: „Täuschen wir uns darüber doch nicht, daß das Institut der Jury dem Abend seines Lebens entgegengeht und daß in der Morgendämmerung die Schöffengerichtsverfassung liegt.“ Die aus der Finanznot des Reiches geborene Emminger'sche Justizreform des Jahres 1924[49] beseitigte die Schwurgerichte und ersetzte sie unter Beibehaltung des Namens durch große Schöffengerichte, deren Spruchkörper sich aus drei Richtern und sechs Schöffen zusammensetzte.

---

[44] Ebd., S. 87.

[45] In seiner Schrift: Drei Grundfragen der Organisation des Strafgerichts, 1876, zitiert bei *H. Müller:* Die Entstehungsgeschichte des Gerichtsverfassungsgesetzes, Jur. Diss., 1939, S. 32; Binding war Gegner von Laiengerichten überhaupt, zog die Schöffengerichte aber den „doppelzüngigen Geschworenengerichten“ vor; *Karl Binding:* Der Kampf um die deutsche Strafgerichtsbank; Preußische Jahrbücher, hrsg. v. H. v. Treitschke und W. Wehrenpfennig, 32. Band, 1873, S. 117 - 175, S. 169.

[46] Vgl. hierzu im einzelnen *E. Kern:* Geschichte, S. 117 f. mit weiteren Nachweisen S. 114.

[47] *W. Krauss:* Die Laien bei den Strafgerichten; Badische Rechtspraxis, 1907, S. 189 - 191, S. 204 - 206, S. 216 - 218.

[48] Materialien zum GVG, hrsg. von C. Hahn, 2. Aufl., 1883, S. 1257.

[49] Reichsges.Bl. Teil I Nr. 2 vom 7. Januar 1924, S. 15 - 22; vgl. *E. Kern:* Geschichte, S. 160 - 164.

Quellen- und Literaturverzeichnis

Aus den Beständen des Generallandesarchivs Karlsruhe

1. Gewerbe und Handel — Die Entstehung von Handelsgerichten
   Generalia — Staatsministerium — 233/31259 - 31260
2. Motion des Abgeordneten Dr. Welcker — Auf Vorlage eines Gesetzentwurfs über Aufhebung der Kreisdirektorien und die Einführung von Landräten
   Generalia — Landstände des Großherzogtums Baden — II. Kammer — Landräte — 231/1462
3. Plan zur besseren Organisierung der Gerichte besonders das Prozeßverfahren in erster Instanz
   Generalia — Justizverwaltung 234/370
4. Entwurf einer großherzoglich badischen Untergerichtsordnung mit den dazu gemachten Vorträgen
   Generalia — Justizverwaltung 234/376
5. Staatsverfassung
   Der Landtag von 1848 — hier die von der II. Kammer in einer Adresse an S. K. Hoheit den Großherzog aufgestellten Wünsche und die Zusicherung der Gewährung derselben
   Generalia — Ministerium des Innern 236/4228
6. Schatzungsrecht
   Die Aufstellung der Kataster und die Errichtung von Steuerschwurgerichten
   Generalia — Staatsministerium 233/32362

II. Gedruckte Quellen, Verzeichnisse und Gesetzentwürfe

Allgemeine Deutsche Biographie, hrsg. durch die historische Commission bei der Königlichen Akademie der Wissenschaften, Neudruck, Berlin seit 1967

Badische Bibliothek, Staats- und Rechtskunde, Bd. 1, Karlsruhe 1897

Badische Biographien, Bd. 1 - 4, hrsg. von F. v. Weech, Karlsruhe 1875 - 91

Neue Deutsche Biographie, hrsg. von der historischen Kommission der Bayrischen Akademie der Wissenschaften, 7 Bde., Berlin seit 1953

Bibliographie der badischen Geschichte, bearbeitet von F. Lautenschläger, Bd. II, Karlsruhe 1933, Bd. III, Stuttgart 1961

Deutsches Rechtswörterbuch, hrsg. von der Preußischen Akademie der Wissenschaften, Bd. II, bearbeitet von E. Frhr. v. Künßberg, Weimar 1935

Entwurf, die Gerichtsverfassung des Großherzogtums Baden betreffend, Karlsruhe 1843

Friedrich, König von Württemberg, Anordnung über die Staatsverwaltung, Stuttgart 1806

Handwörterbuch zur Deutschen Rechtsgeschichte, hrsg. von Adalbert Erler und Ekkehard Kaufmann, mitbegründet von Wolfgang Stammler, Bd. I, Berlin 1971

Gesetzes- und Verordnungsblatt für das Großherzogtum Baden, Karlsruhe seit 1869

Kur-Badensche Obergerichtsordnung, Mannheim 1804

Kurfürstlich Badische Landesorganisation in dreizehn Edikten, Karlsruhe 1803

Die gesamten Materialien zu dem Gerichtsverfassungsgesetz, hrsg. von C. Hahn, 2. Aufl., Berlin 1883

Die gesamten Materialien zur Strafprozeßordnung, hrsg. von C. Hahn, 2. Aufl., Berlin 1885

Organisation für das Großherzogtum Baden, enthaltend das Generalrescript vom 26. 11. 1809, Karlsruhe 1810

Organisationsedikt über die Rechtspflege in den unteren Instanzen im Königreich Württemberg mit Bemerkungen der Organisationscommission, Stuttgart 1819

Prozeßordnung in bürgerlichen Rechtsstreitigkeiten für das Großherzogtum Baden, Offizielle Ausgabe, Karlsruhe 1832

Großherzoglich badisches Regierungsblatt, Karlsruhe seit 1807

Regierungsblatt für das Königreich Württemberg, Stuttgart seit 1806

Reichsgesetzblatt, Berlin seit 1871

Repertorium über die Verhandlungen der Stände des Großherzogtums Baden, hrsg. von A. Gerwig, Karlsruhe 1831

Das großherzoglich badische Strafedikt mit seinen Erläuterungen und Zusätzen, hrsg. von Rhenanus (Junghanns), Mannheim 1823

Verhandlungen der württembergischen Kammer der Abgeordneten, Stuttgart seit 1819

Verhandlungen der Ständeversammlung des Großherzogtums Baden, enthaltend die Protokolle der I. Kammer und deren Beilagen, von ihr selbst amtlich hrsg., Karlsruhe seit 1819

Verhandlungen der Ständeversammlung des Großherzogtums Baden, enthaltend die Protokolle der II. Kammer mit deren Beilagen von ihr selbst amtlich hrsg., Karlsruhe seit 1819

III. Schrifttum

Affolter, Friedrich Xaver: System des badischen Verwaltungsrechts, Karlsruhe 1904

Ammann, Karl: Gerichtsverfassung und Strafprozeßordnung für das Großherzogtum Baden, Karlsruhe 1865

Andreas, Willy: Geschichte der badischen Verwaltungsorganisation und Verfassung in den Jahren 1802 - 1818; Bd. I, Der Aufbau des Staates im Zusammenhang der allgemeinen Politik, Leipzig 1913

Anonym: Über Schwur- und Schöffengerichte. Im neuen Reich, Wochenschrift für das Leben des deutschen Volkes in Staat, Wissenschaft und Kunst, hrsg. v. A. Dove, 1. Jahrgang, 1871, Bd. 2, S. 656 - 663

Arndt, Erwin: Vom markgräflichen Patrimonialstaat zum großherzoglichen Verfassungsstaat Baden; in: ZGO, Bd. 101, 1953; S. 157 - 264, S. 436 - 531

Bader, Karl Siegfried: Zur politischen und rechtlichen Entwicklung Badens, in: Baden im 19. und 20. Jahrhundert, Bd. I, Karlsruhe 1948, S. 7 - 22

Bähr, Otto: Der Rechtsstaat, Cassel und Göttingen 1864

Baur, Fritz: Laienrichter heute, in: Tübinger Festschrift für Eduard Kern, Tübingen 1968, S. 49 - 64

Beckerath, Erwin: Die preußische Klassensteuer und die Geschichte ihrer Reform bis 1852, München 1912

Beinert, Berthold: Geheimer Rat und Kabinett in Baden unter Karl Friedrich (1738 - 1811); Historische Studien, Bd. 320, Berlin 1937 (Neudruck Vaduz 1965)

Bekk, Johann Baptist: Die Bewegung in Baden von Ende Februar 1848 bis Mitte Mai 1849, Mannheim 1850

— Mündliche Vorträge über die großherzoglich badischen Strafgerichte einschließlich der Schwurgerichte und das Verfahren derselben, Karlsruhe 1851

Bemerkungen: Bemerkungen der vereinigten Obergerichtsadvokaten zu Mannheim über den Gesetzentwurf, die Gerichtsverfassung des Großherzogtums Baden betreffend, übergeben der zweiten Kammer der badischen Landstände von 1843/44, Mannheim 1844

Beseler, Georg: Volksrecht und Juristenrecht, Leipzig 1843

Bihr, Wilhelm: Der württembergische Staatsgerichtshof, Jur. Diss., Tübingen 1931

Binding, Karl: Der Kampf um die deutsche Strafgerichtsbank, in: Preußische Jahresbücher, hrsg. von H. v. Treitschke und W. Wehrenpfennig, 32. Band, Berlin 1873, S. 117 - 175

— Grundriß des deutschen Strafprozeßrechts, 5. Aufl., Leipzig 1904

Blum, Lily: Staatsminister August Lamey; Heidelberger Abhandlungen zur mittelalterlichen und neueren Geschichte, Bd. 63, Heidelberg 1934

Bluntschli, Johann Kaspar: Verwaltungsrecht und Verwaltungsrechtspflege, in: Kritische Vierteljahresschrift für Gesetzgebung und Rechtswissenschaft, Bd. 6, 1854, S. 257 - 291

Böckenförde, Ernst-Wolfgang: Gesetz und gesetzgebende Gewalt, Schriften zum öffentlichen Recht, Bd. 1, Berlin 1958

Böhler, Franz: Der badische Bezirksrat, seine Entwicklung und Stellung in der staatlichen Verwaltungsorganisation, Jena 1933

Bühler, Johannes: Deutsche Geschichte vom ersten zum zweiten deutschen Reich, Bd. 5, Berlin 1954

Carlebach, Rudolf: Badische Rechtsgeschichte, 2 Bände, Heidelberg 1906/1909

Coing, Helmut: Epochen der Rechtsgeschichte in Deutschland, München 1967

Conrad, Hermann: Deutsche Rechtsgeschichte, I. Bd.: Frühzeit und Mittelalter, 2. Aufl., Karlsruhe 1962; II. Bd.: Neuzeit bis 1806, Karlsruhe 1966

Creizenach, J.: Das Wesen und Wirken der Handelsgerichte und ihre Competenz nach den Ergebnissen der französischen und rheinischen Praxis, Erlangen 1861

Christ, Gustav: Die Mannheimer Gerichte seit dem Luneviller Frieden 1801 bis 1907, Mannheim 1907

Denkschrift: Denkschrift über die Schöffengerichte, Königlich Preußisches Justizministerium, Berlin 1873

Deufel, Alois: Die badische Verwaltungsgerichtsbarkeit, Jur. Diss., Innsbruck 1933

Döhring, Erich: Geschichte der deutschen Rechtspflege seit 1500, Berlin 1953

Donsbach, Christian: Die Verfassung und das Prozeßverfahren der Untergerichte in Baden, Karlsruhe 1822

Drais, Carl Wilhelm Friedrich Ludwig Frhr. v.: Geschichte der badischen Gerichtshöfe in neuerer Zeit mit Blicken auf die Vorschläge unserer Tage für mehr Öffentlichkeit der Civil- und Criminaljustiz, für das Plädieren und die Geschworenengerichte, Mannheim 1821

— Zusätze zu meinen Betrachtungen über die Vorschläge unserer Tage für mehr Öffentlichkeit und Mündlichkeit, Mannheim 1822

Dreher, Ernst: Anfänge der Bildung politischer Parteien in Baden, Jur. Diss., Freiburg 1952

Duttlinger, Johann Georg: Zur Geschichte der Strafgerichtsverfassung und Strafrechtspflege in Baden, in: Archiv für Rechtspflege, Bd. I, 1830, S. 547 - 552

Ebel, Wilhelm: Geschichte der Gesetzgebung in Deutschland, 2. Aufl., Göttingen 1958; Göttinger rechtswissenschaftliche Studien, Bd. 24

Eller, Elias: Bemerkungen zu dem Entwurf einer Gerichtsverfassung für das Großherzogtum Baden, Mannheim 1862

Escher, Heinrich: Versuch über die Zweckmäßigkeit und Möglichkeit der Wiederherstellung der Volksgerichte in der Schweiz, Zürich 1834

Fecht, H. A.: Die Gerichtsverfassung der deutschen Staaten; I. Abt.: Österreich, Preußen, Bayern, Sachsen; II. Abt., 1. Heft: Württemberg, Baden, Hessen; Erlangen 1868

— Das Allgemeine Deutsche Handelsgesetzbuch und die Gesetze betreffend I. Die Einführung des HGB in Württemberg; II. Die Errichtung von Handelsgerichten und das Verfahren von denselben in Württemberg, Stuttgart 1865

Feder, Heinrich v.: Einzelrichter oder Collegialgerichte erster Instanz. Erfahrungen über den praktischen Wert der neueren badischen Prozeßgesetzgebung und Rechtsorganisation, Lahr 1861

— Grundzüge einer volkstümlich deutschen Gerichtsverfassung. Ein Beitrag zur Kritik der neueren Gerichtsverfassungsgesetze und Entwürfe, Offenburg 1862

Federer, Julius: Beiträge zur Geschichte des badischen Landrechts, in: Baden im 19. und 20. Jahrhundert, verfassungs- und verwaltungsrechtliche Studien, Bd. I, S. 81 - 181, Karlsruhe 1948

— Recht und Juristen im alten Baden, in: Festschrift zur Eröffnung des Bundesgerichtshofs in Karlsruhe, Karlsruhe 1950, S. 49 - 70

Fetzer, Carl Heinrich: Theorie der altwürttembergischen Justiz- und Gerichtsverfassung und des gerichtlichen Verfahrens in bezug auf bürgerliche Rechtsstreitigkeiten, Stuttgart 1805

Feuerbach, Paul Johann Anselm v.: Betrachtungen über das Geschworenengericht, Landshut 1813

— Betrachtungen über die Öffentlichkeit und Mündlichkeit der Gerechtigkeitspflege, Bd. I, Gießen 1821; Bd. II, Über die Gerichtsverfassung und das Gerichtsverfahren Frankreichs, Gießen 1825

Fischer, Wolfram: Staat und Gesellschaft Badens, in: Staat und Gesellschaft im deutschen Vormärz 1815 - 1848, hrsg. von Werner Conze, Stuttgart 1962, S. 143 - 171

Flad, Friedrich: Einzelrichtertum und Kollegialprinzip in bürgerlichen Rechtsstreitigkeiten nach der badischen Gesetzgebung des 19. Jahrhunderts, in: XXIX. Deutscher Juristentag in Karlsruhe 1908, Karlsruhe 1908, S. 62 - 88

Forsthoff, Ernst: Lehrbuch des Verwaltungsrechts, 9. Aufl., 1. Bd., München 1966

Freydorf, Rudolf v.: Prozeßordnung in bürgerlichen Rechtsstreitigkeiten für das Herzogtum Baden, Heidelberg 1867

Gall, Lothar: Der Liberalismus als regierende Partei, Das Großherzogtum Baden zwischen Restauration und Reichsgründung, Wiesbaden 1968

Gessler, R.: Die in Württemberg bevorstehenden Änderungen der Gerichtsverfassung und des Strafverfahrens, in: Der Gerichtssaal, 19. Jahrgang, 1867, S. 401 - 419

Gneist, Rudolf: Geschichte und heutige Gestalt der englischen Kommunalverfassung oder des Selfgovernment, 2 Bände, Berlin 1863

— Vier Fragen zur deutschen Strafprozeßordnung mit einem Schlußwort über die Schöffengerichte, Berlin 1874

— Der Rechtsstaat und die Verwaltungsgerichte in Deutschland, Berlin 1872, Neudruck der 2. Aufl. 1879, 1958

Götz, Gerhard W.: Die Entwicklung der höheren Kommunalverbände in Baden, Jur. Diss., Freiburg 1957

Göz, Karl: Das Staatsrecht des Königreichs Württemberg; das öffentliche Recht der Gegenwart, hrsg. von G. Jellinek, P. Laband und R. Piloty, Bd. II, Tübingen 1908

Grabower, Rolf: Preußens Steuern vor und nach den Befreiungskriegen, Berlin 1932

Graner, Ferdinand: Zur Geschichte der Kriminalrechtspflege in Württemberg, in: Württembergische Vierteljahreshefte, NF 37, 1931, S. 16 - 57, S. 227 - 265

— Zur Geschichte des Hofgerichts zu Tübingen, in: Württembergische Vierteljahreshefte, NF 32, 1925/26, S. 36 - 89

Grube, Walter: Der Stuttgarter Landtag 1457 - 1957, Stuttgart 1957

Gutzwiller, Max: Schweizerisches Privatrecht, Basel und Stuttgart 1969

Haager, Philipp: Das Schöffengericht, in: Der Gerichtssaal, 18. Jahrgang, 1865, S. 53 - 79

Haas, Ernst: Die Selbstverwaltung der badischen Gemeinde im 19. Jahrhundert, Jur. Diss., Freiburg 1947

Häbler, Rolf Gustav: Ein Staat wird aufgebaut, Badische Geschichte 1789 bis 1818, Baden-Baden 1948

Hagens, Johann Carl: Über die Einführung der Geschworenen für Civil- und Criminalsachen in Deutschland, Paderborn 1848

Hauff, Ludwig: Die Gerichtsverfassung der sämtlichen deutschen Staaten, Fürth 1856

Hecker, Friedrich: Reform des Gerichtswesens, Mannheim 1844

Heffter, Heinrich: Die deutsche Selbstverwaltung im 19. Jahrhundert; Geschichte der Ideen und Institutionen, 2. Aufl., Stuttgart 1969

Heinrich, Herbert: Über den Einfluß des Westens auf die badische Verfassung von 1818, in: Baden im 19. und 20. Jahrhundert, Bd. I, Karlsruhe 1948, S. 23 - 80

Henkel, Heinrich: Strafverfahrensrecht, 2. Aufl. Stuttgart - Köln - Mainz 1968

Hepp, Friedrich Carl Theodor: Vierter Beitrag zum Inquisitionsprozeß. Die ungenügende Besetzung der Untersuchungerichte, mit besonderer Rücksicht auf das Institut der Gerichtsbeisitzer in Württemberg, in: Zeitschrift für deutsches Strafverfahren, NF Bd. 3, 1846, S. 391 - 450

— Rückblick auf die Strafprozeßgesetzgebung der letzten Jahre vor Einführung der Geschworenengerichte in Deutschland, in: Der Gerichtssaal, 3. Jahrgang, Bd. 2, 1851, S. 271 - 295

— Über den gegenwärtigen Zustand der Strafrechtspflege in Württemberg, in: Der Gerichtssaal, 3. Jahrgang, Bd. 2, 1851, S. 234 - 268

Hippel, Wolfgang v.: Zum 125. Todestag Karl von Rottecks, DÖV 1965, S. 742 - 744

Hiemsch, Jan: Die bremische Gerichtsverfassung von der ersten Gerichtsordnung bis zur Reichsjustizgesetzgebung 1751 - 1879; Veröffentlichungen aus dem Staatsarchiv der Freien Hansestadt Bremen, hrsg. von K. H. Schwebel, Bremen 1964

Hintze, Otto: Regierung und Verwaltung, 2. Aufl., Bd. III der gesammelten Abhandlungen, hrsg. von Gerhard Oestreich, Göttingen 1967

Hölzle, Erwin: König Friedrich von Württemberg, in: Württembergische Vierteljahreshefte, NF 36, 1930, S. 269 - 298

— Das alte Recht und die Revolution, München und Berlin 1931

Hoffmann, Johann Gottfried: Die Lehre von den Steuern, Berlin 1840

Huber, Ernst Rudolf: Deutsche Verfassungsgeschichte seit 1789, 4 Bände, 2. Aufl., Stuttgart, Berlin, Köln, Mainz 1967/69

Hufnagel, C. F.: Commentar über das Strafgesetzbuch für das Königreich Württemberg für Praktiker, mit besonderer Rücksicht auf die gewählten Oberamtsgerichtsbeisitzer, 3 Bände, Stuttgart 1840

Jagemann, Ludwig Franz Hugo v.: Volksrichter oder Staatsrichter, ein Votum, in: Zeitschrift für deutsches Strafverfahren, NF Bd. 2, 1844, S. 335 - 382

— Die Anforderungen der Zeit an den Stand der Zivilrichter, Frankfurt 1831

Jellinek, Walter: Die Anfänge der Verwaltungsgerichtsbarkeit in Baden und in Württemberg, DÖV 52, S. 580 - 582

John, Richard: Über Geschworenengerichte und Schöffengerichte, Berlin 1872

Keller, August: Die badische Zivilprozeßordnung von 1831, Jur. Diss., Freiburg 1913

Kern, Eduard: Gerichtsverfassungsrecht, 4. Aufl., München und Berlin 1965

— Die Gerichtsbeisitzer oder Gerichtszeugen (stumme Schöffen) in den partikularen Gerichtsverfassungen des 18. und 19. Jahrhunderts, in: Festschrift für Wilhelm Sauer, Berlin 1949, S. 71 - 84

— Der gesetzliche Richter, in: Öffentlich-rechtliche Abhandlungen, hrsg. von H. Triepel, E. Kaufmann und R. Smend, Heft 8, Berlin 1927

— Die Beteiligung des Volkes an der Strafrechtspflege, in: Der Konstanzer Juristentag, Tübingen 1947, S. 135 - 154

— Geschichte des Gerichtsverfassungsrechts, München, Berlin 1954

Kettenacker, Johann Nepomuk v.: Denkschrift für das teutsche Gerichtsverfahren mit besonderer Rücksicht auf das Großherzogtum Baden gegen die volkstümliche Gerichtsöffentlichkeit und die Geschworenengerichte, Freiburg 1823

Knapp, Joachim: Geschichte und Quellen der württembergischen Gerichtsverfassung von 1800 - 1879, Jur. Diss., Tübingen 1941 (masch.)

Knemeyer, Franz Ludwig: Regierungs- und Verwaltungsreformen in Deutschland zu Beginn des 19. Jahrhunderts, Köln und Berlin 1970

Kosellek, Reinhard: Preußen zwischen Reform und Revolution, Stuttgart 1967

Kopp, K. A.: Die Gesetze und Verordnungen über die Organisation der inneren Verwaltung. Das Verfahren in Verwaltungssachen und die Verwaltungsrechtspflege im Großherzogtum Baden, Emmendingen und Leipzig 1896

Kramer, Helmut: Fraktionsbindungen in den deutschen Volksvertretungen 1819 - 1849; Schriften zur Verfassungsgeschichte, Bd. 7, Berlin 1968

Krapp, Berthold: Die badische Ämterorganisation vom Reichsdeputationshauptschluß bis zum Ende der Rheinbundzeit, Phil. Diss., Heidelberg 1931

Krauss, W.: Die Laien bei den Strafgerichten, Badens Rechtspraxis, 2. Jahrgang, Karlsruhe 1907, S. 189 - 191, S. 204 - 206, S. 216 - 218

Krieger, Albert: Badische Geschichte, Berlin und Leipzig 1921

Landwehr, Götz: Karl Josef Anton Mittermaier, ein Professorenleben in Heidelberg; Heidelberger Jahrbücher, Bd. 12, 1968, S. 29 - 55

Laufs, Adolf: Die Anfänge einheitlicher höchster Gerichtsbarkeit in Deutschland. Zur Gründung des Bundesoberhandelsgerichts vor 100 Jahren, JuS 1969, S. 256 - 259

— Rechtsentwicklungen in Deutschland, Berlin 1973

Leiser, Wolfgang: Der gemeine Prozeß in den badischen Markgrafschaften; Veröffentlichungen der Kommission für geschichtliche Landeskunde, Reihe B, 16. Bd., Stuttgart 1961

— Strafgerichtsbarkeit in Süddeutschland, Formen und Entwicklungen, Forschungen zur deutschen Rechtsgeschichte, hrsg. von S. Gagner, H. Krause und H. Schultze v. Lasaulx, Bd. 9, Köln und Wien 1971

Leue, Friedrich Gottfried: Das deutsche Schöffengericht, Leipzig 1847

Lewald, Otto: Das Handelsgericht als Staatsinstitut und als Schiedsgericht, Berlin 1845

Lenel, Paul: Badens Rechtsverfassung und Verwaltung unter Markgraf Carl Friedrich 1738 - 1803; Freiburger Abhandlungen aus dem Gebiete des öffentlichen Rechts, hrsg. von W. v. Rohland, H. Rosin und R. Schmidt, Bd. 23, Karlsruhe 1913

List, Friedrich: Denkschrift an S. M. den König von Württemberg, einen von den königlichen Gerichten an seiner Person begangenen Justizmord betreffend, Straßburg 1823

Lucas: Aus der Entwicklungsgeschichte der Schöffengerichte in Deutschland vor Entstehung der Gerichtsverfassung von 1877; Deutsche Strafrechtszeitung, 1915, S. 278 - 281

Mackert, Josef Anton: Von der peinlichen Prozedur zum Anklageprozeß, in: Baden im 19. und 20. Jahrhundert, verfassungs- und verwaltungsrechtliche Studien, hrsg. von Karl S. Bader, Bd. II, Karlsruhe 1950, S. 89 - 211

Mainhard, Ludwig: Die Gemeindegerichtsbarkeit im Großherzogtum Baden seit 1807, in: XXIX. Deutscher Juristentag zu Karlsruhe vom 9. - 13. September 1908, Karlsruhe 1908, S. 23 - 61

Mann, Golo: Deutsche Geschichte des 19. und 20. Jahrhunderts, Frankfurt/M. 1969

Marquardt, Ernst: Geschichte Württembergs, Stuttgart 1961

Mayer, Anton: Beiträge zur Geschichte des badischen Rechts, in: Blätter für Justiz und Verwaltung, Bd. I, Freiburg 1841, S. 85 - 99, S. 585 - 732

Menger, Christian Friedrich: Der Schutz der Grundrechte in der Verwaltungsgerichtsbarkeit. Die Grundrechte, hrsg. von Karl August Bettermann, Hans Carl Nipperdey, Ulrich Scheuner, Bd. III/2, Berlin 1959, S. 717 - 778

Merckel: Die einfache Polizeigerichtsbarkeit der Bürgermeister in Frankreich, in: Der Gerichtssaal, Bd. III, 1851, S. 480 - 505

Michelsen, Andreas Ludwig Jakob: Über die Genesis der Jury, Leipzig 1847

Miller, Max: Neuwürttemberg unter Herzog und Kurfürst Friedrich. Organisation und Verwaltung, Stuttgart und Berlin 1934

Mittermaier, Karl Joseph Anton: Der gemeine deutsche bürgerliche Prozeß, 1. Beitrag, 2. Aufl., Bonn 1822

— Die öffentliche und mündliche Strafrechtspflege und das Geschworenengericht in Vergleichung mit dem deutschen Strafverfahren, Landshut 1819

— Das Volksgericht in Gestalt der Schwur- und Schöffengerichte, in: Sammlung gemeinverständlicher wissenschaftlicher Vorträge, hrsg. von Rud. Virchow und Fr. v. Holtzendorff, Heft 18, Berlin 1866

— Die Mündlichkeit, das Anklageprinzip, die Öffentlichkeit und die Geschworenengerichte, Stuttgart, Tübingen 1845

Mohl, Robert v.: Grundriß zu Vorlesungen über württembergisches Staatsrecht, Tübingen 1824

— Das Staatsrecht des Königreichs Württemberg, 2 Bände, Tübingen 1840

Müller, Hanswerner: Die ehrenamtlichen Richter, in: Deutsche Richterzeitung, 1964, S. 337 - 339

Müller, Hermann: Die Entstehungsgeschichte des Gerichtsverfassungsgesetzes, Jur. Diss., Tübingen 1939

Müller, Leonhard: Badische Landtagsgeschichte, 4 Bände, Berlin 1900 - 1902

Müller-Dietz, Heinz: Das Leben des Rechtslehrers und Politikers Karl Theodor Welcker; Beiträge zur Freiburger Wissenschafts- und Universitätsgeschichte, hrsg. von J. Vincke, Bd. 34, Freiburg 1968

Poppitz, Johannes: Die Anfänge der Verwaltungssgerichtsbarkeit; Archiv des öffentlichen Rechts, NF Bd. 33, 1943, S. 158 - 221; NF Bd. 34, 1944, S. 3 - 40

Radbruch, Gustav: Paul Johann Anselm Feuerbach. Ein Juristenleben erzählt von Gustav Radbruch, Wien 1934, neu hrsg. von E. Wolf, 1957

— Einführung in die Rechtswissenschaft, hrsg. von Konrad Zweigert, 9. Aufl., Stuttgart 1958

Ramin, Eberhard: Die Geschichte der Selbstverwaltungsidee seit dem Freiherrn vom Stein, Jur. Diss., Münster 1972

Rapp, Maximilian: 100 Jahre Badischer Verwaltungsgerichtshof, in: Staatsbürger und Recht, Verwaltungsgerichtsbarkeit in Geschichte und Gegenwart, hrsg. von Helmuth Külz und Richard Naumann, Bd. I, Karlsruhe 1963, S. 1 - 24

Reinhardt, Anneliese: Volk und Abgeordnetenkammer in Baden zur Zeit des Frühliberalismus (1819 - 1831), Phil. Diss., Göttingen 1952

Rheinbaben, Georg-Wilhelm Frhr. v.: Die Erste Kammer in Baden 1818 - 1918, Jur. Diss., Freiburg 1949

Riehl, Wilhelm H.: Die Naturgeschichte des Volkes als Grundlage einer deutschen Socialpolitik, 2 Bände, 8. Aufl., Stuttgart 1883

Rosin, Heinrich: Handbibliothek badischer Gesetze, Bd. II, Freiburg 1888

Rosshirt, Conrad Franz: Über die Entwürfe der Gerichtsverfassung und der Strafprozeßordnung für das Großherzogtum Baden, Heidelberg 1844

Roth, B.: Entwurf einer Untergerichtsordnung für die badischen Ämter, 2. Aufl., Karlsruhe 1826

Rotteck, Karl v. und Karl Theodor *Welcker* (Hrsg.): Staatslexikon, 1. und 2. Aufl., Altona 1834 - 1846, 15 Bände; 3. Aufl., Leipzig 1857 - 1866, 14 Bände

Rüfner, Wolfgang: Verwaltungsrechtsschutz im 19. Jahrhundert vor Einführung der Verwaltungsgerichtsbarkeit, DÖV 1963, S. 719 - 726

Rüggeberg, Jörg: Zur Funktion der ehrenamtlichen Richter in den öffentlichrechtlichen Gerichtsbarkeiten, in: Verwaltungsarchiv, 1970, S. 189 - 218

Schiffmann, Gerfried: Die Bedeutung der ehrenamtlichen Richter bei Gerichten der allgemeinen Verwaltungsgerichtsbarkeit, Schriftenreihe der Hochschule Speyer, Berlin 1974

Schimmelpfennig, F. G.: Die preußischen direkten Steuern, I. und II. Teil, 2. Aufl., Potsdam 1893

Scholtissek, Marietheres: Die innere Verwaltung Badens unter Minister Bekk in der vormärzlichen Zeit, Phil. Diss., München 1959

Schmidt, Eberhard: Einführung in die Geschichte der Strafrechtspflege, 3. Aufl., Göttingen 1965

Schmidt, Richard: Staatsverfassung und Gerichtsverfassung, Betrachtungen zum Problem der Gemeindegerichtsbarkeit, Festgabe für Laband, Bd. II, Tübingen 1908, S. 337 - 362

Schmitt, Herbert: Das vormärzliche Staatsdenken und die Revolution von 1848/49 in Baden, in: Baden im 19. und 20. Jahrhundert, hrsg. von K. S. Bader, Bd. II, Karlsruhe 1950, S. 13 - 88

Schnabel, Franz: Ludwig v. Liebenstein, ein Geschichtsbild aus den Anfängen des süddeutschen Verfassungslebens, 1927

— Deutsche Geschichte im 19. Jahrhundert, 4 Bände, 2. - 4. Aufl., Freiburg 1948 - 1955

Schühly, Alfred: Ursprung und Weg der Verwaltungsrechtspflege in Baden, DÖV 53, S. 613 - 618

Schwartz, Johann Christian: 400 Jahre deutscher Civilprozeßgesetzgebung, Berlin 1898

Schwarze, Friedrich Oskar: Das Schwurgericht, in: Weiskes Rechtslexikon, Bd. 10, Leipzig 1856, S. 1 - 125

— Das deutsche Schwurgericht und dessen Reform, Erlangen 1865

— Das Schöffengericht, Leipzig 1873

Schwinge, Erich: Der Kampf um die Schwurgerichte bis zur Frankfurter Nationalversammlung, Jur. Diss., Breslau 1926; Neudruck Aalen 1970

Seiterich, Ludwig: Kreisdirektorium und Kreisregierung im ehemaligen Großherzogtum Baden und die historische Entwicklung ihrer Zuständigkeiten, Jur. Diss., 1928, ZGO, NF Bd. 42, 1929, S. 493 - 556

Sellmann, Martin: Der Weg zur neuzeitlichen Verwaltungsgerichtsbarkeit — Ihre Vorstufen und dogmatischen Grundlagen, in: Staatsbürger und Staatsgewalt — Verwaltungsrecht und Verwaltungsgerichtsbarkeit in Geschichte und Gegenwart; Jubiläumsschrift zum hundertjährigen Bestehen der deutschen Verwaltungsgerichtsbarkeit und zum zehnjährigen Bestehen des Bundesverwaltungsgerichtes, hrsg. von Helmut Külz und Richard Naumann, Bd. I, Karlsruhe 1963, S. 25 - 86

— Karl von Rottecks Gedanken zum Rechtsschutz in öffentlich-rechtlichen Streitigkeiten, DÖV 1965, S. 737 - 742

Siebenpfeiffer, Philipp Jakob: Handbuch der Verfassung, Gerichtsordnung und gesammten Verwaltung Rheinbayerns, 5 Bde., Neustadt, 1831 - 1833

Sjöholm, Elsa: Rechtsgeschichte als Wissenschaft und Politik. Münchener Universitätsschriften, Jur. Fak. Bd. 10, Berlin 1972

Stabel, Anton v.: Fragen der Zeit an die badische Rechtspflege, Freiburg 1844, S. 30

Stempf, L.: Prozeßordnung von 1864 mit Motionen, Commissionsberichten und landständigen Verhandlungen, Mannheim 1864

Strathmann, Friedrich: Altständischer Einfluß auf die deutsche Territorialverfassung 1814 - 1819, Jur. Diss., Mainz 1955

Struve, Gustav v.: Politisches Taschenbuch für das deutsche Volk, Frankfurt/M. 1846, S. 306 - 322

Stübel, Christoph Carl: Das Criminalverfahren in den deutschen Gerichten mit besonderer Rücksicht auf das Königreich Sachsen, Leipzig 1811

Thilo, Wilhelm: Prozeßordnung in bürgerlichen Rechtsstreitigkeiten für Baden von 1832, Karlsruhe 1841

Tocqueville, Alexis de: Über die Demokratie in Amerika, hrsg. von J. P. Mayer, Frankfurt a. M., Hamburg 1956

Wächter, Carl Georg: Geschichte, Quellen und Literatur des württembergischen Privatrechts, 1. Abt., Stuttgart 1839; 2. Abt., Stuttgart 1842

Walz, Ernst: Verwaltungsrechtspflege in Baden, in: Festschrift zur Eröffnung des Bundesgerichtshofes in Karlsruhe, Karlsruhe 1950, S. 71 - 85

— 100 Jahre Verwaltungsgerichtsbarkeit in Baden — Randbemerkungen zu einem Jubiläum, in: Aus 100 Jahren Verwaltungsgerichtsbarkeit, Festschrift hrsg. von M. Baring, 2. Aufl., Köln, Berlin, Bonn, München 1964, S. 102 - 123

Weech, Friedrich v.: Badische Geschichte, Karlsruhe 1890

Weise, Alexander: Einflüsse englischer Rechtsgedanken auf die Reformbestrebungen im deutschen Gerichtswesen vom Anfang des 19. Jahrhunderts bis 1914, Jur. Diss. (masch.), Erlangen 1948

Weizel, Gideon: Das badische Gesetz vom 5. Oktober 1863 über die Organisation der inneren Verwaltung mit den dazugehörigen Verordnungen samt geschichtlicher Einleitung und Erläuterungen, Karlsruhe 1864

Welcker, Karl Theodor: Jury, Schwur- oder Geschworenengericht als Rechtsanstalt und als politisches Institut, Altona 1840

— Die geheimen Inquisitionsprozesse gegen Weidig und Jordan, Karlsruhe 1843

Wendt, Heinrich: Die gerichtsverfassungsrechtlichen Bestimmungen in den Verfassungsurkunden des neunzehnten Jahrhunderts, Jur. Diss., Freiburg 1934

Wild, Karl: Karl Theodor Welcker, ein Vorkämpfer des älteren Liberalismus, Heidelberg 1913

Wintterlin, Friedrich: Geschichte der Behördenorganisation in Württemberg, Stuttgart 1904

Zachariae v. Lingenthal, Karl Salomo: Über den Gesetzentwurf, die Gerichtsverfassung des Großherzogtums Baden betreffend und den Entwurf einer Strafprozeßordnung für Baden, Heidelberg 1844

Zachariae, Heinrich Albert: Handbuch des deutschen Strafprozesses, 2 Bände, Göttingen 1861 - 68

— Das moderne Schöffengericht, in: Deutsche Zeit- und Streitfragen, Flugschriften um Kenntnis der Gegenwart, hrsg. von Franz v. Holtzendorff und Wilhelm Oncken, 1. Jahrgang, Berlin 1872, S. 529 - 592

Zeller, G.: Das Institut der württembergischen Gerichtsbeisitzer, Stuttgart 1841

Zentner, Joseph: Das Geschworenengericht mit Öffentlichkeit und Mündlichkeit im Gerichtsverfahren mit besonderer Berücksichtigung auf den Strafprozeß, geschichtlich, rechtlich und politisch betrachtet, Freiburg 1830

— Andeutungen über die Einführung einer auf Collegialität gebauten Gerichtsverfassung mit Vergleichsbehörde und einer auf Öffentlichkeit und Anklagesystem gegründeten Strafgerichtsordnung im Großherzogtum Baden, Mannheim 1839

Zeugnisse: Zwei Zeugnisse für das Schöffengericht aus Baden; I. Schwurgericht oder Schöffengericht. Eine Begründung von Friedrich Weisel; II. Schöffengericht oder Gespenster. Eine Beleuchtung von Max Eisen, Straßburg 1873

Ziehm, August Wilhelm: Über die Errichtung von Handelsgerichten im preußischen Staat mit Anschluß der Rheinprovinzen, Berlin 1843

Ziemer, Herbert und Hans *Birkholz:* Kommentar zur Finanzgerichtsordnung, 2. Aufl., München 1970

Zinn, August: Schöffen und Geschworene in Hessen, in: Der Konstanzer Juristentag, Tübingen 1947, S. 129 - 135

FSC
www.fsc.org
MIX
Papier | Fördert gute Waldnutzung
FSC® C083411

Kolibri 360 GmbH
Ferdinand-Jühlke-Straße 7
99095 Erfurt, Deutschland
produktsicherheit@kolibri360.de

Druck:
CPI Druckdienstleistungen GmbH
im Auftrag der
Kolibri 360 GmbH
Ferdinand-Jühlke-Str. 7
99095 Erfurt